김영삼 회고록

민주주의를 위한 나의 투쟁

2

가족과의 단란한 한때.

세 딸과 함께.

1974년 8월 23일, 최연소 야당총재에 당선된 직후 대의원들의 환호에 답하는 모습.

1979년 8월 11일, YH무역 여성노동자 2백여명이 농성하고 있던 신민당사에 1천여명의 무장경찰이 난입하였다. 사진은 나와 당직자들이 경찰에 의해 강제로 당사 밖으로 끌려 나오는 모습.

1979년 10월 4일,
국회의원 제명 직후
비감한 표정으로
텅빈 의사당에 앉아 있는 모습.

제1차 가택연금 시절,
나의 집은 전투경찰에 의해
완전 봉쇄되었다.

1차연금에서 해제된 직후인 1981년 6월 9일, 나는 민주산악회를 만들어 흩어져 있던 민주세력의 재결집에 나섰다. 사진은 폭설이 내린 겨울산행 중 잠시 휴식을 취하며 올라야 할 봉우리를 가리키는 모습.

1982년 4월 1일, 민주산악회 회원들과 함께 북한산에 올랐다. 김덕룡, 김태룡, 박희부, 최형우, 김기수, 홍인길, 최기선 등의 모습이 보인다.

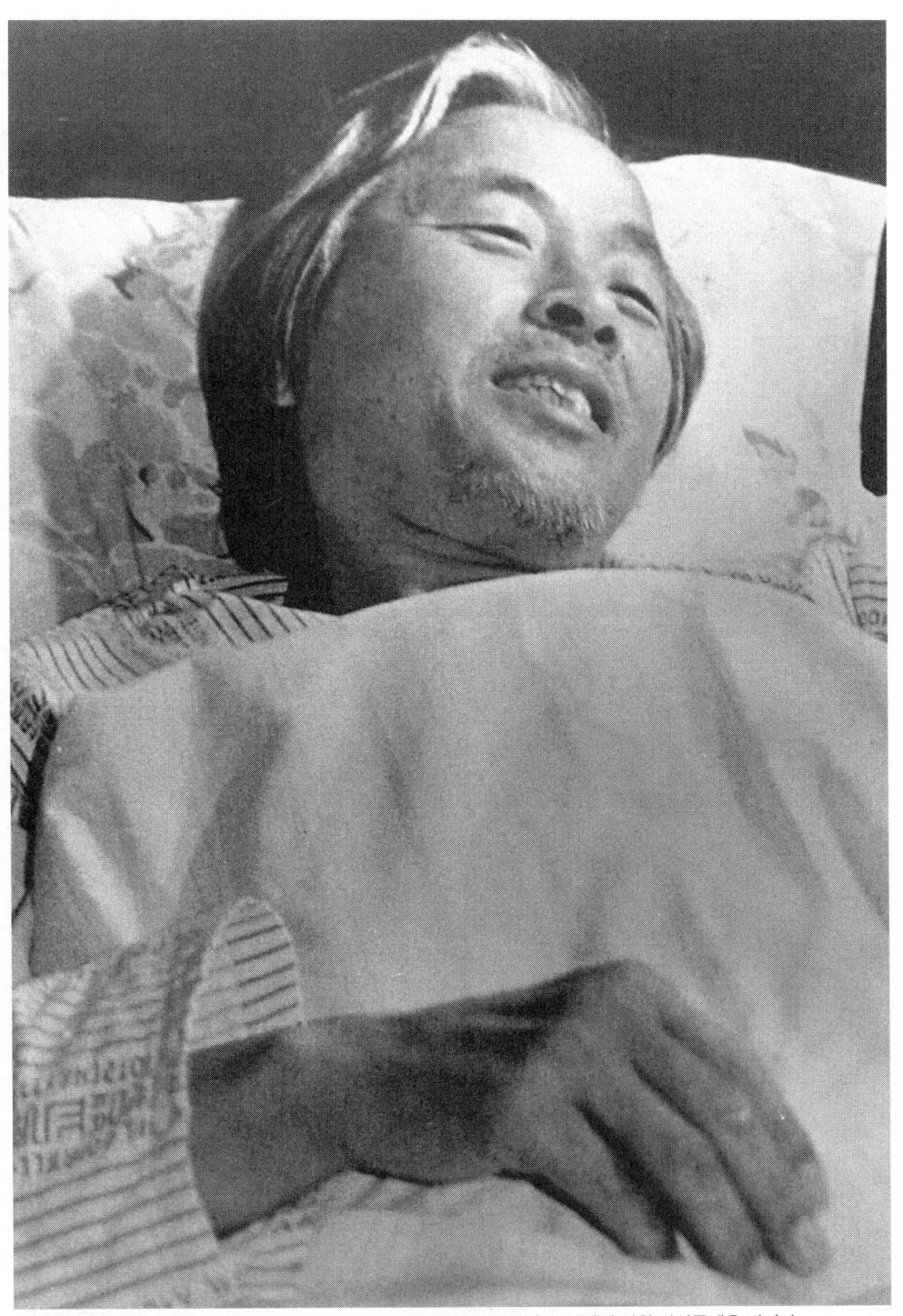

1983년 5월 18일, 광주민주항쟁 3주년을 맞아 나는 민주화를 요구하며 23일간에 걸친 단식투쟁을 벌였다.

1986년 10월, 세계기독교지도자대회에 초청받아 서독을 방문, 빌리 브란트 사민당 당수와 대화를 나누고 있다.

1986년 11월, 서독 방문을 마친 나는 귀국길에 로마교황청을 방문하여 교황 요한 바오로 2세를 예방했다.

김영삼 회고록
민주주의를 위한 나의 투쟁

2

김영삼회고록 2
민주주의를 위한 나의 투쟁

제4부 유신에 정면으로 맞서다

1. 유신에 정면으로 맞서다

고통받는 조국으로 돌아오다 21 / 유신은 박정희의 정권 연장책일 뿐 24 / 김대중 납치사건 질의 26 / 재연된 정치테러 27 / 테러는 국가존립의 문제 28 / 국민적 의혹 풀어야 30 / 내각 총사퇴할 용의 있나 32 / 안보의 무정부상태 34 / 연금의 법적 근거 대라 35 / 악화된 한일관계 36 / 통치가 있을 뿐 정치는 없다 38 / 개헌추진, 당론으로 결정 39 / 유진산 총재 사거 41

2. 최연소 야당총재

총재출마의 변 43 / 선명노선 45 / 2차투표에서도 1위 46 / 보이지 않는 손길 48 / 그의 말은 절규요 울음이었다 49 / 정통야당의 명맥을 잇다 51 / 총재당선 즉석연설 52 / 40대 당수에게 거는 기대 55 / 정보부 해체 촉구 57 / 10월유신은 역사의 후퇴 59 / 헌법개정대강 61 / 개헌 위한 원외투쟁 발표 62 / 뉴스위크, 나를 '기적의 사나이'로 67 / 50년대 차에 70년대 엔진 69 / 대구 금호호텔 난동사건 70 / 주인은 머슴 바꿀 권리 있다 72 / 동경에서의 연설 요지 74 / LA 컨벤션센터에서 연설 76 / 유신체제하의 국민투표 77 / 뉴욕타임스, '금주의 인물'로 선정 78 / 숨이 끊어질 듯한 박정희를 구한 김일성 80

3. 박정희와 단독대좌

박정희의 눈물 연기 82 / 동아일보 광고사태 85 / 회담내용 함구 87 / 동남아 순방 89 / 일본의 지도자들 90 / 김덕룡 비서실장 구속 92 / 긴급조치 9호 위반으로 기소되다 93 / 각목대회 95 / 박정희에게 빼앗긴 당권 96

4. 5·30전당대회 드라마

민의의 심판 10대 총선 98 / 백두진파동과 암수식 절충 100 / 김영삼은 절대 안 된다 102 / 당권 아닌 정권에 대한 도전 103 / 총재후보 사퇴공작 105 / 여섯 차례의 가택수색 108 / 윤보선 등 나를 지지 110 / 5·30대회는 한 편의 드라마 111 / 한 작가의 방청기　113 / 예상 밖의 대역전극　114 / 닭의 모가지를 비틀어도 새벽은 온다　116 / 카터와의 회담　117 / 내 말은 가장 순한 말　119 / 긴급조치는 위헌　122 / 1인체제 지시경제는 실패　123 / 어처구니 없는 용공 몰이　124 / 부끄러운 인권유린　127 / 근원적 책임은 박정희에　130 / 정권이양 준비하라　132

5. YH여공 농성사건

　YH여공, 신민당사서 농성　135 / 경찰, 101작전 개시　136 / 경찰 천여명 신민당사 난입　139 / 김경숙양의 죽음　141 / 밤이 깊을수록 새벽이 가깝다　142

6. 잠시 죽는 것 같지만 영원히 사는 길

　총재 직무집행정지 가처분결정　145 / 박정권 타도선언　147 / 정운갑, 총재대행 수락　148 / 뉴욕타임스와 기자회견　150 / 제명 전날 김재규와 만남　153 / 박정희는 곧 죽을 거요　155 / 의원직 박탈은 역사의 훈장　156 / 절두산이 준 역사의 의미　158 / 정권은 유한, 정치는 영원　159

7. 부마민주항쟁 대폭발

　부산에 비상계엄 선포　162 / 박정희는 부정축재의 원조　164 / 국제연감 '79년의 인물' 난에 소개　166

8. 궁정동의 총소리

　박정희 최후의 날　168 / 박정희 살해되다　170 / 박정희 장례식 참석   171 / 최규하와 시국관련 요담   172 / 심판이나 하겠습니다   174 / 12·12쿠데타   175

제5부 칠흑의 시대 새벽을 열다

1. 안개정국

1980년 1월 연두회견   181 / 신민당 집권은 역사의 순리   183 / '신민당에 입당한 바 없다'고?   185 / 알맹이 없는 회담   186 / 신당창당 분란   188 / 윤보선씨, '김대중 비토' 선언   190 / 역사의 물결은 역류시킬 수 없다   191 / 비상계엄 해제하고, 정치일정 단축하라   192

2. 연금에 갇힌 세월

1980년 봄의 종말   195 / 5·17쿠데타, 피신 권유 단호히 거부   196 / 제1차연금 시작   199 / 활자화 안 된 광주사태 성명   200 / 미·일 대사 각각 연금 중 상도동 방문   202 / 분노와 회한, 그리고 불면   203 / 유일한 저항수단   206 / '이사야서'에서 위로를   208 / 붓글씨로 정신수양   209 / 잔디밭이 타작마당 된 까닭은   211

3. 민주산악회 결성

상도동은 툰드라의 겨울   213 / 산행 시작   214 / 민주산악회 발족, 차라리 서서 죽는 길을   216 / 뉴욕타임스에 실린 산행기   219 / 또다시 연금   224 / 장남 결혼식에도 안 간 사연   226 / 연금은 가족에게 크나큰 고통   229

4. 23일간의 단식일지

목숨을 버리는 자가 영원히 산다 230 / 국민에게 드리는 글 231 / 전두환의 죄악 234 / 언론과 사법부의 전락 236 / 국민경제와 민생문제 진단 238 / 외교 고립화, 군에의 불신 싹터 241 / 평화와 인권에 대한 호소 242 / '평화적 정권교체'는 허위 244 / 장기집권음모 떨쳐 내야 245 / 희망과 용기 잃지 말기를 247 / 민주화 위한 전제조건 248 / 생명을 건 투쟁 250 / '최근의 정세흐름'이라는 말장난 252 / 단식일지 254 / 서울대병원에 강제 이송 257 / 관에 넣어 시체로 부쳐라 260 / 음식냄새 풍기는 등 비열한 짓도 263 / 함석헌, 홍남순 등 동조단식 266 / '범국민 연합전선' 태동 268 / 해외에서도 동조 집회·시위 272 / 단식 중단 273 / 나의 투쟁은 이제 시작일 뿐 275

5. 민추협 결성

민주화세력, 깨어 일어나다 278 / 오늘이 내 인생의 마지막 날 279 / 수시연금은 그후도 계속 280 / 광복절에 공동성명 발표 282 / 정치활동 규제는 정치폭력 284 / '민추협 동참 말라' 위협 286 / 민추협 발족성명 288 / 8개항 투쟁결의 288 / 민추협 결성 290 / 돗자리 회의 292

6. 신한민주당 돌풍

3차 해금조치 발표 294 / 신당창당 결정 295 / 신한민주당 발기인대회 개최 297 / 종로·중구에 이민우씨 내세워 299 / 신민당 돌풍 301 / 창당 25일 만에 '선거혁명' 304 / 4년여 만에 정치해금 305 / 신민당과 민추협 강화 307 / 민한당, 백기 투항 309 / 역할분담론의 본심 309 / 민족문제연구소 창설 311 / 1천만 개헌 서명운동 전개 313 / 눈발 속에서 5시간 버티기 314 / 빌리 브란트와 공동성명 317 / 김대중의 '불출마' 선언 319

7. 통일민주당 창당

이민우구상 파문 321 / 통일민주당 발기인대회 324 / 개헌 열망 봇물 터지듯 325 / 전두환에 대한 공개질의 327 / 화해·용서는 현정권이 청해야 330 / 실질대화 요구 331 / 내각제론 난국수습 못한다 333 / 용팔이사건 발생 334 / 통일민주당 창당 전당대회 335 / 세번째 야당총재 336 / 통일민주당 총재 취임사 338 / 민주화투쟁의 신기원 340 / 호헌은 유신체제 복사판 342 / 사랑과 화해의 길 찾아야 344 / 4·13선언 백지화하라 345 / 양심수 석방, 폭력정치 중단 348 / 민주화는 흥정대상 아니다 349 / 비폭력 평화적 투쟁을! 350 / 노태우 취임 못할 것 352 / 취임사 물고늘어지기 354 / 감옥은 이 시대의 영광 355 / 전두환, 박정희보다 더 치졸 357 / 한국 '피플즈 파워' 강력 359 / 정강정책에 대한 시비 361 / 역사에는 예외가 없다 362 / 시간에 쫓기는 건 전두환 364 / 민주화는 세계사적 사건 365

제1권

서문 민주주의를 향하여, 민주주의와 함께

제1부 찬란한 예감

1. 어머니와 바다, 내 삶의 터전
2. 추억 속의 앨범, 학창시절
3. 이천 피난시절
4. 손명순과의 결혼 이야기
5. 최연소로 정계에 진출

제2부 야당시절의 초상화

1. 야당의 맹장
2. 5·16쿠데타 전면 부정
3. 바깥에서 본 조국
4. 원내총무 5선 기록
5. 지도자의 길

제3부 40대기수론

1. 초산테러
2. 40대 기수로 돛을 올리다

제3권

제6부 장엄한 드라마 6월항쟁

1. 장엄한 드라마 6월항쟁
2. 시대의 과제는 군정 종식
3. 통한의 군정 종식 좌절

제7부 코페르니쿠스적 전환

1. 4당체제의 혼란총선
2. 소련에 첫발 딛다
3. 5공 청산과 신사고
4. 구국의 결단, 3당통합
5. 한·소수교의 신기원 열다
6. 공작정치 질타
7. 내각제파동의 소용돌이

제8부 국민과 함께 거둔 승리

1. 마침내 후보로 선출되다
2. '탈당 도미노' 속에서
3. 단기필마로 전국유세
4. 문민시대 개막

제 4 부
유신에 정면으로 맞서다

1. 유신에 정면으로 맞서다

고통받는 조국으로 돌아오다

1972년 10월 17일, 우리 현대사에 또 하나의 비극이 발생했다. 이 날 전국에 비상계엄이 선포된 것이다. 이른바 '10월사태'였다. 국회를 해산하고 모든 정당과 정치활동을 금지하는 박정희의 특별담화가 발표되었다. 10·17특별담화와 비상조치에 따라 헌정은 중단되었다. 신민당은 그토록 억세게 당내투쟁을 벌였건만, 이 새로운 사태 앞에서는 속수무책이었고 무력하기 짝이 없었다. 박정희의 초헌법적 통치방법은 이제 야당이 숨을 죽인 가운데 거침없이 기정사실화되고, 유신체제라는 암흑의 바다 위로 정치는 사정 없이 떠밀려 갔다.

소위 '10·17특별선언'이 발표되던 날 나와 김대중은 공교롭게도 모두 외국에 체류하고 있었다. 나는 하버드대학 동아시아연구소의 초청으로 미국에 체류 중이었다. 김대중은 신병 치료차 동경(東京)에 있었는데 10월 19일 귀국할 예정이라고 들었다. 박정희는 일부러 두 사람이 해외에 체류하는 시점을 노린 것 같았다.

그 날은 내가 미국에 도착한 바로 다음날이었다. 이른 아침 아내가 서울에서 전화를 걸어 왔다.

"비상계엄이 선포되고 국회가 해산되었어요. 국회 앞에 탱크가 진주했고, 대학에는 휴교령이 내렸어요. 야당 정치인들이 계속 구속되고 있어요. 조금 전에 김봉조(金奉祚) 비서도 잡혀갔어요."

국내사정은 험악하게 전개되고 있었다. 나의 측근이던 김동영·최형우 의원을 비롯, 이세규(李世圭)·이종남(李鍾南)씨 등 많은 정치인들이 연행되었다. 동교동계의 김상현, 조연하, 박종률 의원 등도 동시에 구속되었다. 상도동과 동교동에서 거의 비슷한 숫자의 사람들이 잡혀갔는데, 이는 박정희가 나와 김대중 두 사람의 귀국을 봉쇄하려는 압박 신호이기도 했다. 정치인들은 경찰이 아닌 보안사에 구속되었는데, 심한 고문으로 극심한 고통을 당했다. 나의 비서 김봉조는 나에게 정치자금을 준 기업인을 대라고 열흘간 모진 고문을 받았다. 그러나 그는 끝내 굴복하지 않았다. 나는 지금도 김동영 의원이 천수(天壽)를 다하지 못하고, 최형우 의원이 쓰러진 것은 이때의 심한 고문이 원인이 된 것이라고 생각한다. 정말로 가슴 아픈 일이다.

아내는 당분간 미국에 머물면서 사태의 추이를 관망하기를 울먹이며 간청했다. 나를 초청했던 하버드대학의 라이샤워, 코헨 교수 등과 미국 국무성 관리들도 "당장 구속될 것"이라며 나의 귀국을 적극 만류했다. 특히 라이샤워 교수는 내 동지들의 구속 사실을 알고 있었다. 그는 주일대사로 근무한 적이 있었기 때문에 한국 사정을 잘 알고 있었고, 미(美) 국무성에서도 '위험하다'고 전해 준 듯했다.

나는 당시 하버드대학에서 남북문제를 주제로 연설할 예정이었다. 라이샤워 교수는 하버드대학 관계자들과 함께 그의 집으로 저녁 초대를 해서는 심각하게 권유했다. 한국에 돌아가지 않았으면 좋겠다는 것이었다. 아파트와 생활비까지 대주는 하버드대학의 프로그램이 있으니 남아 있으라고 했다. 언제까지라는 시한도 없었다.

그러나 나는 도저히 그럴 수가 없었다.

"대단히 고맙지만, 나는 명색이 한국의 대통령을 하겠다고 나선 사람입니다. 나 혼자의 안전을 위해서 이곳에 남는다는 것은 내 조국과 국민을 팽개치는 것과 다름없습니다."

저녁 늦게까지 설득과 사양이 오고 갔다. 결국 내 의지를 꺾을 수 없다고 판단했던지 라이샤워 교수는 마지막 당부의 말을 했다.

"정 그렇다면 동경(東京)까지 갔다가 상황이 여의치 않으면 그때 미국으로 꼭 다시 오십시오. 일본은 한국과 가까우니 더 생생한 정보를 들을 수 있을 것입니다. 일본에 가서 다시 판단해 주기 바랍니다."

당시에는 미국과 서울 간 직항편이 없어서 일본에서 비행기를 갈아타야 했다. 언제라도 마음이 변하면 돌아오라는 그 배려는 지금까지도 잊을 수가 없다.

그러나 나는 즉시 귀국길에 올랐다. 동경(東京)에 도착해서 아내에게 전화를 걸었더니 아내는 절대로 귀국하지 말라고 했다. 나는 언제 무슨 항공편으로 고국에 들어갈 것이라고 일방적으로 말한 뒤

비행기에 올랐다.

김포공항에 도착하니 이미 나를 연행해 갈 기관원들이 대기하고 있었다. 나는 구속이 될 것으로 생각했다. 서울지구 계엄사령관인가 하는 장군이 공항에 나와 있었다. 곧바로 잡혀가는 줄 알았는데, 요란하게 헌병차에 둘러싸여 간 곳은 뜻밖에도 상도동 내 집이었다. 그때부터 한동안 가택연금을 당해야 했다. 군인들이 경비를 섰고 외부인과의 접촉은 금지되었다. 외부와 단절된 연금생활이 이렇게 두어 달 지속되었다.

김대중은 일본에서 돌아오지 않았다.

유신은 박정희의 정권 연장책일 뿐

나는 분노가 치밀어 견딜 수가 없었다. 쿠데타정권이 마침내 조국의 민주주의를 포승으로 결박하는 폭압을 저질렀다는 생각에서였다. 박정희는 개인적인 욕심 때문에 쿠데타를 일으켰고, 똑같은 이유로 유신을 선포한 것이었다. 나는 독재정권과 싸우기 위해서 나 자신의 심신을 근본부터 바꾸겠다고 새로 각오를 다졌다. 그때 이후 나는 하루 몇 갑씩 피우던 담배를 완전히 끊어 버렸다.

지금도 사람들은 나의 당시의 귀국을 모험이었다고 한다. 그러나 나는 그때나 지금이나 정의와 민주주의를 위해서는 두려운 것이 없다. 나는 독재와의 정면투쟁을 피할 의사가 전혀 없었고 협박에 무릎을 꿇을 생각은 추호도 없었다. 독재자 박정희는 이제 무엇이든지 할 수 있다고 기대했다가, 막상 내가 귀국하자 난처했을 것이다.

1973년 2월 27일, 유신 이후 첫 국회의원 선거인 제9대총선이 실시됐다. 박정희의 민주공화당은 38.7%의 득표율로 73석을 얻었다.

김수한 의원과 담배를 피우는 모습. 나는 담배를 매우 즐겨 피웠으나 유신이 선포되자 담배를 끊었다.

신민당은 32.6%의 득표율로 52석, 통일당이 10.1%의 득표율로 2석, 무소속이 18.6%로 19석이었다. 유신체제의 공포 분위기하에서 치른 부정선거로도 박정희는 의석의 절반밖에 획득하지 못했다. 73석을 얻은 것도 그나마 유신이 도입한 중선거구제 덕분이었다. 유신에 대한 국민들의 불만과 불신이 명백하게 드러난 선거결과였다.

그러나 3월 7일 열린 소위 '통일주체국민회의'는 '유신정우회'(유정회) 국회의원을 선출해 박정희에게 또 다른 73석의 국회 의석을 보태 주었다. 유신체제는 국회의원 정수의 3분의 1을 박정희가 일괄 추천하고, 통일주체국민회의에서 이를 무조건 통과시키는 어처구니없는 제도였다. 유신체제는, 박정희의 온갖 자기 합리화에도 불구하고, 수단과 방법을 가리지 않는 부정선거로도 독재에 대한 민심의 저항을 막는 데 한계에 봉착한 박정희가 장기집권의 궁여지책으로 생각해 낸 정권 연장책에 불과했던 것이다.

나는 9대 총선에서 당선되어 6선(選)을 기록했다.

한편 총선을 앞두고 총재 자리에서 일시 물러났던 진산은 제9대 국회가 구성된 1973년 5월 열린 신민당 전당대회에서 경쟁 없이 2년 임기의 총재로 복귀했다. 무경쟁 상태에서 어느 때보다 총재에게 권력이 집중된 진산 절대체제였다. 5명의 부총재로는 나와 정해영(鄭海泳), 김원만(金元萬), 김의택(金義澤), 고흥문(高興門)이 지명됐다.

김대중 납치사건 질의

유신선포 1년 만인 1973년 8월 8일 김대중 납치사건이 발생했다. 김대중이 일본에서 강제로 잡혀 온 것이다. 이 사건은 나라 안팎으로 엄청난 파문을 몰고 왔으며, 급기야는 한·일간에 외교분쟁을 야기하기에 이르렀다.

국회는 사건발생 1개월여 후인 9월 22일부터 25일까지 김대중사건을 의제로 대(對)정부질문을 벌였다. 여당측은 처음부터 김대중의 일본에서의 행태가 국가에 대한 배신행위라고 몰아붙였다. 이 날 무소속 한병채 의원의 의사진행발언에 이어 등단한 유정회의 김용성 의원은 장황한 논리를 늘어놓았다. 그는 "나라를 위하는 길이라고 생각해서 저지른 확신범의 소행일 것"이라며, 일본에서의 김대중의 언행을 비난했다.

박정희와 중앙정보부가 직접 관련된 사건에 대해 야당의원들은 한결같이 질문에 나서는 것을 극도로 꺼렸다. 유신 이후 박정희의 철권통치는 더욱 살벌한 상황을 조성하고 있었다. 국회의 안건으로 의제를 정해 놓고도 유진산 총재를 비롯해서 어느 누구 하나 선뜻 나서는 의원이 없었다. 기가 막힌 일이었다. 나는 질문을 자청했다. 김대중이 비록 대통령후보 경쟁에서 나의 경쟁자이긴 했지만 납치사건은 개인의 일이 아니었다. 민주주의와 인권탄압에 대한 투쟁은 야당의 의무였고 나의 신념이기도 했다. 9월 24일 김종필 총리를 상대로 나는 야당의 첫 질문자로 나섰다.

다음은 1973년 9월 24일 나의 본회의 질의를 기록한 국회 속기록이다.

재연된 정치테러

존경하는 의장, 그리고 친애하는 의원선배 동지 여러분!

오늘 이 사람이 김대중씨사건을 가지고 질문을 하려고 하니, 무언지 모르게 가슴이 답답하고 서글픈 생각을 금치 못합니다.

특히 그저께 우리 야당에서 질문하려고 했는데, 결국 하루 온 종일 시간을 다 보내게 되어서 질문을 하지 못했습니다. 이 김대중씨사건은 우리 야당의 주장에 의해서 독립의제로 채택된 줄로 알고 있습니다. 그렇기 때문에 어느 나라나 또 우리 국회도 관례에 의해서 주장했던 야당이 먼저 발언하게 되는 것입니다. 또 그렇게 해 왔던 것입니다. 그럼에도 불구하고 아직까지 1시가 되지 않았는데도 불구하고, 의장은 산회를 선포함으로써 실질적으로 첫날 야당의 질문을 봉쇄했다고 하는 것은 우리 의정단상에 있어서 좋지 못한 전례를 남겼다고 생각하고, 의장에게는 충분히 앞으로 의사진행에 있어서 이런 일이 다시 없도록 충고의 말씀을 우선 드립니다.

1969년 6월 20일 이 사람은 초산 '테러'를 당한 일이 있었습니다. 그때 바로 이 자리에 서서 말하기를 이 초산 '테러'는 중앙정보부에서 한 짓이다, 이렇게 말했습니다.

　　5·16 이후에 여러 형태의 정치테러가 많이 있었지마는……, 여러 가지 유형이 많이 있었습니다. 이번 김대중씨사건도 역시 지금까지 있었던 정치테러의 하나입니다. 그러나 이번 이 김대중씨사건은 지난날의 어떤 정치테러보다도 훨씬 규모가 크고 국제성을 띤 엄청난 정치적인 '테러'입니다. 그렇기 때문에 이것이 가지는 의미는 대단히 중요한 것입니다.

　　이러한 정치테러가 또다시 발생하여 국내외적으로 비상한 관심을 불러일으키고 있는 이 사건을 놓고 본의원이 이 자리에서 질문을 하게 되니, 비통한 감정이 복받쳐서 말이 잘 나오지를 않습니다. 국민과 더불어 통곡하고 싶고 울고 싶은 심정입니다.

　　나는 지난번 초산테러를 당했을 그 당시에 이것은 중앙정보부에서 한 짓이라고 말했던 것이 생각납니다. 그 이후에 정부는 기어코 범인을 잡겠다고 이 단상에서 여러 차례 약속을 했습니다. 그러나 끝내 범인을 잡지 못하고 말았습니다. 잡지 않고 말았습니다. 그뿐 아니라 피해자인 본의원이 지방유세를 통하여 중앙정보부에서 한 짓이라고 말한 그것을 문제 삼아서, 오늘 이 시간까지 4년 동안 국민이 모르는 가운데 재판이 진행되고 시달림을 받고 있습니다.

테러는 국가존립의 문제

　　이런 시점에서 동지의 한 사람인 김대중씨에 대한 정치테러사건에 관한 질문을 하려고 하니, 이 나라의 운명이 왜 이다지도

기구하며 이 나라 국민의 처지가 왜 이다지도 불행한지 탄식하고 싶은 심정뿐입니다.

나는 일찍이 이와 같은 정치테러야말로 이 나라의 민주주의를 파괴하고, 나아가 이 나라를 망치는 어리석은 만행이라고 몇 차례나 경고했고 또 충고한 적이 한두 번이 아닙니다. 그러나 아직도 정치테러의 풍조가 이 땅에 존재하고 있습니다. 이 나라가 과연 어디로 갈 것인가?

여러분! 나는 이 문제가 한 정권의 문제가 아니요 국가존립에 관한 중대한 문제로서, 우리 국회가 이번 기회에 심각하게 다루지 아니하면 안 된다고 생각하는 사람입니다.

이른바 작년 10월사태 자체가 국제여론을 납득시키지 못했고 국제여론 속의 외교적 고립을 자초해 왔는데, 여기에다 설상가상(雪上加霜)으로 이번 정치테러 사건이 발생하여 국가위신을 여지없이 땅에 떨어뜨리고 이 사건에 대한 국민들의 의혹은 날이 갈수록 깊어만 가고 있습니다.

나는 야당이란 정치적 입

1973년 9월 24일, 정기국회 대정부질문에서 김대중 납치사건을 정치테러로 규정하고 진상규명을 강력히 촉구하는 모습. 뒤에 김종필 총리의 모습이 보인다.

장을 떠나 그 동안 알 권리를 여지없이 박탈당함으로써 주권재민(主權在民)의 논리가 전도된 오늘의 시점에서 국민의 한 사람으로서, 이 나라의 장래를 진심으로 걱정하는 지성의 양심으로서 국민이 안타깝게 알고 싶어하는 이 문제에 대한 질문을 하고자 이 단상에 섰습니다.

김종필 국무총리는 국민 앞에 성실한 자세로 답변해 주시기 바랍니다. 국무총리는 정부를 대표해서 일본의 다나카(田中) 수상에게 사과편지를 보냈습니다. 그러나 우리 국민에 대해서는 우리 정부측 어느 누구 한 사람도 사과의 말을 한 사람이 없습니다.

이와 같은 엄청난 사건이 일어나서 국민에게 커다란 충격을 주었는데도 불구하고 사건발생 이후 40일이 경과해도 범인을 잡지 못하였음은 물론이요, 그 결과로 국가위신이 여지없이 추락되었으며 주권자인 국민 앞에 사과의 말 한마디 없다는 것은 국민을 너무나 업수이 여기고 가볍게 생각하는 데서 나왔다고 본의원은 생각하는 것입니다. 나는 신민당을 대표해서 제한된 시간이기 때문에 간단하게 몇 가지 질문을 하려고 합니다.

국민적 의혹 풀어야

김총리는 정부를 칭찬하는 사람보다 정부를 반대하고, 나아가 정부를 비판하는 야당의 소리에 귀를 기울이는 국무총리가 되어주기를 바라면서 질문을 시작하려고 합니다.

첫째로 김대중씨 납치사건에 대한 지금까지의 수사경위에 대해서 다시 묻고자 합니다.

그저께 토요일 법무부장관이 이 자리에서 발표를 했습니다. 그러나 그것을 보고 우리 국민 가운데 납득할 사람이 없을 것입니다. 나는 한 사람도 없다고 생각합니다. 사건발생 후 모든 국민들은 누구한테 물을 것도 없이 간단하게 하나의 추리로써 이 수수께끼에 대한 해답을 저마다 내려 놓고 있습니다. 그 해답은 지극히 상식적인 것이며, 그렇기 때문에 한결같이 공통적일 수밖에 없습니다. 다 같은 해답을 가지고 있으면서도 어느 누구도 그 해답을 말할 수 없는 우리 국민의 처지입니다. 우리 국민의 신세입니다.

도대체 김대중씨를 동경 한복판에서 납치해서, 일본과 한국의 경계망을 뚫고 서울까지 데리고 왔다는 소위 구국동맹(救國同盟)이라는 정체는 과연 무엇입니까? 검찰에 의하면 연 8천명의 전담 수사관을 전국에 풀어서 이 사건을 수사했다고 하는데, 사건발생 40일이 경과한 이때까지 그 사건의 단서 하나 잡지 못했다고 합니다. '테러단'의 정체조차 파악하지 못하고, 수사본부에서 한다는 소리가 문화공보부에 이 단체의 등록 여부를 알아보았다 하니 이 얼마나 국민을 우롱하는 얘기입니까? 도대체 수사를 하고 있는지 안 하고 있는지 알 수 없는 것입니다.

그 동안 일본이나 미국의 '매스컴'은 중앙정보부가 한 것처럼 보도를 했고, 이러한 보도를 근거로 하여 남북조절위원회(南北調節委員會)의 북한측 공동위원장 김영주(金英柱)는 마침내 남북대화를 할 수 없다고 선언함으로써, 이 하나의 사건이 10월사태 이후에 이 정권의 오직 존립명분이 되어 온 통일이라는 데에 먹칠을 하고 말았습니다.

이러한 밖으로부터의 추궁과 안으로부터의 추측, 의혹에 대해 우리 정부는 말로만 부인을 하고 있습니다. 정말이 아니라면, 분명히 아니라면 범인을 잡아내어 이 사람이 범인이다, 진상은 이렇다, 이렇게 국민에게 밝혀 줘야 하겠습니다. 그리하여 우방들이 납득할 수 있고 국민들이 이해할 수 있는 증거를 제시해야 되겠습니다.

내각 총사퇴할 용의 있나

정부가 결백을 입증하는 데는 범인을 잡는 길보다 더 좋은 방법이 없습니다. 이 사건에 조직적으로 동원된 인원이 수십명이고, 바다를 건너올 때에는 상당히 큰 선박을 사용했고, 한국에 상륙해서는 자동차를 두 대나 움직였습니다. 이러한 사건으로 미루어 볼 때 막대한 자금도 소요됐다는 것을 알 수 있습니다.

나는 어떤 개인이나 사사로운 단체가 이러한 엄청난 일을 할 수 없다고 생각하는 것입니다. 이러한 범죄는 어떤 기관이나 또는 어떤 권력의 비호를 받는 단체나 조직만이 했다고 나는 생각하는데, 국무총리는 여기에 대해서 어떻게 생각하는가 하는 것을 묻습니다.

친애하는 여러분! 지금까지 여러 차례 국내에서 벌어진 정치테러사건의 범인을 한 번도 잡은 일이 없는 정부입니다. 이번만은 범인을 잡지 않고 우물우물 넘어갈 수 없는 중대성을 띠고 있습니다. 국제사회에서 더럽혀진 국가위신을 되찾기 위해서, 일본 조야와 언론이 퍼붓고 있는 공세로부터 민족적 모멸감을 씻기 위해서도 이번만은 이 정치테러를 잡아내야 합니다. 그리하여 준엄한 심판을 내리지 않고는 이 정부가 국민 앞에 얼굴을 들 수 없을 뿐 아니라 주권국가로서의 체통을 유지하기가 어려울 것입니다.

김총리는 막연하게 말로만 잡겠다고 할 것이 아니라 언제까지 잡겠다고 이 자리에서 약속을 해주시고, 그때까지 잡지 못한다면, 나는 내각책임제가 아니기 때문에 내각이라는 용어가 합당치 않을지는 모르지만, 최소한 내각이 총사퇴해야 된다고 생각하는 사람입니다. 여기에 대한 김총리의 견해를 묻습니다.

둘째로 김동운(金東雲) 서기관에 대해서 묻겠습니다.

일본측은 수사결과로서 김동운 서기관과 그 일행을 범인들로 단정하고 각종 증거를 제시하여 김동운 서기관의 출두를 요구하고 있습니다.

일본 경시청에서는 김동운 서기관에 대해서, 첫째로 '호텔 파레스' 2210호에 남겨 놓은 지문과, 둘째로 범행 '그룹' 속에 김동운 서기관이 있었다고 하는 '에레베이타'에서의 증언, 셋째로 배낭을 사 간 두 사람 중 한 사람이 김서기관이었다는 증언 등을 자세히 내세우고 있습니다.

그런데 김동운 서기관은 가족과 더불어 한국에 와 버렸습니다. 우리 정부측은 김동운이 범인이 아니라고 출두를 거부하고 있습니다. 수사본부의 발표에 의하면 김동운 서기관은 관련이 없고 '아리바이'가 성립된다고 합니다. 그렇다면 이 사건의 중대성에 비추어 국제법상의 이론을 고집할 것이 아니라 김동운을 자진 출두시켜 '아리바이'를 대는 것이 오히려 떳떳하지 않겠느냐, 정부는 김동운을 일단 자진 출두시켜서 이러한 의혹을 풀고 국제사회의 여러 가지 의혹도 풀어 주고 우리 국민들의 의혹도 풀 그러한 생각은 없는가?

아울러 김동운 서기관에 대한 그 동안의 수사내용을 이 자리에서 자세히 말씀해 주십시오. 김동운 서기관이 주일대사관에서 그 동안 무슨 일을 맡아 보았으며, 언제부터 주일 한국대사관에 근무하게 되었는가 하는 것도 아울러 말씀해 주시기를 바랍니다.

안보의 무정부상태

셋째로 이 사건에서 나타난 안보상의 무정부상태에 대한 책임을 묻는 것입니다. 김신조(金新朝)사건 이후 정부는 향군(鄕軍) 250만을 조직화하여 안보태세를 철통같이 강화한다고 떠들어 왔습니다. 그것도 부족해서 비상사태를 선포하고 국가보위에 관한 특별조치법을 이 국회에서 통과시키고, 또 그것도 부족하여 계엄령을 선포하고 국회를 해산하고 헌법까지 개정하여 오늘의 이 소위 총력안보태세를 구축했습니다. 그렇다면 소위 정부가 말하는 이 총력안보는 한갓 종이 호랑이에 불과하다는 말입니까?

이 나라 방방곡곡에 붙어 있는 총력안보라는 구호는 오직 구호에 그친다는 말입니까? 이래 가지고서야 지금 이 시간에 또 다른 어떤 폭력조직이 우리 주변에 암약하지 않는다고 그 누가 단언할 수 있습니까?

지금 이 시간에 제2의 김신조 일당이 서울 한복판에 침투해 오지 않는다고 그 누가 자신 있게 말을 할 사람이 있습니까? 김대중(金大中)씨를 백주에 동경(東京) 한복판에서 납치해서 큰 배를 타고 현해탄(玄海灘)을 건너서 한국에 상륙했고, 여러 과정을 거쳐서 서울의 심장부까지 오는 동안에 어느 한 곳에서도 검문검색에 걸리지 않았다고 합니다. 이와 같은 허술한 안보체제를 가지고 이 나라를 과연 어떻게 지키며 이 나라 국민을 어떻게 보호하겠다는 것입니까?

오늘날 국제정세는 평화 지향적으로 전개되고 있지마는 우리는 아직도 김일성(金日成)의 위협을 받고 있는 나라입니다. 이 마당에 우리 국민들은 이 정부를 어떻게 믿고 베개를 높이 하여 잠

1970년대 초반, 거리에서 시민들에게 당 기관지 〈민주전선〉을 배포하고 있는 모습이다. 나의 왼쪽에 방일홍, 오른쪽에 최형우, 조홍래의 모습이 보인다.

을 잘 수 있단 말입니까! 이런 허술했던 안보상의 책임을 어떻게 지겠습니까?

다시 말해서 그 책임은 누가 지는 것입니까? 국무총리가 지는 것입니까, 관계장관이 지는 것입니까? 이 책임에 대해서 분명한 답변을 해주시기 바랍니다.

연금의 법적 근거 대라

넷째로 지금 김대중씨를 연금하고 있습니다. 이 법적 근거를 묻습니다.

장금 김대중씨가 자기 집에 연금되고 있다는 사실이 국내외로

널리 알려져 있습니다. 김대중씨를 연금하고 있는 법적 근거가 과연 무엇입니까? 김대중씨가 지금 피의자인지 피해자인지 분명히 밝혀 주시기 바랍니다. 우리가 알기로는 정치테러의 피해자로 알고 있는데, 왜 연금되어 있어야 하는 것인가 그 이유를 알고자 합니다.

김대중씨를 연금하고 있는 정부당국이 일본 대사 우시로쿠(後宮)씨에게는 면회를 허용하면서, 국회의원인 신민당의 조사위원들에게는 면회를 거부했습니다. 이것은 이 정부가 지니고 있는 잠재적인 사대주의의 발로라고 생각하는데, 거기에 대한 정부의 분명한 답변을 기다리겠습니다.

도대체 김대중씨에 대한 연금조치를 언제까지 계속할 것인가, 이것도 아울러 묻습니다. 본의원은 법적 근거가 없는 연금이라면 즉각 이를 해제하고 민주국가의 근본인 주거와 행동의 자유를 보장할 것이며, 자유로운 정치활동도 그에게 허용해야 된다고 생각하는데, 거기에 대한 총리의 명확한 답변을 기다리겠습니다.

악화된 한일관계

다섯째로 이 사건으로 악화된 한일관계에 대해서 묻겠습니다.

일본 국회의 일부 의원들은 주일대사관의 김동운 서기관을 주범으로 단정하고 한국의 공권력에 의한 주권침해로 규정……, 이에 대한 대응조치를 일본 다나카(田中)정부에 추궁하고 있습니다. 이에 대해 다나카 수상은 앞으로 일본측 수사에서 주권침해가 있었다고 판단될 경우에는 한국의 판단에 구애됨이 없이 필요한 조치를 취하여, 한국에 국제적 책임을 추궁할 것이라고 말했습니다.

이미 이 사건으로 한일각료회담이 무기 연기되었고 일본 국회에서는 경제원조를 중단하라, 혹은 UN에 있어서의 대한정책을 변경하라, 심지어는 주한미군철수까지 주장하고 있습니다. 개중에는 북한과 국교를 정상화하라, 그런 주장까지 나오고 있는 형편입니다. 물론 사회당(社會黨)이나 공산당(共産黨)에서 주로 그러한 주장을 하고 있지만, 자민당(自民黨) 안에서도 상당한 주장이 이러한 같은 주장을 하고 있는 것으로 알고 있습니다.

이러한 일본 국회의원들의 주장은 우리 국민들이 듣기에 민족적 자존심으로는 모멸감을 느끼게 하는 것도 사실입니다. 굴욕을 느낍니다. 참기 어려운 굴욕을 느낍니다. 한국 사람으로서…….

그러나 오늘날 우리나라가 처하고 있는 국제적 입장은 그 어느 때보다도 선린우방의 원조를 필요로 하고 있습니다.

특히 한일관계는 지리적으로나 경제적으로나 국제정치의 냉엄한 현실로나 매우 중요한 것입니다.

그와 같은 측면에서 볼 때 이 사건의 여파가 한일관계에 미칠 영향을 대단히 우려하지 않을 수 없습니다.

다나카 수상이 말한 대로 일본측이 우리 정부의 판단에 구애되지 않고 일방적으로 주권침해로 단정하고 그들이 말하는 소위 국제적인 책임을 물어 올 때, 우리 정부는 과연 그 대응조치가 무엇인가 하는 것을 김총리에게 묻습니다.

일본측은 여러 차례 외교채널을 통해 가지고 김대중씨를 일본에 재입국시켜 달라, 김동운 서기관을 보내 달라, 양일동(梁一東)씨를 보내 달라, 우리 동료인 김경인(金敬仁) 의원을 증인으로 일본에 보내 달라, 이러한 요구를 하고 있습니다. 이 밖에 우리가 모르는 딴 요구가 있는가 없는가 하는 데 대해서 아울러 총리에게 묻습니다.

통치가 있을 뿐 정치는 없다

　친애하는 선배동지 의원 여러분! 그리고 존경하는 국무위원 여러분! 오늘의 국제사회에 있어서는 고립해서는 살 수 없습니다.

　인간이 인격을 갖추어야 사회적으로 대우를 받을 수 있는 것과 마찬가지로, 국가도 국가로서의 체통과 권위를 갖추어야 국제사회에서 발언권을 행사할 수 있는 것입니다. 국가가 국가로서의 체통과 권위를 갖추자면 오늘날의 민주주의시대에 있어서는 대의정치와 언론의 자유, 그리고 인간의 기본권이 보장되는 사회가 되어야 하는 것입니다.

　그러나 통치가 있을 뿐 정치가 없는……, 떳떳하게 말할 수 있겠습니까? 우리가 민주주의국가라고 자신있게 말할 수 있으려면, 대의정치가 제 기능을 발휘하고 언론이 정부를 자유스럽게 비판할 수 있고 야당의 말을 자유스럽게 보도할 수 있는 사회가 되어야 할 것입니다.

　오늘 이 자리에서 말하고 있는 이 김영삼이의 말도 우리 국민에게 정확히 전달되어야만 하는 것입니다. 수출 100억불, 국민소득 1,000불도 중요하지마는, 국가의 체통과 권위가 상실되었을 때 아무 소용이 없는 것입니다. 우리 많은 해외교포들이 이국 땅에서, 그리고 우리 국민들이 외국에 나갔을 때 떳떳하게 나는 한국 사람이다, 나는 한국에서 왔다, 나의 조국은 민주주의국가다, 이렇게 자랑할 수 있는 조국을 우리는 하루빨리 만들어야 되겠습니다. 김총리는 나와 세대가 같은 젊은 지성의 정치인이라 믿습니다. 지성인의 양심에 호소해서 이 질문을 하는 것입니다. 김총리는 한 정권의 총리라는 입장을 떠나 나라의 내일을 진심으로 걱정하는 국민의 편에 서서 국민을 또다시 실망시키지 않을 분명한 답변을 해주시기 바랍니다.

여러분, 오랫동안 조용히 경청해 주신 여러분에게 감사를 드립니다.

감사합니다.

이 날 내가 무엇보다 강조하고 싶었던 말은 "우리에게는 지금 통치가 있을 뿐 정치가 없다. 정치가 없는 곳에 민주주의는 없다"는 것이었다. 그러나 국회 속기록에는 "그러나 통치가 있을 뿐 정치가 없는……"이라고만 기록되어 있다. 국회의장이 "…… 민주주의는 없다"는 대목을 나와 상의 없이 임의로 삭제한 것이다.

나의 연설에 이어 다음날 김수한 의원이 대정부 발언에 나서는 용기를 보여 주었다. 정일형 부총재는 이틀 뒤 외교안보에 관한 질문 도중 김대중 납치사건에 대해 언급하려다 의제와 다르다는 여당측의 제지로 발언이 중지되었다.

개헌추진, 당론으로 결정

진산체제하의 신민당은 실상 유신체제에 길들여져 가고 있었다. 나는 그 기류를 선회시키고자 무진 애를 썼다. 1973년 12월 17일 부총재로 있던 나는 서울주재 외국특파원과 회견하는 자리에서 박정희정권에 대해 헌법개정을 요구했다. 나는 이때 ① 현재의 독재헌법의 개정과 민주체제의 회복, ② 중앙정보부의 해체, ③ 무분별한 외자도입 정책의 중지, ④ 남북대화의 주관을 중앙정보부로부터

1970년대 초반 '한국문제연구소'에서 최형우 의원과 함께 자료를 검토하고 있다.

국토통일원으로 이관하고 민간주도형으로 전환할 것 등을 주장하고, "앞으로는 학생·기독교도, 그리고 같은 야당인 민주통일당(民主統一黨) 등과 연대하여 박(朴)정권과 대결할 것"이라고 결의를 밝혔다.

1974년 갑인년(甲寅年) 새해를 맞았다. 1월 1일 관훈동(寬勳洞)의 신민당사 3층 회의실에서는 신년 단배식(團拜式)이 열렸다. 유진산 총재의 신년사 낭독이 있었다. 진산의 신년사는 평소보다 훨씬 강한 톤이었다.

1주일 후인 1월 8일 유당수는 정무회의를 열어 개헌문제에 관해 각자의 의견을 솔직히 개진하자고 유도했다. 27명의 정무위원들이 차례로 발언하는 난상토론이 벌어졌다. 일부 의원들은 개헌에 신중을 기하자며 움츠러들었다.

드디어 진산이 결단을 내렸다. 신민당이 개헌에 전력투구할 것임을 결의하자는 것이었다. 나의 강력한 주장을 받아들인 것이다.

신민당이 개헌추진을 당론으로 확정한 바로 이 날 정부는 곧바로 긴급조치(緊急措置) 1호와 2호를 발동, 유신헌법 개폐(改廢) 주장을 일체 금지했을 뿐만 아니라, 유신헌법을 부정·반대·비방하는 일체의 행위에 대해 함구령을 내렸다. 헌법관련 언동에 대해서는 한 줄의 기사도 못 쓰게 보도금지 조항을 두었고, 이상과 같은 금지조항을 위반할 때는 영장 없이 구속할 수 있으며, 15년 이하의 징역에 처할 수 있도록 규정했다. 참으로 어처구니없는 일이었다.

유진산 총재 사거

긴급조치가 선포된 지 이틀 후인 1974년 1월 10일 유진산 총재가 돌연 위경련 증세로 병원에 입원했다. 다음날 진단결과 맹장염으로 밝혀져 세브란스병원에서 수술을 받았다. 열흘가량 입원·가료하면 쾌유된다고 했다. 그런데 정작 유총재는 1월 29일에야 퇴원했다. 그가 안국동(安國洞) 네거리 중앙당사에 모습을 나타낸 것은 한참 뒤였다. 처음 생각과 달리 그의 병세는 위중했다.

나는 진산이 암(癌)이라는 소식을 듣고는 곧 특별면회를 신청했다. 병실에서 진산을 보니 외모가 많이 수척했는데, 본인은 정작 병세(病勢)를 잘 모르고 있었다. 진산은 그때 "김부총재, 이제 얼마 안 있으면 퇴원할 건데, 그때 우리 골프 한번 칩시다"고 말했다.

당시 나는 진산과 상당히 거리를 두고 있었기 때문에, 그의 이런 말은 정치적 화해의 제스처나 마찬가지였다. 그래 나는 "그러지요. 그러기 위해서 빨리 나으십시오"라고 했다. 진산은 퇴원하면 나와 제일 먼저 골프를 치고 싶다며 기뻐했다. 그러나 나는 그때 진산의 얼굴을 보고 희망이 없음을 읽었다. 나중에 따라 나온 주치의에게 물으니 "최선은 다하겠지만 어렵다"는 말을 했다.

진산은 처절한 투병생활 끝에 4월 28일 한양대 부속병원에서 운명했다. 향년 69세, 우리 나이로는 칠순이었다.

진산은 1951년 당시 민국당(民國黨) 사무총장이던 조병옥 박사의 권유로 민국당 총무부장을 맡았고, 1954년 제3대국회에 처음 진출했다. 그후 조병옥 박사의 중요한 참모로서 정치역량을 발휘했고, 조병옥 박사 사후에는 윤보선씨를 도와 구파세력을 주도해 나갔다. 그러던 그가 나중에 윤보선과 대결, 일련의 파동을 거치면서 정치적 이미지에 많은 상처를 입기도 했으나, 유능한 야전군 사령관으로서 야당사(野黨史)에서 빼놓을 수 없는 인물이었음에는 틀림이 없다.

진산이 역사 속으로 사라진 것은 김성수(金性洙), 신익희(申翼熙), 조병옥(趙炳玉), 장면(張勉), 윤보선(尹潽善)으로 이어져 온 정통 보수야당 제1세대의 막(幕)이 내려진 것을 의미했다.

2. 최연소 야당총재

총재출마의 변

진산 사후 야당은 새로운 지도체제를 구축하는 과제를 안게 되었다. 어느 누구도 진산 이후에 대해 미처 대비하지 못하고 있었다. 진산이 가고 전당대회를 8월에 열기로 결정한 5월 중순에야 이철승·정해영이 당권도전을 선언했고, 고흥문도 탐색에 나섰다. 나도 당수경선에 대비했다. 당시는 청와대와 정보부의 공작이 야당의 총재선거에까지 큰 영향을 미치고 있던 때였다. 박정희에 대한 선명 투쟁을 줄곧 주장해 온 나는 당내에서 소수파로 밀려나 있었다.

당권경쟁은 네 사람 선에서 머물 것 같지가 않았다. 파벌의 난립기(亂立期)였다. 경쟁은 노선의 난립과 돈의 난무 외에, 집권층이 어느 후보에게 호의를 갖고 있다는 등 온갖 루머로 얼룩졌다. 집권층은 겉으로는 무관심한 듯했으나 실제로는 깊숙이 개입하고 있었다.

7월 하순 진산부대였던 견지동우회(堅志同友會)가 신도환(辛道煥)과 연합, 원외(院外)인 김의택(金義澤)을 당수경쟁에 내세울 예비작업에 나섰다. 중도파인 김원만(金元萬), 정헌주(鄭憲柱), 박영록(朴永祿) 등은 정일형이 출마하면 그를 지지할 것이라고 선언했다. 대회한 달을 앞두고 난립은 조정되지 않고 경쟁은 심화되었다. 파벌의 대의원 수만으로 볼 때 선두주자는 김의택이었고, 이철승 역시 주목의 대상이었다.

지구당 대의원층은 수난 속에서도 국민의 성원에 따랐고, 집권에 대한 열망과 확신 속에서 당이 결속되어 있던 옛 민주당 시절을 갈망했다. 반면 당 소속의원 등 상층부는 보다 현실적이고 타협적이었다.

나는 전자(前者)를 대표하는 편이었다. 나는 7월 18일 오전 서울 시내 사무실에서 기자회견을 통해 출마를 선언할 예정이었다. 그러나 중앙정보부는 나의 출마선언을 방해하기 위해 나를 중앙정보부로 불법 강제연행해 며칠 동안 가두어 놓았다. 나는 풀려난 뒤에야 처음 발표하려 했던 회견문을 배포했다.

> 현실의 벽을 뚫고 국민이 자유로운 참정권행사를 통해 정권을 선택하는 평화적 정권교체의 시대로 전진해야 한다. 이 과업이야말로 신민당에 주어진 역사적 사명이다. 나는 이 사명을 깊이 새기며 총재경선에 나선다. 나의 도전은 단순한 당권도전이 아니라 민주회복을 위한 힘을 얻으려는 것이다.
>
> 나는 이 선언의 자리에서 정부에 대해 요구한다. ① 대통령 긴급조치를 해제할 것, ② 정부는 김대중씨에게 정치활동의 자유와 본인이 원하는 해외여행을 허가할 것, ③ 정치보복의 인상이 짙은 정치인에 대한 정치재판을 중지할 것 등이다.
>
> 동시에 정치재판에 희생돼 복역 중인 전직 신민당 소속 국회의원들을 8월의 전당대회에 참가할 수 있도록 즉시 석방해야 한다. 나는 60만 당원들에게 국민의 신뢰를 얻고 국민에게 희망과 용기를 주고 국민과 함께 호흡하는 선명한 야당으로 신민당을 재

건하여 민주회복을 위한 과감한 투쟁에 나설 것을 약속한다.

선명노선

도전자로서의 선명한 이미지가 나의 무기였다. 그러나 중앙정보부의 방해공작이 매우 심했다. 나는 간신히 운동원을 지방에 출장 보낼 수는 있었지만, 나를 지원하고자 하는 사람도 정보부의 보복이 두려워 돈을 대지 못하는 상태였다.

김의택(金義澤)은 노장층을 대표했으며 진산노선을 계승하는 입장이었다. 그는 진산계·신도환계, 그리고 중간파를 지지기반으로 해서 경쟁자들 중 유일하게 파벌연합에 의지해 있었다. 그 연합에는 또 다른 힘의 뒷받침이 있다고 했다. 숫자 풀이로는 제1주자라고 할 수 있었다.

당권 경쟁자들은 8월 22일의 전당대회 하루 전날 후보등록을 했다. 등록후보는 나와 김의택, 정해영, 고흥문, 이철승 다섯 사람이었다. 5파전은 누구도 1차투표에서 당선 선(線)인 과반수 득표를 할 수 없게 만들었다.

소속 국회의원과 지구당위원장의 지지자 수에선 김의택과 이철승이 앞서갔다. 정해영은 자금력을 배경으로 득표활동에 바람을 일으키는 듯했다.

1974년 8월 22일 오후 2시 반경, 신민당의 새 당수를 뽑기 위해 전당대회가 열리고 있던 서울 명동(明洞) 예술극장. 대회장 1, 2층에 꽉 들어찬 7백여명의 대의원과 50명 가까운 보도진의 시선은 이제 막 1차투표 결과를 발표하려는 이충환(李忠煥) 전당대회 의장에게 뜨겁게 꽂혀 있었다.

냉방시설이 돼 있지 않은 대회장 안은 8월 하순의 막바지 더위와 대의원들의 열기로 한증탕을 방불케 했지만, 그 순간만큼은 모두들 더위를 잊은 채 단상으로 시선을 박아 놓고 있었다. 이윽고 이충환 의장이 개표결과를 발표했다.

1차투표 결과를 발표하겠습니다. 김영삼 후보가 197표, 김의택 후보가 142표, 정해영 후보가 126표, 고흥문 후보가 111표, 이철승 후보가 107표, 무효가 46표입니다. 어느 후보도 재적대의원 729명의 과반선인 365표를 얻지 못했습니다.

2차투표에서도 1위

투표결과가 발표되자 대회장은 기쁨과 실망, 경악과 안도가 교차되었다. 내가 1위로 나타나자 모두들 깜짝 놀랐고, 나도 감격했다. 한 일간지는 이렇게 당시 상황을 설명했다.

…… 경남의 한 대의원은 "요즘 신민당은 야당다운 야당을 하고 있지 않다"고 불만을 털어놓으면서, "그 원인은 시국 탓도 있지만 당내 지도자들이 지나치게 현실에 안주하는 경향도 큰 원인의 하나"라고 지적했다. 전남의 한 대의원도 "예전과는 달리 야당 한다는 긍지를 가질 수 없는 심정"이라고 개탄하면서, "최근엔 신민당 하는 것이 도리어 부끄럽게 느껴질 정도"라고 실토했다.

결국 내가 1위 득표를 한 것은 국민의 뜻에 부응하여 독재정권에 도전하겠다는 정치적 용기와 야당성을 회복하겠다는 캐치프레이즈

1974년 8월 22일, 명동 국립예술극장에서 열린 신민당 임시전당대회에서 총재 선출을 위한 개표작업이 한창 진행 중이다.

가 국민 속에 한 걸음 더 가까이 있는 대의원들의 마음을 움직인 것이었다.

정회가 계속되는 가운데 각 후보진영에서는 협상과 사퇴의 드라마가 이어졌다. 먼저 "한 표라도 더 많이 받는 사람을 밀어 주기로 하자"는 합의에 따라 고흥문 후보가 즉각 사퇴를 선언하면서 나를 지지하고 나섰고, 이철승은 사퇴를 표명한 뒤 김의택 후보 지지에 나섰다. 3위의 정해영 후보의 향방이 대세를 가름하는 열쇠가 됐는데, 정후보는 2차투표까지 가겠다고 천명했다.

2차투표는 오후 3시가 넘어서야 실시됐다. 그 결과 내가 324표, 김의택 후보가 203표, 정해영 후보가 185표로, 나는 김후보와의 표차를 1차의 55표에서 121표로 넓혔다. 이제 과반수 득표를 위한 3차투표를 해야 했다.

보이지 않는 손길

　오후 5시 20분경 이충환 의장이 대회를 속개해서 1위인 나와 2위인 김의택 후보에 대한 결선투표에 들어가겠다고 하자, 김의택 지지파인 신도환계 청년당원들이 단상으로 뛰어올라 가 난동을 부리기 시작했다. 이들은 이충환 의장에게 "왜 사회를 편파적으로 보느냐"는 등 폭언을 퍼붓고 삿대질을 하면서, 결선투표를 내일로 미루자고 윽박질렀다. 나를 지지하는 대의원들은 그들대로 "무슨 소리냐. 오늘 해치우자"고 맞고함을 질러, 대회장은 한참 동안 수라장이 됐다.

　신도환이 단상에 올랐다. 극장측과의 계약이 오후 5시까지로 되어 있고, 8시부터 저녁공연이 있어 밖에 사람들이 기다리고 있으니, 우리가 고집 부린다고 해결될 일이 아니라며 투표연기를 종용했다. 극장측에서도 저녁공연 준비에 필요하니 장소를 비워 달라고 요청해 왔다. 이상하게 생각한 우리측에서 재빨리 극장 사무실에 가서 확인해 보았더니, 저녁 스케줄은 한 건도 없었다. 투표의 지연, 이것이 정보부의 요구라는 것은 누구라도 알 수 있었다.

　극장 밖은 인파로 붐비고 있었다. 이들은 저녁공연을 관람하기 위한 인파가 아니라 신민당 전당대회를 지켜보는 국민의 눈이었다. 그들은 3차 결선투표를 내일로 미룬다는 소식이 전해지자, "김영삼 지지"를 외치면서 오늘 당수 선출을 결말짓지 않는 한 어떤 대의원도 밖으로 나오지 못하도록 막겠다고 아우성을 쳤다. 대회장 안과 밖이 함께 열기로 가득 찬 명동(明洞)의 저녁 나절이었다.

　나와 내 지지자들은 결선투표가 하룻밤 연기되면 내게 절대적으로 불리하다는 인식을 하고 있었다. 중앙정보부는 하룻밤 사이에 전세(戰勢)를 얼마든지 뒤집을 수 있는 막강한 힘을 갖고 있었다.

그의 말은 절규요 울음이었다

옥신각신 끝에 6시 10분 이충환 전당대회 의장이 대회의 속개를 선언한 뒤, 나와 김의택 두 후보측에 서로 협상을 하라고 제의했다. 당시의 협상경과를 1974년 8월 23일자 한 신문은 이렇게 기록했다.

이(李)의장의 협상 제의에 따라 김영삼 후보는 김의택씨 자리로 갔다. "표결결과에 승복키로 서약하지 않았느냐? 이것은 누구 당수 못 되게 하려는 장난이 아니냐?"면서 결선투표에 임해줄 것을 요청했다.

이에 대해 김의택씨는 "내일 해도 표 변동은 없는 것 아니냐. 지금 장내가 소란하니 내일 하자"고 맞섰다.

이러한 대화가 끝난 뒤 김영삼씨는 이(李)대회의장에게 눈물을 머금고 내일 대회를 감수할 테니 신상발언할 기회를 달라고 했다. 단하(壇下)에서 이 기미를 본 고흥문・이중재(李重載) 의원은 "무슨 얘기냐. 오늘 해야 한다"면서 곁에 있던 문부식(文富植) 의원에게 신상발언을 못하도록 말리라고 했다.

고(高)씨는 "내일이면 다 틀리는 것"이라며, "밤을 대회장에서 보내는 한이 있더라도 오늘 결선투표를 해야 한다"고 주장했다.

양파의 팽팽한 대결로 시간만 끈 채 결선투표에 들어가지 못하자, 김씨는 최형우 의원 등과 숙의 끝에 신상발언을 하기로 결심했다.

6시 45분, 회의가 속개되었다. 신상발언권을 얻은 나는 단상에 올라 즉석연설을 했다.

친애하는 대의원 여러분! 장소제한이 오후 5시까지 돼 있다는 것은 사실이 아니며, 나를 당수로 시키지 않겠다는 음모가 있습니다. 하지만 나 김영삼이는 죽어도 신민당은 죽일 수 없다는 결심으로 눈물을 머금고 대회연기에 합의했습니다.

대의원석에서 우레와 같은 박수갈채가 터져 나왔다.
1시간 반가량의 대치가 나의 결단으로 해소되고 신민당 전체가 다시 한마음이 되는 순간이었다. 나 스스로도 그 어떤 벅찬 물결에 자신을 맡겼다. 이어서 나는 "이 나라 민주주의와 신민당을 위해 오늘 중으로 3차투표를 해서 결판을 내야겠지만, 여러 가지 사정이 있으므로 인내하고, 여하한 유혹이나 박해에도 굴하지 말고 내일 다시 이 자리에 나와 민주주의가 무엇인가 본때를 보여 주자"고 열변을 토했다. 내 목소리는 절로 떨렸고 눈시울은 붉어져 있었다. 한 신문은 "그의 말은 차라리 절규요 울음이었다"고 그 순간을 묘사했다.
결선투표를 하룻밤 연기하면 어떤 결과를 가져올지 모르는 것이 당시의 상황이었다. 하룻밤 뒤의 투표는 정치적 도박이었다. 하지만 나는 당을 위해 모험을 했다. 독재정권이 온갖 수단을 동원할 것이지만, 나는 우리 신민당의 역량을 믿었고 대의원과 그리고 국민의 성원을 믿었다. 그것을 결행하는 순간 나에 대한 믿음과 평가가 달라지는 것이 몸으로 느껴졌다. 대의원들의 우렁찬 박수소리가 그것을 확인케 해주었다. 대회연기가 저들의 요구였지만, 내가 그것을 수용하는 순간 역설적이게도 대회장의 분위기는 완전히 내 쪽으

총재에 당선된 직후 대의원들의 환호에 답하고 있다.

로 기울어지고 있는 것이 확연히 느껴졌다.

이어서 정해영 후보가 결선투표에서는 나를 지지하겠다는 의사를 표시했다. 대세가 기울자 김의택 후보는 마침내 신상발언에 나서 사퇴를 선언했다. 이제 나의 총재당선 선포절차만 남기게 됐다. 그 이후는 모든 것이 일사천리로 진행되었다.

정통야당의 명맥을 잇다

이튿날 오전 10시 명동 예술극장에서 이틀째 열린 신민당 임시전당대회에서 나는 신민당을 이끌어 갈 새 총재에 선출되었다. 이충환 전당대회 의장은 결선투표에 나설 나와 김의택 두 후보 가운데 김의택씨가 22일 오후 결선투표에 나서지 않을 의사를 밝히고 사퇴했으므로, 내가 자동적으로 당총재에 당선된 것이라고 밝히고 나의 당선을 선포했다.

이제 나는 1955년 민주당 창당 이래 한국 정통 보수야당의 명맥을 이어 온 신민당의 총재라는 중책을 맡게 되었다. 해공(海公) 신익희 선생은 61세, 유석(維石) 조병옥 박사는 62세, 운석(雲石) 장면 박사는 60세, 민정당의 해위(海葦) 윤보선 선생은 66세, 신민당의 유진산 선생은 65세에 각각 야당의 당수로 취임, 모두 환갑을 넘긴 나이였다. 그러나 나는 불과 46세였다. 이로써 나는 최연소 등원, 최연소 원내총무, 최다선 원내총무에 이어 사상 최연소 야당 당수라는 또 하나의 기록을 보탠 것이다.

1974년의 신민당 전당대회는 정통야당의 새로운 출발이고 변혁이었다. 나의 총재 당선은 선명과 강경의 야당성 회복에 대한 국민과 당원의 열망을 담은 것이었다. 동시에 유신 이후 공포정치를 통해 장기 독재체제에 들어간 박정희에 대한 국민적 도전이 본격화되었다는 의미를 가진 대회였다.

나는 취임연설을 통해 이 나라의 민주화를 위해 모든 희생을 감내할 것이며, 그 궁극적 목적은 평화적인 정권교체의 실현에 있다는 점을 강조했다. 나는 함께 당권경쟁에 나섰던 김의택·정해영·고흥문·이철승씨의 협조를 호소하면서, 이들과 함께 단상에서 손을 잡고 흔들어 대의원들로부터 우레와 같은 환호를 받은 뒤 연설에 들어갔다. 감격에 젖고 내 진심이 담긴 즉석연설이었다.

총재당선 즉석연설

친애하는 대의원 동지 여러분, 그리고 국민 여러분! 대단히 감사합니다.

오늘의 승리는 나 개인의 승리가 아니라 우리 당의 승리요, 국민의 승리요, 민주주의의 승리요, 민권의 승리입니다. 오늘이 있기까지에는 우리 60만 당원동지, 특히 우리 야당의 핵심적 역군인 대의원 동지들의 불타는 애당심과 애국심이 크게 뒷받침되었다고 생각합니다.

더욱이 그 중에도 선의의 경쟁을 해주신 후보 여러분의 노고가 있었고, 또 그 중에서도 고흥문 부총재, 김의택 총재권한대행의 용기 있는 결단은 우리 야당사에 또 하나의 금자탑을 기록했다고 높이 평가하는 바입니다.

처음부터 저를 지지해 주시고 지원해 주신 정일형 박사께 충심으로 감사를 드리며, 정해영 부총재, 이철승 (국회)부의장에게도 심심한 위로의 말씀을 드립니다.

대의원 선배·동지 여러분의 위대한 결단에 의해서 이 사람이 선배들의 뒤를 이어 정통야당의 당수에 당선되었다는 이 사실은 누가 뭐라 해도 큰 영광이 아닐 수 없습니다. 그러나 나는 이 영광을 선배·동지 여러분에게 돌리고, 이 영광에 따르는 무거운 책임만 내가 지겠습니다. 이 책임은 대단히 벅찬 것이지만, 선배·동지 여러분의 지도와 협조와 그리고 국민의 성원을 바탕으로

1974년 8월 23일, 전당대회에서 총재에 선출된 후 연설을 하는 모습.

유신에 정면으로 맞서다 ••• 53

하여 최선을 다할 것을 약속합니다.

　내가 강조하고 싶은 것은 오늘날 우리 당이 지고 있는 이 막중한 책임을 완성함으로써 국민에게 희망을 주고 용기를 주기 위해서는 첫째도 단결이요, 둘째도 단결이요, 셋째도 단결입니다.

　국민들은 우리 당을 걱정하고 있습니다. 당권경쟁이 너무 치열했다 하여 오늘 이 대회 이후의 우리 당을 염려하고 있지만, 우리는 또 한번 우리 당의 위대한 당내 민주주의의 실정을 보여 주었습니다.

　이 자리에 모인 우리들은 이 나라 민주주의의 보호를 위하여 희생적으로 투쟁해 온 역전의 용사들입니다. 역사상 가장 어려운 여건 속에서 야당을 하느라고 어둡고 괴로운 길을 함께 걸어온 동지들입니다. 우리는 뜨거운 동지애를 발휘해야 하겠습니다. 그동안 간혹 있었던 사소한 문제들은 이 도도히 흐르는 역사의 강줄기 속에 흘려 버리고, 새로운 역사의 창조를 위하여 서로 손을 맞잡고 괴로움을 서로 어루만지면서 단결해야 하겠습니다.

　우리는 뭉쳐야 합니다. 철석같이 뭉쳐서 국민이 바라는 야당, 국민에게 믿음을 주는 야당을 재건하여 우리들의 궁극의 목표인 평화적 정권교체의 시대로 전진합시다.

　오늘 이 대회야말로 한국에 야당이 살아 있다, 한국 민주주의에 가능성이 있다는 위대한 실증(實證)을 세계 앞에 과시했습니다.

　그러나 이것은 새로운 역사의 시발점일 뿐입니다. 우리는 지금 하나의 새로운 출발점에 서서 새로운 각오를 다짐해야 하겠습니다.

　나는 앞으로 우리들이 가야 할 길이 험난하다는 것을 잘 알고 있습니다. 여러분이 오늘 나에게 준 이 영광이 결코 영광이 아니요, 십자가라고 나는 생각하고 있습니다.

나는 어떠한 고난이 닥친다 하더라도 이 나라의 민주주의를 되찾기 위하여 여러분의 선두에 설 것이며, 우리의 위대한 선배들이 물려준 야당을 지키며 또한 발전시켜 나가겠습니다.

나의 뒤에는 60만 당원동지가 있고, 그 뒤에는 우리에게 기대를 거는 국민과 민주우방이 있다는 사실을 생각할 때 두려울 것이 없습니다.

국민 여러분! 이 김영삼을 믿어 주시고, 용기를 주시고, 성원을 계속해 주시기 바랍니다. 나는 나의 모든 것을 바쳐 오늘의 이 영광이 조국의 영광이 되는 그 날까지 최선을 다할 것입니다.

나는 이 자리에서 대의원 동지 여러분과 함께 나와 당수 경쟁을 했던 김의택 선생, 고흥문 선생, 정해영 선생, 이철승 선생의 협조를 부탁합니다. 우리들이 단결해서 이 난국을 함께 타개해 나가야 하겠습니다.

40대 당수에게 거는 기대

이 날 신문 지면(紙面)은 온통 나의 당수 선출관계 기사였지만, 1면 머리기사는 긴급조치해제 기사였다. 박정희가 이 날 오전 10시를 기해 긴급조치 1호와 이른바 민청학련(民靑學聯)사건과 관련된 긴급조치 4호를 해제한다는 내용의 기사였다. 나의 총재당선 기사는 옆으로 밀려나 있었지만 제목은 더 크게 뽑혔다. 신문사측에서는 나에 관한 기사를 1면에 더 많이 싣기 위해 1면 광고를 모조리 없애 버렸다. 한국 언론에서 광고 없는 1면이란 전례가 없는 일이었다. 그만큼 당시 신민당 총재 선출은 국민들의 비상한 관심을 끌었다는 말이다.

내가 총재가 되던 날 긴급조치 1호와 4호가 해제돼, 표면적으로는 그 해 연초부터 증폭되어 가던 정치적 긴장과 불안감이 다소나마 완화되는 조짐을 보였다. 그러나 실제로는 1972년 이후의 유신체제가 완화되거나 변화될 기미는 전혀 보이지 않았다. 따라서 많은 사람들은 선명노선을 내걸고 당수 자리에 앉은 40대의 젊은 당수에게 커다란 기대와 희망을 걸었다.

신문·잡지들도 많은 지면을 할애, 나를 클로즈업시켰다. 1974년 8월 24일자 〈동아일보〉는 이렇게 보도했다.

…… 신민당 전당대회에서는 김영삼씨가 새로운 혜성처럼 당수로 선출됐다. 많은 국민들은 누구보다도 그가 당수로 뽑힌 것을 기뻐했고, 또 많은 찬사를 아끼지 않았다. 그가 맨 처음으로 40대의 기수론을 제창하면서 그 웅지(雄志)의 일단을 보였던 것은, 아직도 많은 사람들의 기억에 생생하도록 남아 있을 것이다. 과연 그는 은인자중, 때와 여건이 성숙돼 감을 기다려 제1야당의 당수로서 이 나라의 의회정치에 새로운 기풍이 주입돼야 한다는 것을 외치고 있는 것이다.

김영삼 총재는 일약 그가 당수를 맡게 된 뒤부터 그의 존재가 유달리 크게 보인다는 것을 누구도 부인할 수는 없을 것이다. 인물은 역시 상응한 지위를 얻을 때 비로소 더욱 큰 빛을 낸다는 말이 있듯이, 이 말은 이러한 경우에도 역시 적용되는 것이 아닌가 싶다.

그러나 김총재가 오늘의 지위를 얻기까지는 무엇보다도 그간에 어떠한 이유와 어떠한 작용이 있다는 것을 잊어서는 안 될 줄 안다. 그의 나이가 마흔여섯이라면 천하를 경영하고 세계사회를 주름잡을 만한 연기(年期)인 것만은 틀림이 없다.……

김총재는 그가 능변으로써 만인의 심금을 흔들게 했던 것도 아니요, 그는 권모와 술수가 있는 것도 아니요, 금전과 권력이 있었던 것도 아니다. 다만 그는 청년 정치가로서, 아니 믿음과 참의 기수로서 야당과 국가의 진운을 그의 한 몸에 지녔다 해도 과언은 아닐 줄 안다.

김총재가 지금 그 성스러운 사명을 걸머지고 불퇴전의 기개로써 그의 궤도를 그대로 밀고 나갈 경우, 그의 앞날에는 오직 큰 희망과 대성(大成)만이 남아 있다는 것을 믿어 의심치 않으련다.

국민과 당원의 기대 속에 야당의 새 총재가 된 내가 정부·여당에 대해 어떤 투쟁을 벌일 것인지는 처음부터 세인의 이목을 끌었다. 첫 내외 기자회견은 8월 27일 관훈동(寬勳洞) 중앙당사에서 열렸다.

정보부 해체 촉구

이 날 회견에서 나는 "자유민주주의야말로 인간이 인간답게 살 수 있는 최선의 제도이며, 이 이상의 것을 발견하지 못하고 있다"고 말하고, "오늘날 국민들이 민주사회에 살고 있다는 자부심을 갖지 못한 채 정치적 소외감에 젖어 있고, 국제적 여론이 극도로 악화되어 외교적 고립상태를 초래하고 있는 것이 엄연한 현실"이라고 박정희정권을 강도 높게 비난했다.

나는 "정부는 긴급조치 1호와 4호를 해제했으나, 다시는 이와 같은 긴급조치로 통치하는 불행한 사태가 없어야 할 것"이라고 주장하고, "그러한 불행한 사태가 다시 일어나기 전에 민주체제로의 환원이 이루어져야 하며, 국민이 정부를 '나의 정부'로 신뢰하는 참된 민주사회가 이룩되어야겠다"고 말했다.

나는 이어서 "야당을 경멸하는 국민은 경멸받는 야당밖에 갖지 못하며, 국민 스스로가 집권층으로부터 경멸받는다는 사실을 국민은 명심해 달라"고 호소하면서, "나의 대여투쟁 기본원칙은 의회본위·국회본위가 될 것이며, 뚜렷한 야당노선에 입각하여 강력한 투쟁을 전개할 것"이라고 밝혔다.

"행정부는 국회를 경시(輕視)하고 여당이 야당을 무시하는 비민주적 작풍(作風)은 결코 용납되지 않을 것이며, 정부는 야당을 탄압하고 언론을 통제함으로써 정권안정을 추구하는 통치방법을 지양하라"고 주장한 나는 "박정희씨가 시국문제에 대한 논의를 위해 만날 용의가 있다면 언제든지 이에 응할 생각을 갖고 있으나, 내 스스로가 면담을 요청할 의사는 아직 없다"고 당당하게 밝혔다.

무엇보다도 이 날 기자회견의 하이라이트는 중앙정보부 해체 주장이었다. 나는 당시의 정치부재·언론부재로 표현되는 일련의 현상들을 모두 정보정치의 소산으로 규정하고, "정부는 중앙정보부를 해체, 정보정치를 지양하고 대공(對共) 사찰업무는 다른 기관에 이양할 것을 촉구한다"고 천명했다.

신민당 총재가 된 뒤 나는 내게 맡겨진 과제를 세 가지로 요약하고, 그것을 어떻게 풀어 나갈 것인지 심각하게 생각했다. 가장 기본적인 과제는 평화적 정권교체의 길을 차단한 유신헌법의 철폐였다. 다음으로는 유신체제 구축을 위한 헌정중단의 시기에 구속돼 복역중인 신민당 소속 국회의원 조윤형(趙尹衡), 조연하(趙淵夏), 김상현(金相賢), 김한수(金漢洙)씨 등의 석방이었다. 마지막으로 일본에서 납치되어 동교동 자택에 연금되어 있는 김대중에게 행동의 자유를 주는 일이었다.

세 가지 과제 모두가 한결같이 난제(難題)였다. 그 숙제를 풀려면 반정부투쟁이라는 고난의 강행군을 선택할 수밖에 없었다. 나는 유신체제에 대한 정면도전에 나섰다. 김재광(金在光) 등 6명의 국회의원이 신민당에 입당해 힘을 보태 주었다.

10월유신은 역사의 후퇴

정기국회가 열린 1974년 10월 7일, 신민당 대표질문에 나선 나는 대(對)정부 공격수위를 한층 높였다.

우리나라는 지금 국내외적으로 중대한 난국에 처해 있습니다. 반민주적인 긴급조치에 의해 민권탄압이 사상 유례를 찾아볼 수 없을 정도로 심각한 국면에 직면하여 국민적인 저항이 여러 가지 형태로 폭발하고 있어, 누가 보더라도 유신체제는 정권안보로밖에 볼 수 없습니다.

인권탄압의 극한사태는 국가의 위신을 실추시켜 국제사회로부터 외교적 고립을 자초하고 있습니다. 여기에 덧붙여 에너지쇼크 이후 살인적인 물가고와 이에 대처하는 정부의 정책부재로 국민생활은 곤궁에 빠졌고, 특히 살인적인 저임금과 최악의 노동조건으로 고통받아 온 근로자들의 불만은 분노의 경지에 이르러 중대한 사회문제로 발전되고 있는 것입니다.

그러나 오늘의 박정권의 억압이 국제여론을 악화시킨 결과, 미국 조야(朝野)로부터 제기되고 있는 대한(對韓) 비판론은 한국을 군사적으로 지원할 의미가 없다는 극단론으로 발전되어, 대한 군사원조정책에 심각한 영향을 주기에 이르렀습니다.

재작년 10월을 통해서 박정권은 정권을 성역화(聖域化)할 수

1974년 10월 7일 정기국회에서 대표연설을 하는 모습. 내 뒤는 정일권 국회의장.

있는 제도적 장치를 마련하고도 부족하여, 몇 차례나 긴급조치를 발동해야만 정권을 지탱하는 상태에 놓여 있습니다. 어떠한 능변(能辯)이나 어떠한 명분으로 설명한다고 하더라도, 10월사태는 역사의 후퇴를 가져왔다는 것을 부인할 수 없습니다.

역사의 강(江)은 때로는 역류(逆流)하지만 결국은 하류(下流)로 흘러가는 것입니다. 10월사태는 하나의 정변(政變)이었고, 그것은 개혁을 위한 정책이 아니라 역사의 후퇴를 가져온 정책이었습니다.

현정권은 지금 국가안보의 명분 위에 정권안보를 놓고 있습니다. 정부의 일거수 일투족을 보면 국가안보를 우선에 두는지, 정권안보를 우선에 두는지 분별할 수가 없습니다. 그 동안 정권안보를 위한 일련의 조치가 결과적으로 국가안보를 위협하고 있는 엄연한 현실을 지적하지 않을 수 없습니다.

헌법개정대강

나는 또한 박정희의 장기집권 종식을 위해 국회에 헌법개정심의위원회를 여·야 공동으로 구성할 것을 정식으로 제안하면서, ① 국민 직선(直選)의 대통령중심제, ② 대통령의 임기는 4년으로 하되 3선(選)금지, ③ 엄격한 3권분립 등을 골자로 하는 신민당 개헌안(改憲案)의 방향을 제시했다. 나는 "국민이 정부에 염증을 느끼게 되면, 국민은 얼마든지 정부를 개혁할 수 있는 헌법의 권리와 혁명권을 행사할 수 있다"고 한 링컨 대통령 취임연설의 한 대목을 인용함으로써 내 질문을 마쳤다.

나의 대정부질문이 있은 이틀 뒤인 10월 9일, 성직자 및 평신도 5천여명이 혜화동 가톨릭신학대학에서 가톨릭 성년대회 개최 후 '유신철폐' 등 민주회복을 요구하는 가두시위를 벌였다. 이를 계기로 경향 각지의 대학에서 반정부 시위가 잇따라 일어났다. 이런 속에서 신민당은 10월 22일 전국 지구당에 개헌추진위원회를 설치토록 했고, 언론계에서도 언론자유 없이 민주화는 절대 불가능하다는 인식 아래 10월 24일 〈동아일보〉(東亞日報) 기자들이 「자유언론실천선언」을 채택했다.

대학가에서 박정희 퇴진요구 데모까지 벌어지는 가운데 나는 1974년 11월 8일 개헌대강(改憲大綱)을 마련, 구체적인 개헌추진에 박차를 가했다. 이때 내가 제시한 「헌법개정대강」의 골자는 다음과 같다.

    1. (입법·사법·행정) 3권(權)의 위에 군림하는 대통령의 지위

와 권한에 있어서 독재적 요소를 제거한다.
2. 대통령선거를 직선제로 하여 국민이 직접 정권을 선택할 수 있도록 함으로써 평화적 정권교체의 길을 열고, 대통령의 임기는 4년으로 하되 1회에 한해서 중임(重任)을 허용한다.
3. 3권분립의 원칙을 확립하고 상호 견제와 균형을 유지한다. 사법권의 독립을 보장하기 위하여 대통령의 법관 임명권을 폐지한다.
4. 국민주권의 원칙을 확립하고, 국민의 기본권을 최대한 보장하기 위하여 구속적부 심사제도를 부활한다.
5. 통일주체국민회의(統一主體國民會議)를 폐지한다.
6. 헌법위원회를 폐지하고 선거관리위원회가 일체의 선거관리 업무를 장악한다.
7. 지방의회 구성시기를 규정, 지방자치제를 실시한다.
8. 공무원의 정치적 중립성을 헌법으로 보장한다.
9. 헌법개정을 국회에서 의결하고 독재수단으로 악용되는 모든 국민투표제를 폐지한다.
10. 노동3권을 완전 보장한다.

개헌 위한 원외투쟁 발표

11월 14일, 나는 한 걸음 더 나아가 개헌을 위한 원외투쟁을 발표하고 그 시기를 '오늘'이라고 밝혔다. 다음은 회견 요지다.

나는 오늘의 조국이 처한 난국을 타개하는 길은 개헌을 통한 민주회복뿐임을 다시 한번 강조한다.
신민당은 그 동안 스스로 문제를 해결하겠다는 결단을 내리도록 정부에 촉구하면서, 한편으로 국회에 개헌기초심의특별위원회(改憲基礎審議特別委員會) 구성결의안을 제안하여 의회정치의 상도(常道) 위에서 대화를 통해 개헌을 관철시키고자 최대의 노력을 경주하였다.

그러나 여당측은 우리의 주장에 귀를 기울이지 않고 각계각층을 망라한 거의 전국민의 열화와 같은 개헌요구를 무분별한 초강경책만으로 봉쇄·탄압하고 있으며, 국회 안에서 문제를 해결하려는 우리의 성의 있는 노력을 끝내 '다수의 횡포'로 짓밟아 국민의 실망과 분노는 한계선을 넘었다.

우리 신민당은 이제는 국민의 선두에 서서 원외투쟁을 전개할 것을 선언한다.

〈예산심의에 대해〉

오늘의 상황에서 개헌을 거부하는 행위야말로 역사에 대한 도전이며 민족에 대한 배신임을 엄숙히 경고하며, 개헌기초심의특별위원회의 구성조차 거부하는 여당측과 자리를 같이하여 75년도 예산을 심의한다는 것이 무의미하기 때문에, 우리는 여당측이 태도를 바꾸어 우리의 개헌특위 구성결의안을 받아들일 때까지 국회에서의 예산심의를 거부한다는 것을 다시 분명히 한다.

〈권력형 부패문제〉

살인적 물가고와 사상 유례 없는 경제불황으로 국민경제는 그야말로 파탄에 빠지고, 서민의 생활고는 생존권을 지탱할 수 없는 상태에 이르고, 기업도산의 속출(續出)로 실업자가 마구 거리로 쏟아져 나오는데도, 정부는 아무런 대책도 세우지 못하고 있음은 물론, 아무런 각성의 빛조차 보이지 않고 있다.

오늘의 경제위기는 그야말로 전국민이 괴로움을 나누면서 인내로써 극복해 나가야 하는데, 정부는 국민 앞에 인내를 요구할 자격도 없고 인내를 요구한다고 공명(共鳴)할 국민도 없다.

박정희 대통령이 오늘의 경제위기를 극복하는 데 국민의 인내와 협조를 호소하려면 권력을 누리면서 치부한 전직·현직을 망라한 권력형 부정부패 분자를 일소하고 앞으로는 부패를 근본적으로 막을 수 있는 대책을 세워야 할 것이다.

그렇지 않을 때 우리 당은 전국의 조직을 동원하여 권력형 농장 등 부정축재 재산을 조사, 국민 앞에 고발하는 등 일대 '부정부패 색출·규탄운동'을 전개하겠다.

〈포드 방한에 대해〉

포드 미(美) 대통령의 방한(訪韓)은 한·미 양국 국민간의 전통적 우호관계를 고려하여 원칙적으로 반대하지 않는다. 우리는 포드 대통령의 방한을 박정권에 대한 지지의 표현이 아니라 한미관계의 재인식으로 해석한다. 포드 대통령의 방한이 인권유린을 호도하는 정부의 방편으로 악용되는 것을 경계한다.

정부가 진실로 북괴의 도발에 대비해서 국방력을 강화할 생각이 있다면, 말로만 자주국방을 외칠 것이 아니라 국제사회, 특히 미국 의회와 국민의 여론을 설득시켜 한·미간의 군사적 유대를 현재의 수준이라도 유지하겠다는 결심을 해야 할 것이다.

〈국방문제에 대해〉

미국의 대한군원(對韓軍援)과 미군의 한국주둔을 통한 한·미간의 군사적 유대는 국가적 차원에서 지속되어야 한다. 그러나 현정권의 독단과 인권탄압이 미국의 여론을 악화시키고, 그 결과로서 미국 의회 안에 대한(對韓) 군사원조 반대세력이 날로 강화되어 왔는데, 이번 미국 중간선거에서 민주당이 압승함으로써 그와 같은 추세에 결정적인 박차를 가했음에 비상한 관심을 보내지 않을 수 없다.

〈개헌투쟁, 구국운동〉

신민당은 국회에서 여·야가 함께 개헌안을 기초하려고 시도했으나 여당측이 거부했기 때문에, 독자적인 「헌법개정대강」(憲法改正大綱)을 발표하여 국민의 기탄 없는 토론과 비판을 기대한다.

현행 헌법은 제정과정부터 비민주적 방법에 의거했다. 1972년 10월정변(政變) 이후 계엄령을 선포하고 헌법적 근거도 없이 국회를 해산해 놓고, 국민의 눈과 귀를 가린 가운데 찬·반 토론권도 국민에게 부여하지 않은 채 일방적으로 국민투표를 강행하였던 것이다.

뿐만 아니라 그 내용에 있어서도 국민의 자유를 억압하고 집권을 연장하는 데에만 편리한 반민주적 요소가 너무나 뚜렷하게 내포되어 있는 것을 국민 모두가 알게 되었다.

오늘날 우리가 당면한 모든 문제들의 근원이 이 헌법에 있기 때문에, 이들 문제를 해결하여 이 나라를 안정시키자면 민주헌법으로 개정하는 작업이 선결문제임을 인식하여 우리 신민당이 추진하는 개헌구상을 미리 밝혀 두는 것이다.

정부는 국민 각계각층의 민주회복을 위한 성스럽고 정당한 투쟁을 모두 정치활동으로 몰아세워 탄압하고, 심지어 전국 교회와 성당마다 궐기하여 전개하고 있는 민주회복·인권회복운동까지 '정치적인 탈선' 또는 '범법행위'로 규정하는가 하면, 특히 외국 교역자(敎役者)들에게 '추방' 운운으로 공공연하게 위협하기

1974년 11월 15일, '유신헌법 철폐'를 외치며 가두시위를 하던 중 무장경찰과 충돌하는 모습이다. 최형우, 유치송, 한영수, 이기택, 신상우, 황명수, 노승환 등의 얼굴이 보인다.

에 이르렀다.

    언론탄압은 전(全) 언론인들의 '언론자유 수호선언' 이후에도 계속되었다. 나는 여기서 모든 정치범의 석방을 다시 한번 촉구한다. 이와 같은 종교인·언론인·지식인·학생들의 범국민적인 민주회복투쟁이 결코 정치적 또는 정권적 투쟁의 차원이 아님은 물론이고, 우리 신민당의 개헌투쟁도 단순한 정당적 차원의 집권투쟁이 아니라, 오늘의 난국에서 조국을 구하겠다는 국가적 또는 민족적 차원의 구국운동임을 다시금 명백히 밝힌다.

뉴스위크, 나를 '기적의 사나이'로

1974년 11월 15일 오전 11시 45분, 신민당 의원 54명은 국회의사당 3층에 모여 섰다. 국회의사당에서 안국동(安國洞) 중앙당사까지 시위를 하기 위해서다. 선두에 나선 내 어깨에는 "개헌만이 살길이다"고 씌어진 옥양목 천이 둘러져 있었다. 스크럼을 짠 다른 의원들의 어깨에도 저마다의 구호가 적힌 천이 둘러져 있었다. "개헌은 구국이다. 국민의 소리 외면 말라," "개헌만이 살길이다, 독재 밑에 못살겠다" …….

국회 앞에는 50여 대에 이르는 검은 지프와 세단이 대기하고 있었고, 요소요소에는 기동경찰들이 지켜 서 있었다. 신민당 의원들은 스크럼을 짜고 의사당 3층을 내려와 정문을 나서려 했으나, 복도에 미리 대기하고 있던 여당의 저지선에 막힌 끝에 밀고 당기는 대치를 벌였다. 그 중 30여명의 의원이 정문을 나섰다. 나와 정문을 나선 신민당 의원들은 곧 기동경찰에 저지되어 더 나가지 못하고 "유신헌법 철폐하고 민주헌정 회복하자"는 등의 구호를 외쳤으며, 그 중 일부는 연행되고 나머지는 다시 의사당 안으로 밀려들어 왔다.

정문 앞에서 경찰들과 실랑이가 시작되자 가죽점퍼의 사복형사들이 나를 끌어냈다. 나는 완력이 센 그들에게 꼼짝 없이 잡혀 코로나차에 태워졌다. 그 통에 양복이 찢어졌다. 코로나는 곧바로 상도동의 내 집으로 달렸다. 데모는 15분 만에 끝났다. 12시 45분쯤 나는 국회로 다시 돌아왔다. 당수가 되었을 때 나에게는 유신체제와의 선명한 투쟁이란 과제가 이미 전제되어 있었고, 나는 유신에 대한 정면도전으로 그 과제에 응답했다.

　신민당의 반(反)유신 개헌투쟁의 열풍은 재야세력에도 상당한 파문을 미쳤다. 포드 미 대통령의 방한 직후인 11월 27일 서울 종로5가 기독교회관에서는 각계 대표 71명 명의로 '민주회복국민선언대회'(民主回復國民宣言大會)가 열렸다 나와 윤보선, 백낙준(白樂濬), 유진오(兪鎭午), 함석헌(咸錫憲), 김재준(金在俊), 이희승(李熙昇), 천관우(天寬宇), 이병린(李丙璘), 윤형중(尹亨重), 법정(法頂) 등은 '민주회복국민회의'(民主回復國民會議)를 발족시키기로 결의하는 한편, "모든 가능한 평화적 공동행동으로 자유와 민주주의를 쟁취하기 위해 서슴없이 나설 것"을 선언했다.

　〈뉴스위크〉지는 그때 나와의 인터뷰 기사 서두에서 이렇게 쓰고 있다.

　　포드 대통령의 방한 직후 한국의 반정부 재야 지도자들은 민주회복국민회의 결성을 선언했다. 한국의 저명한 반체제 지도자가 거의 망라된 이 조직은 계속적인 반대파의 공세로 곤경에 처하고 있는 박정희정권에 또 하나의 극적인 도전세력으로 간주되고 있다.

　이 회의에 참가한 인사 중에서 대표적인 인물이 당년 46세의 김영삼씨다. 극심한 혼란 속에 있는 한국의 정치풍토에서 '기적의 사나이'로 불리는 김영삼 총재는 박대통령에게 사실상의 독재와 종신집권을 보장하고 있는 현행 헌법의 개정을 위해 투쟁의 선봉에 서 있다.

50년대 차에 70년대 엔진

　12월 5일 '민주회복국민회의'가 정식으로 출범했을 때 나는 10명의 대표위원 중 한 사람으로 참여했다. 12월 4일부터 신민당 의원들은 통일당(統一黨) 소속의원들과 함께 국회 본회의장에서 농성을 시작했다. 언제 끝날지 기약할 수 없는 농성이었다. 밤 10시가 되자 의원들은 비서들이 가져온 침구로 잠자리를 마련했다. 나는 의석 중간쯤에 의원용 의자 두 개를 겹치고 그 위에 담요를 폈다.
　개헌투쟁은 사실상 처음부터 난관이 예견되는 그런 것이었다. 신민당을 정면투쟁의 길로 선회시킨다는 것은 애당초 어려움을 안고 있었다. 내가 총재가 되면서부터 안게 된 이런 난관을 가리켜 언론에서는 "낡아빠진 50년대 차에 70년대의 엔진을 갈아 끼웠다"고 비유했다.
　나는 선명야당을 기치로 신민당의 개헌투쟁을 시작했지만, 당내에서는 나의 투쟁노선을 탐탁지 않게 받아들이는 사람들도 있었다. 일부에서는 처음부터 "감정적인 선명보다 이성에 의해 선명해야 한다"며 나의 정면투쟁을 반대하고 나섰고, 농성에 돌입했을 때는 "우리가 누군가에 의해 강제 차압당해 끌려가는 꼴"이라며 노골적으로 공격했다.
　당내의 이런 이견(異見)들은 농성에 돌입한 의원들 사이에 자신감을 잃게 만드는 전염병과 같이 작용했다. 이런 현실을 놓고 어떤 의원은 "슬픈 일이다. 모두들 마음이 뭉쳐져 있는 것 같지 않다"고 참담해했다. 이철승, 김원만, 이민우 등 비주류측은 "총재의 독주를 막지 못한 당직자들은 전원 사퇴하라"며 나에게 반기(叛旗)를 들

1974년 최연소 야당총재에 선출된 나는 본격적인 유신헌법 개헌투쟁으로 박정희정권을 압박해 들어갔다. 사진은 1974년 12월 '개헌추진 충청북도지부' 현판식 모습이다. 나의 왼쪽에 이용희, 오른쪽에 이충환의 모습이 보인다.

기 시작했다. 취임 후 4개월 동안 숨 가쁘게 달려온 나의 개헌투쟁은 당내에서부터 강한 역풍(逆風)에 부딪혔다.

이런 내적인 취약점과 유신체제가 가지는 정치적 제약이란 장벽에 끊임없이 부대끼는 동안 국회는 문을 닫아 버려 투쟁의 무대를 찾지 못하게 했다. 개헌투쟁은 개헌추진 시·도지부 결성이란 이름의 당내 행사 이상의 선을 뚫고 나갈 수가 없었다.

대구 금호호텔 난동사건

1974년 12월 27일, 나는 개헌추진 경북지부 현판식에 참석하기 위해 대구에 내려가 10여명의 국회의원 일행과 함께 금호(錦湖)호텔에 투숙했다. 그런데 현판식 날 새벽 6시가 조금 못 되어 상이군경 3백여명이 호텔을 에워싸고 10시간 동안이나 우리 일행을 연금하는 사건이 발생했다. 이들은 내가 머물고 있던 호텔의 바로 아래층까지 치고 올라왔다. 청년당원들은 계단을 막고 간신히 버티고 있었다. 대단히 위급한 상황이었다. 경찰이 출동했지만 이들이 시위대를 해산시키리라고는 처음부터 기대할 수 없었다. 상이군경들은 호텔의 커피숍을 다 때려부수는 등 난동을 부렸다. 실로 무법천지요 암흑세계라고 할 수밖에 없었다.

경상북도의 경찰국장은 진압을 하기는커녕 소방용 고가 사다리를 타고 내가 있는 5층까지 올라왔다. 그는 창문을 통해 내 방에 들어와서는, "상이군인들을 도저히 말릴 수 없습니다. 그들이 쳐 올라오면 위험합니다. 안전을 위해 제가 타고 온 사다리를 통해 피신하십시오"라고 하는 것이었다. 나는 너무나 뻔한 이들의 수작에 분통이 터졌다.

"이놈들, 사다리로 도망치라고? 내가 여기서 맞아죽어도 안 나간다. 네놈들이 동원해서 짜고 하면서 무슨 소리야."

내가 끝까지 버티자 결국 상이군경들이 물러났다. 그들은 내가 도망치는 장면을 보도해 망신을 주려 한 것이었다.

이튿날인 28일에도 이들 상이군경들은 현판식 장소인 경북도지부 당사를 점거, 난동을 부렸다. 이 날 도지부에서의 난동으로 최형우(崔炯佑) 의원과 기자, 신민당 당원들이 중경상을 입는 폭행을 당했다. 결국 현판식을 갖지 못한 우리 일행은 대구 시내 중심가에서 가두시위만 벌였다. 과연 세계 어느 나라에서 야당당수와 야당의원들을 백주에 도심 한복판에서 연금, 이러한 무정부상태와 무법천지를 연출한 예가 있는지 기가 막힐 뿐이었다.

내가 서울역에 도착했을 때 서울역 광장에는 라디오방송을 통해 나의 귀경(歸京) 소식을 전해 들은 수많은 시민들이 몰려나와 있었다. 나는 깜짝 놀랐다. 누구 한 사람 그들을 동원하지 않았지만, 그들은 박정희독재의 서슬 퍼런 눈길을 피하지도 않고 나를 따스히 맞아 준 것이었다. 서울역에서 보여 준 국민들의 신민당과 나에 대한 애정, 그리고 민주주의에 대한 열망에 나는 감격했다.

주인은 머슴 바꿀 권리 있다

박정권에 대한 나의 규탄의 목소리는 차츰 높아질 수밖에 없었다.

> 대통령은 국민을 위해서 존재하는 것이지, 국민이 대통령을 위해서 있는 것은 아닙니다. 대통령의 지위는 결코 신성불가침의 영역이 아닙니다. 대통령은 나라의 머슴이고 국민은 그 주인입니다. 주인은 머슴이 마음에 들지 않을 때, 머슴이 주인을 괴롭힐 때 그 머슴을 바꿀 권리가 있는 것입니다.
> 1975년 우리 신민당의 최대의 정책목표가 민주회복을 위한 개헌투쟁임을 이 자리에서 다시 한번 명백히 밝혀 두는 바입니다.

1975년을 맞아 1월 15일 상오 중앙당사에서 가진 연두회견에서 나는 위와 같이 선언하고, "민주적 개혁을 거부하는 정부는 민주국가의 정부로서 가치가 없다"고 했다. "개헌을 주장하는 절대다수 국민을 모두 환상주의자로 몰고 민주적 개헌을 '나라 망치는 길', '몇몇 정치인만 좋아할 것'이라고 감정적으로 비난하는 것은 대통령이 취할 태도가 아니다"고 비판한 나는 "소위 '유신헌법'이야말

1974년 12월 28일, 개헌추진 경북도지부에 상이군인과 폭력배들이 난입해 당원들을 무차별 폭행했다. 이에 항의하는 나를 사복 경찰들이 강제로 차에 태우고 있다.

로 극소수의 집권세력만 좋아할 뿐, 절대다수 국민이 싫어하는 헌법"이라고 주장했다.

"민주적 개헌을 평화적·합리적으로 추진해 놓고 박대통령은 명예롭게 정권의 자리에서 하야하는 것이 민족의 장래, 당면 난국타개와 대통령을 위해 가장 유익한 일"이라는 경고도 나는 덧붙였다. 개헌문제에 대한 여·야간의 현격한 이견조정을 위한 고차적 대화제의 용의에 대해서 나는 "어느 시기엔가 난국타개를 위해 대화를 가져야겠다는 생각을 하고 있다"고 답변하고, 개헌청원 서명운동에 대해선 "서명운동은 여러 투쟁방법의 하나일 뿐, 그것만이 투쟁방법의 전부는 아니다"고 했다.

나는 "오늘의 심각한 경제적 난국을 맞아 국민대중의 분노의 대

유신에 정면으로 맞서다 ··· 73

상이 되고 있는 부정부패에 대해 최소한의 조치라도 취하지 않으면 안 된다"고 촉구했다. "북한에 공산정권이 있는 이상 남침위협이 근본적으로 없다고 생각하는 것은 아니나, 한반도를 둘러싼 평화지향적 국제동향, 60만 국군의 막강한 방위태세, 국민의 반공의식, 미군의 주한(駐韓), 한·미방위체제의 건재로 보아 북괴가 감히 지금 당장 남침 승산을 오판(誤判)할 상태가 아니라고 판단한다"고 주장했다.

나는 또 "남북대화의 중단은 1차적으로 북괴의 책임이나, 중단 구실을 제공한 박정권 역시 책임을 면치 못할 것"이라고 지적, "평화통일을 위해선 국민이 일체감을 갖고 정부의 통일정책에 믿음으로 성원할 수 있는 민주체제부터 마련해야 한다"고 강조했다.

마지막으로 나는 네루 인도 수상의 자서전『정의의 도전』가운데 "사람은 그 운명을 피하려고 하는 길에서 곧장 그 운명과 마주치게 된다"는 구절을 인용하면서 회견을 마쳤다.

동경에서의 연설 요지

연두회견 직후인 1월 17일 나는 해외동포의 민주화투쟁에 대한 지원·협력과 개헌운동에 대한 국제적인 기반 마련을 위해 일본과 미국 방문길에 올랐다. 동경(東京) 마루노우치에 있는 외국인 특파원협회의 오찬모임에서 나는 통일문제와 한반도의 장래, 민주화운동 등에 관해서 연설했다. 다음은 그 요지이다.

〈통일문제〉
1. 소련과 중국이 한국을 승인하고 미국과 일본이 북한을 승인

하여 상호관계를 개선한다.

2. 남북한의 유엔 동시가입을 조속히 실현시켜 북한이 보다 많은 국가와 대화를 함으로써 자유의 귀중함을 깨닫게 하고, 남북이 유엔의 장(場)에서 대화의 길을 열도록 한다.

3. 이러한 평화의 기초가 다져진 후 남북한을 포함하여 미국·일본·소련·중국 등 관계국이 참가하는 동북아시아 평화회의를 개최, 한반도의 평화문제를 토의한다.

1975년 1월, 동경 외신기자클럽에서 연설하는 모습.

〈한반도의 장래〉

앞으로 동북아시아는 세계 정치와 경제의 중심이 될 것이며, 그때 한국의 지위는 크게 향상될 것으로 본다. 세계 석유 매장량의 5분의 3이 있는 시베리아가 미·소·일 합작으로 개발되고 중국대륙이 개방되면 새로운 동북아시대가 전개될 것이며, 그때는 동북아시아의 중심에 위치한 한반도의 지정학적 조건은 정치적·경제적으로 국제사회에서 매우 큰 비중을 차지하게 되리라 믿는다. 아놀드 토인비가 일찍이 "앞으로 30년 이내에 동북아시아가 세계문명의 중심이 된다"고 한 말이 현실화되어 가고 있는 것이다.

〈민주화운동에 대해〉

"박정권이 어떠한 강경수단으로 나온다 할지라도 민주화운동은 반드시 성공한다"고 확신하고, 그 이유로 다음의 두 가지를 들었다.

1. 국민이 정권탄압에 익숙해져 두려워하지 않는다.
2. 박대통령은 국민의 절대다수가 유신헌법의 개정이나 정권교체를 바라고 있는 것을 알고 있을 것이다.

LA 컨벤션센터에서 연설

"박정희는 언제나 내가 서울에 없을 때 문제를 일으킨다." 내가 가끔 주위 사람들에게 하는 말이다. 5·16쿠데타에 관한 뉴스는 고향 거제의 어로 작업장에서 들었고, 유신체제는 워싱턴의 호텔에서 들었다.

이번에도 그랬다. 내가 일본에서 미국으로 건너간 1월 22일 박정희는 느닷없이 유신헌법에 대한 찬반을 묻는 국민투표를 실시하겠다고 발표했다. "이 국민투표를 나에 대한 신임투표로 간주, 만일 국민들이 유신체제를 인정하지 않고 현행 헌법의 철폐를 바란다는 결정을 내리면, 나에 대한 불신임으로 받아들이고 대통령직으로부터 물러나겠다"고 선언한 것이다.

국민투표 실시 발표 직후 나는 로스앤젤레스의 컨벤션센터에서의 연설에서 박정희를 강력하게 비난했다. 이 날 나의 연설회에는 9천여명의 청중이 모여드는 일대 성황을 이루었다.

박정희씨는 또다시 민족 앞에 영원히 죄인이 되는 길을 선택했다. 내가 조국을 떠난 틈을 노려서 소위 유신헌법과 자신에 대한 신임을 묻는 국민투표를 실시한다고 발표했다. 야당총재가 부재 중인 때를 이용해서 이러한 결정을 하는 것은 등 뒤에서 총을 쏘는 것과 같은 비겁한 자의 비겁한 행위인 것이다.

소위 비상각의에서 정권의 자의(恣意)로 만들어진 국민투표법은 찬반에 관한 토론이나 연설, 신문·방송을 통한 의사표시마저 금지하고 있었다. 심지어는 서명운동이나 데모, 호별방문도 할 수 없게 되어 있었다. 그뿐 아니라 야당과 국민의 감시도 없이 국민의 눈과 귀를 막아 놓고서 제멋대로 민의를 조작할 수 있게 돼 있었다.

유신체제하의 국민투표

박정희의 새로운 사기극으로 인해 야당총재인 나로서는 더 이상 미국에 머물러 있을 수 없었다. 로스앤젤레스에서의 행사를 끝으로 워싱턴 방문일정을 취소하고 급거 귀국길에 올랐다. 귀국 도중 동경(東京)에서 나는 박정희의 국민투표안을 '새로운 쿠데타'라고 규정, 박정희와 만나 투표중지를 요구할 용의가 있다고 말했다. 나는 김포공항에서 기자회견을 열었다. "이번 여행에서 우리나라의 국제적 고립이 얼마나 심각한가를 알게 되었다. 나는 국민의 선두에 서서 국민투표 거부운동을 벌이겠다"고 결의를 밝혔다.

신민당과 민주회복국민회의가 국민투표 전면거부 결의를 한 데 이어, 국민투표를 사흘 앞둔 2월 8일 나는 윤보선·김대중 두 사람과 함께 행동강령을 발표, 국민투표 거부를 역설했다.

국민투표안은 투표율이 79.8%로 집계된 가운데 찬성 73%로 가

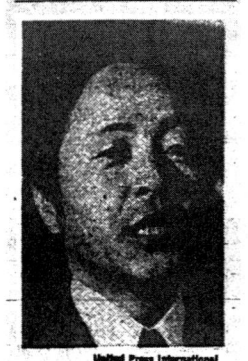

〈뉴욕타임스〉 1975년 3월 28일자 보도내용.

결됐다. 이때의 국민투표는 극심한 부정이 개입되었다. 박정희는 야당의 감시를 봉쇄한 상황에서 언론조작, 투표 동원 등 온갖 부정 수단을 총동원했지만, 그런 상황에서 기권 20.16%, 반대 25.1%, 무효투표 1.8%가 나온 것은 놀라운 일이었다. 실질적으로 국민투표가 부결된 것과 같은 분위기였다. 박정희는 "국민투표 결과에는 승자도 패자도 없다. 국민 여러분은 가장 민주적인 의사표현 방법으로 현행 헌법에 대해 국민적 정당성을 명확히 재확인함으로써 분열된 국론을 하나로 통일시켰다. 이로써 국민총화를 더욱 확고히 할 수 있는 건설적 계기가 주어졌다"는 담화를 발표했다. 그러나 국민투표의 결과가 박정희가 의도했던 대로 되지 않았다는 것은 "승자도 패자도 없다"는 박정희의 말 속에서도 드러나 있었다.

뉴욕타임스, '금주의 인물'로 선정

1975년 2월 24일 나는 기자회견을 통해 "이번 국민투표는 부정으로 투표율을 조작했고 찬성률도 믿을 수 없다"고 주장하고, "국민투표가 국고(國庫)를 탕진하고 국가경제를 파탄으로 몰면서 공화당조직, 행정조직, 교사, 그리고 선거관리기구를 동원하여 대리투표, 무더기투표 등의 방법으로 조작됐다"고 선언했다.

사실 유신시대에 실시됐던 수 차례의 국민투표는 전적으로 국가권력을 동원한 조작극이었다. 박정희의 간교한 '대(對)국민 협박성' 국민투표 발표, 국가기구를 총동원한 투표동원체제, 그나마 부정투표의 양산, 이런 것이야말로 박정희식 민주주의였다. 시간의 흐름은 인간의 기억을 흐리게 하지만, 우리는 민주주의에 대한 갈구와 갈증으로 지샜던 독재의 나날들을 먼 과거의 일로만 망각해서는 결코 안 될 것이다.

1975년 3월 29일, 나는 "오는 6월 3일부터 개헌추진 현판식을 갖는 것은 현(現)정권이 무슨 방법으로든지 사태를 호도하려 하지만, 민주회복 없이는 오늘의 난국을 타개할 수 없다는 신민당의 강력한 의지를 표현하기 위한 것"이라고 역설했다. 나는 또 "국민투표의 조작이나 지난 임시국회에서 날치기 극(劇)으로 형법을 고쳐 국민의 입을 막으려고 하는 처사를 볼 때, 우리의 개헌 신념은 더욱 굳어졌다"고 밝히고, 부산(釜山) 현판식은 개헌추진 제2단계의 출발이라고 전제, "현정권이 역사의 대세 앞에 무릎을 꿇을 때까지 모든 희생을 각오하고 투쟁해야 한다"고 결의를 다졌다.

이러한 나의 민주화에 대한 고투(苦鬪)를 평가, 1975년 3월 28일자 〈뉴욕타임스〉는 '금주의 인물'로 나를 선정했다. 〈뉴욕타임스〉는 그 선정 이유로서 정부에 대한 비판을 금지하는 개정형법에 저촉될 위험에도 불구, 외국기자와의 인터뷰에서 박정희의 하야와 개헌을 요구한 나의 행위는 용감한 것이었다고 평가했다.

첫번째 야당총재 시절을 회상할 때면, 사람들은 나에게 으레 "어떻게 그토록 극심한 탄압을 받으면서도 굴하지 않고 싸울 수 있었습니까"하고 묻곤 한다. 인간이 인간일 수 없는 인간성 말살의 암흑기가 있었다. 그때 나는 오직 불의에 대한 항거, 민주주의에 대한 신념, 하나님과 국민에 대한 확고한 믿음으로 나를 지탱해 나갈 수 있었다.

숨이 끊어질 듯한 박정희를 구한 김일성

생각해 보면 1974년 8월 전당대회에서 당권을 잡은 지 불과 7개월 동안 나는 개헌투쟁을 숨가쁘게 끌고 왔다. 그러나 나의 행보(行步)는 여기서 멈출 수가 없었다. 이제 재야세력의 통합이라는 또 하나의 큰 짐이 내게 맡겨졌다. 3월 말 나는 양심적인 민주세력을 규합하기 위해 윤보선, 김대중, 양일동(통일당 총재)과 첫번째 4자회담을 갖고 재야세력의 통합에 합의했으며, 4월 5일에는 2차회담을 가졌다. 나는 또 4월 10일에는 윤보선·김대중과 3자회담을 가졌으며, 양일동과도 별도로 회담하여 통일당과의 합당은 물론, 모든 재야세력의 통합을 추진했다.

정통 보수야당 신민당은 당시까지만 해도 재야세력과는 일정한 거리를 두고 있었다. 당내의 여론도 그러했다. 그러나 나는 신민당의 새 총재로서 박정희와의 선명한 투쟁을 위해서는 민주세력의 대동단결이 필요하다는 것을 절감하고 있었다. 내가 오랜 기간 많은 재야인사들과 교분을 맺어 온 것이 재야와의 통합노력에 커다란 도움이 되기도 했다.

1975년 4월은 아시아의 안보정세에 있어서 두 개의 충격적인 대사건이 발생했다. 4월 17일 공산군은 캄보디아의 수도 프놈펜에 진입, 우파(右派) 정부군을 붕괴시켰다. 4월 30일에는 월남정부가 월

맹군과 베트콩에 무조건 항복했다. 국민들은 월남 적화로 큰 충격을 받았다. 박정희로서는 국민들의 관심을 개헌논쟁에서 안보태세의 점검으로 돌릴 수 있는 절호의 기회였다. 이런 상황에서 야당도 불가피하게 개헌투쟁을 완화할 수밖에 없었고 국회도 안보결의안을 채택해야 했다.

만약 1975년 그때 월남의 적화가 없었더라면 야당과 재야의 거센 개헌요구를 박정희가 막기는 어려웠을 것이다. 월남이 박정희를 살린 것이다. 북한의 김일성(金日成)은 3월 초순 "앞으로 전쟁이 일어나든, 남조선에서 혁명이 일어나든 그 모든 것을 우리 혁명과정에 유리하게 이용하여 조국을 통일하고 혁명의 전국적 승리를 쟁취해야 한다"고 연설했고, 4월 중순에는 북경을 방문해 "베트남 방식에 의한 남반부 해방도 고사(固辭)하지 않는다," "잃는 것은 국경선이며 얻는 것은 통일"이라고 자신만만하게 말했다.

〈뉴스위크〉지(誌)는 당시 빈정대듯이 이렇게 썼다.

> 박정희는 세계에서 가장 운이 좋은 지도자다. (왜냐하면) 그가 국내에서 어려움에 직면하면 김일성은 언제나 미친 듯이 엉뚱한 역할을 해서, 숨이 끊어질 듯한 박정희를 궁지에서 구해 내려 하기 때문이다.

이즈음 전국 각지에서는 안보태세 확립을 위한 국민대회가 광범하게 확산되었다. 물론 박정희가 주도한 것이었지만, 국민들로서도 순순히 받아들일 정도로 위기감이 고조되고 있었다. 신민당의 개헌투쟁도 일단 위축될 수밖에 없었다.

3. 박정희와 단독대좌

박정희의 눈물 연기

인도차이나사태가 급박해 가던 무렵, 집권 공화당이 국내외 안보 정세와 관련해서 정치논쟁의 휴전을 제의해 왔다. 나는 1975년 4월 23일 처음으로 박정희와의 회담을 정식으로 제의했다. 총재 취임 후 8개월 만의 일이었다. 월남이 적화될 경우 국제정세가 국내정치에 미칠 파급효과를 미리 내다보고, 여·야 영수회담을 제의한 것이었다.

이 날 나는 성명을 통해 "우리가 당면한 오늘의 사태는 야당을 대표하는 총재의 입장에서 결코 수수방관할 수 없기 때문에, 박대통령과 흉금을 터놓고 의견을 나누려 한다"고 밝히고, "국가가 당면한 오늘의 현실과 내일에 대비할 수 있는 길이 무엇이며, 어떻게 하는 것이 옳은가를 진지하게 논의하는 것이 유익한 길이라고 믿고, 박대통령과의 면담을 정식으로 제의한다"고 했다.

박정희는 나의 회담제의에 대해서 아무런 반응을 보이지 않은 채 5월 13일 '국가안전과 공공질서의 수호를 위한 대통령긴급조치 제9호'를 선포, 유언비어의 날조와 유포, 헌법개폐 주장, 학생들의 불법집회 및 정치간여 행위 등을 엄단하겠다고 나섰다. 긴급조치를 해제한 지 9개월 만에 또다시 비슷한 내용의 긴급조치를 발표한 것이다.

박정희와 나의 회담은 5월 21일 이루어졌다. 지금은 허물어지고 없는 일제 총독관저, 당시 대통령 집무실에서 나는 박정희와 단독 대좌한 채 커피를 마시고 있었다. 그때 창 밖 나무 위에 새 한 마리가 날아와 앉았다. 나는 지난해 사고를 당한 부인에 대한 위로를 해야 할 것 같아서, "마음이 얼마나 아프냐"며 조의(弔意)를 표했다.

박정희는 나의 위로인사를 받자 망연한 표정을 짓더니 창 밖의 새를 가리키면서, "김총재, 내 신세가 저 새 같습니다"라고 하고는 바지 앞주머니에서 손수건을 꺼내 눈물을 닦는 것이었다. 느닷없는 행동이었지만, 그 모습을 보니 나는 인간적으로 안됐다는 생각이 들었다.

울적해진 마음을 추스른 듯, 박정희는 아시아 지도를 꺼내 놓고 한반도와 그 주변정세를 내게 들려주었다. 박정희의 설명이 끝나자 나는 "민주주의 하자. 대통령 직접선거를 하자"며 말을 꺼냈다. 대화가 상당히 길게 이어지고, 내가 거듭 "유신헌법을 빨리 철폐하여 멋진 민주주의를 하자"고 하자, 박정희는 "김총재"하고 불러 놓고는 한동안 말을 끊었다.

"김총재, 나 욕심 없습니다. 집사람은 공산당 총 맞아 죽고, 이런 절간 같은 데서 오래 할 생각 없습니다. 민주주의 하겠습니다. 그러니 조금만 시간을 주십시오."

박정희가 울지만 않았다면, 나는 "그럼 언제 할 거냐"고 따지고

1975년 5월 21일, 박정희와 영수회담을 하고 있는 모습.

들었을 것이다. 그러나 그의 눈물 때문에 그를 추궁하려던 나의 마음은 다소 누그러져 있었다. "꼭 민주주의를 하겠습니다"라는 박정희의 말은 "이번 임기를 마지막으로 물러나겠다"는 뜻으로 들렸다. 그때의 분위기가 그랬다. 비명에 타계한 아내를 들먹이며 눈물을 보이고 인생의 허망함을 털어놓은 뒤라서, 나는 그의 말을 일단 진심으로 받아들이기로 했다.

박정희는 뒤이어 "김총재, 이 이야기는 절대 우리 둘만의 비밀로 합시다" 하며 말을 꺼냈다.

"조선 놈들은 문제가 있어요. 내가 정권을 내놓는다고 미리 알려지면 금방 이상한 놈들이 생겨날 겁니다. 대통령으로 일하는 데 여러 가지 문제가 생깁니다."

권력 누수(漏水)를 우려한다는 말이었다. 나는 가만히 생각해 보았다. 당시 유신헌법으로 선출된 박정희의 임기는 2~3년 정도 남아 있었다. 나는 민주주의만 된다면, 오랜 고통에 시달려 온 우리 국민이지만 그 정도는 희망을 갖고 참을 수 있지 않겠나 하는 생각이 들었다. 그래서 나는 비밀을 지켜 주마고 약속했다.

동아일보 광고사태

나는 김대중문제를 제기했다. 박정희는 김대중이 국내에서 당당하게 말하지 못하고 해외에서 비겁하게 반체제운동을 벌이고 있다면서, 국가이익의 한계를 넘은 배반행위라고 신랄하게 비난했다. 나는 강력하게 반론을 폈다. 김대중이 부당한 방법으로 납치되어 왔고 현재도 부당하게 연금돼 있으므로 원상회복해야 한다고 주장했다. 그것만이 한·일, 한·미관계를 포함해 한국의 외교적 손실을 회복하고 문제를 바르게 처리하는 길이라고 주장했다.

다음으로 신민당 김한수(金漢洙) 의원 등의 석방에 대해서 박정희는 호의적인 고려를 약속했다.

〈동아일보〉는 내가 아니었으면 1975년 광고사태 때 문을 닫았을 것이다. 〈동아일보〉 광고사태는 1975년의 최대 사건이었다. 박정희는 언론자유를 주장한 〈동아일보〉에 광고를 내지 못하도록 기업인들을 협박했다. 1974년 12월 26일, 광고주들이 〈동아일보〉에 대한 광고를 무더기 해약하는 사태가 일어났다. 사상 유례 없는 '광고탄압'이었다. 광고가 완전히 중단된 〈동아일보〉는 신민당을 비롯한 국민들의 성원에도 불구하고 존폐의 위기를 맞고 있었다.

박정희와의 회담을 앞둔 어느 날, 김상만(金相万)회장이 나를 급히

광고난이 텅 비어 있는 〈동아일보〉.

만나고 싶다고 요청해 온 일이 있었다. 만나 보니 몇 달째 계속되는 광고탄압으로 인해 신문사가 쓰러지게 됐다는 것이다. 김회장은 여러 가지 통로로 박정희에게 사정해 보았지만 소용이 없다면서, 내가 박정희에게 얘기해서 좀 살려 달라는 것이었다. 나는 이미 〈동아일보〉 광고사태에 대해 박정희와의 회담에서 중요한 의제로 다루려고 생각하고 있던 참이었다.

나는 영수회담에서 박정희에게 〈동아일보〉 문제를 심각하게 제기했다. 박정희는 그때 "나에게 〈동아일보〉 광고사태를 풀어야 된다고 말하는 사람은 김총재뿐입니다"하고 말했다. 내가 처음이라는 것이었다. 박정희는 〈동아일보〉가 괘씸하다면서 상기된 표정으로 〈동아일보〉를 비난하는 얘기를 늘어놓았다.

나는 "〈동아일보〉는 일제 때 여러 차례 정간(停刊)과 폐간(廢刊)을 당하면서도 끌고 나온 민족지이다," "올림픽 마라톤에서 우승한 손기정(孫基禎)의 가슴에 달린 일장기를 지우고 보도해 무기정간을 당하기도 했다"고 설명하고, 박정희가 이런 오랜 민족지를 문 닫게 하면 역사에 오명을 남기게 될 것이라고 강조했다. 나는 또 "국민들이 〈동아일보〉 광고사태를 언론탄압이라고 보고 있으며, 공화당정권에도 득(得)이 될 것이 없으니 반드시 〈동아일보〉 광고사태를 풀어야 한다"는 취지로 길게 설득했다.

　박정희는 〈동아일보〉에 대한 험담을 길게 하고 나서야, "뜻을 잘 알겠으니 내게 맡겨 주십시오"라고 했다. 나는 그의 말에서 조만간 〈동아일보〉 광고사태가 풀릴 것이라는 인상을 받았다.

　나는 청와대에서 나와서 김상만 회장을 만나 곧 해결될 것으로 본다고 말해 주었다. 김회장은 "정말 고맙습니다. 내 대(代)는 물론 자손들까지 은혜를 영원히 잊지 않도록 하겠습니다" 하며 눈물까지 흘리며 감격해했다. 결국 사태는 해결의 방향으로 흘러갔고 1975년 7월 16일부터는 광고 게재가 정상화되었다.

　박정희와의 회담에서 내가 제기했던 주요 의제는 유신헌법 철폐와 대통령직선제로의 개헌, 〈동아일보〉 광고탄압 사태, 김대중문제, 김한수 의원 등 구속자석방 문제였다. 나는 미리 준비한 이 문제들에 대해 충분히 얘기했다.

　김성진(金聖鎭) 청와대 대변인은 이 날 오전 10시 30분부터 12시 30분까지 2시간 동안 계속된 회담이 끝난 뒤 짤막한 발표를 했다.

　　박대통령과 김총재는 지금 미증유의 난국에 처해 이를 극복하기
　　위해서는 여·야가 다 함께 국가적 차원에서 노력을 기울여야 한
　　다는 데 의견을 같이했다.…… 이것은 여·야와 사회 각층간의 총
　　화를 굳히는 효과적이며 실질적인 촉진제가 될 것으로 확신한다.

회담내용 함구

　회담내용에 대해서는 쌍방이 일체 구체적인 내용을 공개하지 않았다. 이효상(李孝祥) 공화당 의장서리가 박정희에게 "무슨 말씀을

했는가"를 묻자, "김총재와 서로 밖에 나가서 얘기하지 않기로 약속이 되어 있기 때문에 말할 수 없다"고 대답했다. 나도 회담내용을 묻는 기자들의 질문에 대해 "국정 전반에 대해 얘기를 주고받았다"고만 말하고 입을 다물었다.

이튿날인 5월 22일, 나는 중앙당사에서 확대간부회의를 열어 박정희와의 면담결과를 소개했다. 나는 "국정 전반의 모든 문제에 대해 진지하고 격의 없는 충분한 의견교환을 했다"고 밝히고, "그러나 박대통령과의 약속을 지키기 위해 회담내용을 다 털어놓고 얘기하지 못하는 것을 미안하게 생각한다"고만 말했다. 참석자 중 누군가가 내게 야당이 당면한 여러 문제 등이 해결될 것으로 보느냐고 물었고, 나는 "단 한 번의 얘기로 모든 문제가 해결될 것을 바라서는 안 된다"고 대답했다.

나는 한번 약속한 것은 끝까지 지킨다는 것을 신조로 살아왔다. 설령 그것이 나에게 불리하게 작용하더라도 고집스러울 정도로 그것을 지키고자 노력했다. 내가 공식회의에서건, 사적인 자리에서건 박정희와의 면담내용을 발설치 않자, 당내 비주류는 나에게 강하게 반발했다. 당내에는 구구한 억측도 난무했다. 그러나 1979년 10월 26일 박정희가 살해될 때까지 나는 1975년의 회담내용에 대해 함구했다.

박정희와의 회담에 대해 당시 세간에는 밀약설도 나돌았지만 나는 약속을 지켰다. 박정희란 인물은 정적(政敵)에 대해서 혹독하기 그지없었고, 나야말로 박정희를 '독재자'로 규탄하면서 '하야'까지 주장했던 최대의 정적이었다. 그럼에도 나는 영수회담 이후에도 한동안 그가 내게 보여 준 모습이 진실이기를 기대했다.

그러나 박정희는 "대통령직선제와 민주주의를 하겠다"던 나와의 약속을 자신이 김재규의 손에 살해될 때까지 끝내 지키지 않았다. 박정희는 그후 영구집권을 도모하다 파멸의 길로 흘러가고 말았다. 박정희가 그때 흘린 눈물이며, "대통령 오래 할 생각 없습니다. 민주주의 하겠습니다" 하는 말은, 지금 생각하면 처음부터 나를 속이려고 꾸며 낸 거짓말이었다. 그의 눈물은 5·16쿠데타 직후 국민에게 번의를 거듭하며 흘렸던 거짓 눈물과 일맥상통하는 것이었다.

동남아 순방

인도차이나사태 이후 급변하는 동남아정세를 살펴보기 위해 나는 1975년 8월 4일 동남아(東南亞) 순방에 나섰다. 나는 필리핀·대만·일본 등지를 순방하면서 필리핀의 마르코스, 일본의 미키(三木武夫) 수상과 시이나(椎名悅三郞) 자민당 부총재 등과 회담하고 19일 귀국했다.

1975년 8월, 필리핀 마닐라공항에 도착하여 환영을 받고 있다.

필리핀을 방문했을 때의 일이다. 대통령궁에서 당대의 독재자 마르코스와 회담했다. 내가 "민주주의가 세계에서 제일 좋은 제도라고 생각한다"고 말했더니, 마르코스는 자신도 예전에 야당도 하고 민주주의도 했지만 필리핀의 상황에서는 민주주의를 하기가 대단히 어렵다며, 노골적으로 독재를 합리화하는 말을 했다. 다음날 아침 필리핀 신문을 펴 든 나는 놀라지 않을 수 없었다. 나와 마르코스가 만나는 컬러사진이 톱기사로 나왔는데, 나를 야당총재라고 하지 않고 필리핀을 방문한 한국 국회의원 단장이라고 보도한 것이었다. 필리핀에서는 '야당'이라는 단어조차 금지된 것인가 생각하니, 필리핀 국민의 처지가 박정희 독재하에 고통받고 있는 우리 국민의 처지와 흡사하다는 생각에 우울해했던 기억이 있다.

일본의 지도자들

대만을 거쳐 일본에 도착한 나는 미키 수상을 만나 회담했다. 내가 처음 미키 수상과 회담을 요청하자, 박정희는 나와 만나는 것을 막기 위해 적극적으로 압력을 가했다. 그러나 나와 미키 수상은 아시아의 정세와 한국의 인권문제를 소재로 장시간 회담을 했다. 회담 자체가 독재자 박정희에 대한 반박이었다.

6, 70년대를 거치면서 나는 일본의 많은 지도자들과 만나 교분을 쌓아 왔다. 국가로서 일본은 우리에게 '가깝고도 먼 나라'이지만, 개인적으로 나는 역대 일본 수상들과 좋은 인간관계를 가질 수 있었다.

일본 수상 중 내가 제일 먼저 만나 본 사람은 사토(佐藤榮作) 수상이다. 나는 1971년 7월 일본을 방문했을 때 사토 수상과 만난 적이 있다. 사토 수상은 대단히 잘생긴 미남이었는데, 집권 초기에는 많은 어려움을 겪기도 했지만 탁월한 정치역량을 발휘함으로써 수상이 자주 바뀌는 일본에서 8년간 최장수 수상 재임기록을 남겼다. 사토 수상은 또 기시(岸信介) 수상과 친형제간이었기 때문에 더욱 기억에 남는다.

1971년 방문에서 나는 사토에 이어 이듬해 수상이 된 다나카(田中角榮) 자민당 간사장과도 친하게 되었다. 다나카는 당시 우리 일행의 안내역을 맡았는데, 넓은 잔디밭이 있는 운치 있는 전통 일본 요리집으로 우리 일행을 안내해 주었다. 나를 환대해 준 다나카는 상당한 애주가(愛酒家)였다.

나와 가장 친분이 두텁고 개인적으로 기억에 남는 일본의 지도자는 다케시타(竹下登) 수상이다. 다케시타파는 일본 자민당의 최대 파벌이며, 오부치(小淵惠三) 등 여러 수상을 배출했다. 야당시절 내가 일본을 방문할 때면 반드시 다케시타를 만났고, 다케시타 역시 한국에 오면 반드시 나를 찾아 야당 당사에 들렀다.

1988년 8월 내가 일본을 방문해서 수상 관저에서 회담을 했을 때의 일이다. 회담 후 공동기자회견을 위해 회견장으로 들어서려 했지만, 기자들이 꽉차 있어 연단 앞으로 가기가 어려웠다. 다케시타 수상이 직접 기자들 사이로 길을 내 주었다. 얼굴 가득 웃음을 띠고 "김총재, 인기가 정말 대단합니다," "기자 여러분, 한국의 김총재가 들어갈 수 있도록 비켜 주십시오" 하던 모습이 지금도 눈에 선하다. 1989년 소련을 첫 방문하고 귀국하면서도 나는 일본에 들러 다케시타의 저녁 초대를 받은 적이 있다. 그는 나와 소련 방문에 수행한 국회의원 모두를 대단히 넓은 일본식 요정에 초대했다. 그는 일일이 모든 사람들에게 어깨동무를 하며 한 잔씩 술을 권했고, 또 자신도 받아 마셨다. 내가 정말 술이 세다고 말했더니, 환하게 웃으며 자기 집이 고향에서 양조장을 했기 때문에 술이 센 것이라고 이야기했다. 그는 또 자랑스럽게 자신의 선조가 한국에서 일본으로 건너왔다고 이야기하기도 했다. 나와 세 살 연상인 다케시타는 서로 솔직하게 흉금을 털어놓는 친구가 되었다. 다케시타 수상은 내가 대통령이 되어서도 여러 차례 만났다.

나는 후쿠다(福田赳夫) 수상과도 친분이 있었고, 대통령 재임 중에도 여러 명의 일본 수상들과 정상회담을 가졌다.

김덕룡 비서실장 구속

1975년 8월 23일은 나의 총재 취임 1주년이 되는 날이었다. 나는 기자회견을 통해 동남아 순방결과를 소개하는 동시에 긴급조치 9호의 해제와 헌법개정을 촉구했다.

나는 먼저 동남아 순방결과를 밝혔다. "이번 순방에서 아세안(동남아시아국가연합) 국가들이 대(對)중국 관계개선을 도모하고 있음을 확인했다. 이는 이데올로기의 변질이 아니라 자체의 안보를 강화하고 평화의 질서를 추구하는 수단이다. 우리 정부도 중국과의 관계개선을 위해 적극적인 외교활동을 전개해야 한다"고 지적하고, "이를 위해 필요하다면 야당총재로서 북경(北京)정부를 방문, 한반도의 평화정착에 관한 협의를 하겠다"고 밝혔다. 또 "북한은 중·소의 지원 없이 남침(南侵)할 수 없다. 현재의 상황에서 중·소, 특히 중국은 북한의 남침을 지원하지 않을 것"이라고 말했다.

나는 이어서 총재 취임 1주년을 맞는 소감을 피력했다. 나는 "신민당은 국민에게 용기와 희망을 주는 수권(授權)정당으로 발전, 당의 지위를 국내외적으로 성장시켰으나, 국민이 신민당에 기대하는 바에는 미흡했다"고 평가한 데 이어, 정부에 대해 "개헌논의를 일절 금하고 있는 긴급조치 제9호의 해제"를 촉구했다.

그런데 뜻밖에도 검찰이 나의 회견내용을 물고늘어졌다. 기자회견이 열린 바로 그 날, 서울지검 공안부(公安部) 정치근(鄭致根) 부장검사는 기자회견 내용 중 긴급조치 9호에 위반되는 발언이 있어 나를 불구속 입건했다고 밝혔다. 이어서 9월 3일에는 서울지검에서 나에게 출두요구서를 발부했다. 나는 당연히 불응했다.

그러자 검찰은 9월 10일 나의 비서실장 김덕룡(金德龍)을 긴급조치 9호 위반으로 구속했다. 야당총재의 입건과 소환장 발부, 그리고 측근의 구속 등은 청와대와의 사전협의 없이는 불가능한 중대사였다.

긴급조치 9호 위반으로 기소되다

검찰은 그 뒤 내게 몇 차례나 더 소환장을 보내 왔지만 나는 이를 무시했다. 박정희는 유치한 수법까지 동원했다. 하루는 유치송 사무총장이 집으로 찾아와 말하기를, "중앙정보부의 모(某) 국장이 하는 말인데, 한 번만 검찰에 출두해 체면만 세워 주면 김덕룡을 내놓겠다고 한다"는 것이었다. 그런 거짓말에 속을 내가 아니었다.

그러던 중 크리스마스가 다가온 연말 어느 날이었다. 나는 연내에 석방될 기미가 없는 김덕룡을 면회하러 구치소로 찾아갔다. 비서실장 김덕룡은 늠름했다. 내가 사식(私食)을 넣어 주려 했지만, "총재님, 저는 관식(官食) 체질인가 봅니다. 걱정 마십시오"하는 것이었다. 돌아오는 차 안에서 생각하니, "김덕룡을 연내에 내놓을 수만 있으면……"하는 안타까운 심정이 들었다. 이튿날 아침 유치송에게 "정말 틀림없나"고 묻고는, "그러면 검찰총장실에 한번 가겠다"고 말했다. 12월 30일, 나는 검찰총장실에 들렀다.

결국 알면서도 속은 꼴이 되었다. 박정희는 김덕룡을 내주기는커

야당총재 시절 기자회견을 하는 모습.

녕 다음해인 1976년 1월 21일 나를 불구속 기소해 버렸다. 인정(人情)마저 악용해 사람을 농락한 박정희의 치사한 행태에 분개하지 않을 수 없었다.

야당시절, 내가 1971년 비서실을 설치한 이래 신상우(辛相佑), 김봉조, 박권흠(朴權欽), 김덕룡, 최기선(崔箕善), 서청원(徐淸源), 김동규(金東圭), 김우석(金佑錫) 비서실장을 비롯하여 수많은 동지들이 나의 비서로 활동하며 민주화투쟁에 큰 역할을 해주었다. 험난한 민주화투쟁의 과정에서 동지들이 독재정권에게 당해야 했던 핍박과 수모, 고통은 이루 다 말할 수 없이 심했다. 그러나 대다수의 동지들이 민주주의에 대한 헌신과 정열, 사명감을 잃지 않고 싸워 주었다. 여기에 동지들의 이름을 다 열거할 수는 없지만, 나는 늘 그들에 대해 가슴 속 깊이 고마움을 간직하고 있다.

각목대회

1976년 5월 25일의 신민당 전당대회는 세칭 '각목대회'(角木大會)로 기록됐다. 대회는 나와 비주류연합의 대결장이었다. 비주류연합이란 이철승, 신도환, 고흥문, 정해영, 정운갑, 김원만 등이 중심이 된 파벌연합이었다. 이들은 내가 당권을 잡았던 지난 2년여를 공격해 댔다.

전당대회 나흘 전인 5월 22일, 비주류파의 깡패들이 7시간 동안 관훈동 중앙당사를 기습점거, 주류파의 대회준비를 방해했다. 이들은 조직국장이던 김동영(金東英) 의원을 감금했고, 나는 총재실 뒤쪽 비상문을 열고 약 3m 아래에 있는 '안국복국' 식당의 지붕으로 뛰어내려 피신해야 했다. 이때 발을 잘못 딛는 통에 왼쪽 발목을 다치기도 했다.

대회 전야인 5월 24일, 청년당원들은 비주류의 대회장이던 시민회관 사전점거 소식을 듣고 이를 막기 위해 한밤중에 대회장을 먼저 점령했으나, 경찰은 불법점거를 이유로 이들을 해산시켰다. 해산된 청년당원들은 회관 근처 여관에서 합숙, 다음날 새벽 통금해제 즉시 시민회관으로 달려갔다. 그러나 그때는 이미 이들보다 30분 전에 들이닥친 비주류연합의 정치깡패들이 대회장을 철저하게 봉쇄하고 난 뒤였다.

양파는 대회장 밖에서 충돌했다. 비당권파의 행동대가 각목으로 무장한 채 당권파의 입장을 난폭하게 막아 서면서 일대는 수라장이 되어 버렸다. 중앙정보부로부터 지원을 받은 불량배들이 개입되어 있다는 것은 그 당시 공공연한 사실이었다.

박정희와 중앙정보부의 야당탄압은 그의 18년 장기집권 전기간에 걸쳐 갈수록 수단과 방법을 가리지 않았다. 나는 야당총재였지만 당내에서 소수파와 같은 처지였다. 내 주위의 당직자들은 모두 박정희와 중앙정보부의 위협 때문에 주눅이 들어 있었다. 어떤 이들은 중앙정보부의 국장 한 사람이라도 만날라치면, 대단한 벼슬이라도 한 듯이 자랑삼아 떠들고 다니기도 했다. 박정희와 중앙정보부에 대해 가차없이 직격탄을 날렸던 내가 그들에게 얼마나 눈엣가시였을까는 충분히 짐작할 수 있다. 야당의 전당대회가 열리는 날이면 전국 각지 경찰서의 정보과장들이 총동원되었다. 각 지역 대의원들의 얼굴을 아는 경찰서 정보과 직원들은 전당대회 전기간 동안 서울에 머물면서 자기 지역의 대의원들을 협박·회유한 대가로 포상과 승진의 상급(賞給)을 받을 수 있었다.

박정희에게 빼앗긴 당권

결국 나는 시민회관의 대회장 사용을 포기하지 않을 수 없었다. 우리는 중앙당사 회의실에서 전당대회를 강행했다. 대회 후 비주류는 당권파의 전당대회가 무효라고 중앙선거관리위원회에 제소했다. 중앙선관위는 "신민당 김영삼 총재의 임기는 5월 말이 경과됨으로써 만료되고, 그후는 총재의 지위가 소멸되며 권한도 행사할 수 없다"는 일방적인 해석을 내렸다.

그로부터 3개월 후인 9월 15일과 16일 이틀 동안 서울 시민회관에서 과도체제를 청산하는 수습 전당대회가 열렸다. 주류·비주류 양파는 이에 앞서 6명의 최고위원과 1명의 대표최고위원을 선출하는 집단지도체제를 채택하기로 했다.

애당초 단일지도체제를 주장했던 나는 당내의 흐름에 따라 할 수 없이 집단지도체제를 수용해야만 했다. 9월 15일의 최고위원 경선에 나는 이충환(李忠煥)·유치송(柳致松)·김재광(金在光) 세 사람을 내세워 모두 당선되었고, 비주류연합에선 이철승·신도환·고흥문이 당선되었다. 두 세력이 무승부를 기록한 1회전이었다.

다음날 열린 대표최고위원 선출에서는 당권파에서 나, 비주류연합에서는 최고득표자 이철승, 중도 비주류의 대표 정일형이 대결했다. 1차투표 결과 내가 349표, 이철승 263표, 정일형 134표가 나왔으나 과반수에 못 미쳐 2차투표에 들어갔다. 2차투표 직전 정일형이 경쟁을 포기하면서 그의 지지세력의 표를 이철승에게 모아 주었다. 2차투표 결과 내가 364표를 얻은 데 비해, 이철승은 389표를 얻어 이철승이 대표최고위원에 선출되었다.

2년 전 악전고투 속에서 쟁취한 당권을 빼앗긴 것이다. 그로부터 나는 당직 없는 전(前)총재에다 소수파로 내려앉은 형국이었다. 그후 나는 당의 운영문제에 대해서 1년여 동안 침묵을 지켰다. 비판도 찬양도 거둔 채 깊은 침잠의 세월을 보냈다.

박정희의 독재는 종말을 향해 치달았고, 그런 격동 속에서도 여·야는 밀월을 즐기는 듯했다.

성경 봉독 중인 모습.

4. 5·30전당대회 드라마

민의의 심판 10대 총선

비판기능을 잃어버린 야당, 정권획득을 포기한 채 독재체제 내에서 안주하려는 야당. 민심과 당원들의 실망감은 커져만 갔다. 야당성 회복이 서서히 신민당의 문제로 다시 떠오르기 시작했다. 당 일각에서 중도통합론에 대한 비판이 제기되었고, 원외(院外)가 중심이 된 '야당성회복투쟁위원회'(소위 野鬪)가 결성되었다. '야투'는 나를 그들의 지주로 삼았다.

유신체제에 대한 국민들의 압박감도 차츰 폭발 직전의 비등점을 향해 치솟고 있었다. 1978년의 총선에서 그 조짐은 벌써 비쳤다. 그해 12월 12일 실시된 제10대 국회의원 선거에서 신민당은 77명을 공천하여 61명이 당선됐고, 공화당은 68명의 당선자를 내 당선자 수에서 신민당보다 불과 7명 앞섰다. 더욱 결정적인 것은 득표율 면에서 공화당이 31.2%에 그친 반면, 신민당은 32.3%로 오히려 신민당이 1.1%를 앞선 것이었다. 민의의 준엄한 심판이었다. 나는 부산에서 7선을 기록해 10대국회에서 원내 최다선 의원이 되었다.

1978년은 긴급조치의 공포로부터 벗어난 민주화운동 세력이 박정희에 대한 저항을 본격화하기 시작한 해였다. 긴급조치 9호는 더 이상 민주화의 요구를 억누를 수 있는 힘을 잃어 가고 있었다. 박정희는 선거결과에 그다지 신경을 쓰지 않는다고 했으나, 내심 위기감을 느끼고 있었음은 그후의 정국운영에서 드러나게 되었다.

총선이 끝난 후 제10대국회가 개원되기 전인 1979년 2월 8일부터 약 1개월간 나는 미국과 일본을 차례로 방문했다. 2월 15일에는 미국 예일대학 폴리티컬 유니언(Political Union)에서 '한반도 통일과 민주주의'를 주제로 연설했다. 과거 케네디, 닉슨 등도 이곳에 초청되어 연설했다고 한다. 2월 24일에는 로스앤젤레스의 힐튼호텔에서 연설했으며, 29일에는 에드워드 케네디 상원의원과 요담했다.

미국 방문기간 중 내가 한 발언들은 국내신문엔 한 줄도 보도되지 않았다. 그 중 몇 가지 생각나는 대목을 보면, 2월 13일 뉴욕 힐튼호텔에서 가진 기자회견에서 나는 "진실로 박대통령에게 권하는 것은 국민의 마음이 이미 현정권에서 떠나 있음을 직시하고 빠른 시일 내에 정권이양 준비를 갖추라는 것"이라고 했다. 중도통합론의 이철승을 겨냥, "야당은 야당다워야 하며 정권을 잡기 위해 투쟁해야 한다"고 함으로써 나는 총재경선에 나설 뜻을 시사하기도 했다.

예일대학에서의 연설에서도 나는 "1978년 12·12총선 때부터 박대통령은 자신이나 국민을 위해 자유민주주의를 회복시켜 정권을 이양할 준비를 갖추는 것이 좋겠다는 충고를 계속해 왔다"고 밝혔다. 이란(Iran) 팔레비정권의 몰락을 예로 들면서, "어떤 정부가 군대의 강력한 지지를 받고 있다 할지라도, 국민의 지지를 잃은 정권은 결단코 무너질 수밖에 없다," "이것이 이란사태가 우리에게 보여 준 역사적 교훈"이라고 주장했다.

연설이 끝난 뒤 나는 약 1시간 동안 학생들의 질문에 답하면서 대화를 나누었다. 내가 지난번 국회의원 선거 때 "야당인 신민당이 득표경쟁에서는 이겼으나 원내의석은 3분의 1도 차지할 수 없었다. 유신헌법에 의해 박정희가 일방적으로 임명하는 유정회가 의석의 3분의 1을 차지했다"고 설명하자, 학생들은 도저히 이해할 수 없다는 표정을 짓기도 했다.

미국 방문을 마치고 3월 9일 귀국한 나는 김포공항 도착성명을 통해, "정권을 평화적으로 스무드하게 이양할 준비를 갖추기를 박정희에게 거듭 충고한다"고 강조했다. "신민당은 수권태세 확립을 위해 대동단결해야 한다"고 역설한 이 성명에서 나는 "싸워야 할 때 싸우지 않고 말해야 할 때 침묵을 지킴은 큰 죄악"이라는 링컨의 명언(名言)을 인용했다.

미국과 일본을 방문하고 돌아온 나는 전국을 돌면서 직접 국민의 소리에 귀를 기울였다. 3월 8일부터는 내가 개설한 한국문제연구소에서 '현시국에 관한 국민의식 조사'를 계획, 1만여명에게 설문지를 우송했으나, 당국에 의해 압류당함으로써 조사계획은 무산되고 말았다.

백두진파동과 암수식 절충

1979년은 한국정치에 있어서 대전환의 해였다. 1978년 말의 국회의원 총선거에서 나타난 민심의 동향은 폭풍 전야의 긴장감으로 팽팽했지만, 신민당 지도부는 그것을 감지하지 못했다. 그런 기류(氣流) 속에서 3월 중순에 때 이른 불길이 일어났다. '백두진(白斗鎭)파동'이다.

'백두진파동'이란 박정희가 유정회(維政會) 의원인 백두진을 국회의장에 내정함으로써 발단이 됐다. 대통령이 자기 심복을 임의로 국회의장에 임명하겠다는 독단적 발상이었다. 당시 신민당은 국민의 직선에 의하지 않고 대통령이 지명, 통일주체국민회의(統一主體國民會議)에서 선출한 유정회 의원을 국회의장에 내정한 것은 지역구출신 의원과 국민을 무시하는 처사라고 주장, 10대 원(院)구성을 위한 의장선출 때 본회의장을 퇴장하기로 방침을 세웠다.

여권은 이를 '유신체제에 대한 도전'이라고 간주하고 야당에 대해 퇴장 대신 본회의장에 출석해서 반대하라고 강요했다. 참으로 희한한 일이었다. 여당이 반대의 방법까지 제시한 것이다. 그러고는 서슬 퍼런 여권의 분위기를 전했다.

"여당 총에는 실탄이 장전되어 있다. 어느 젊은 의원은 의원총회에서 10대국회 해산론까지 들고 나왔다."

어처구니없게도 신민당은 공화당에 굴복하고 말았다. 신민당이 의사진행발언으로 백두진의 의장선출에 반대하는 이유를 밝히고 투표에는 참여한다, 투표 후 전원 퇴장이 아닌 일부 퇴장은 여당도 양해한다는 암수식(暗數式)의 절충안이었다. 3월 19일 이틀간의 공전 끝에 여·야 절충으로 본회의가 열렸다. 말도 안 되는 협상에 반발한 신민당 의원들은 모두 퇴장했고, 신민당에서는 이철승을 비롯, 신도환·이충환·유치송·고흥문·김재광 최고위원과 송원영 원내총무만 참석한 가운데 백두진은 국회의장에 선출되었다.

비당권파 의원 16명을 규합한 나는 "백두진의 지명은 국민을 능멸하는 처사이며, 더욱이 반대의사의 자유마저 박탈당하는 것은 도

저희 납득할 수 없다"면서 국회 본회의장에 불참했다.

생각해 보면 이때의 신민당은 집권당이 선택한 방법을 통해 집권당의 결정을 반대하는 진기록을 세운 것이다. 방법의 선택마저 스스로 헌납하는 야당의 참담한 모습이 유신 후기 정치의 자화상(自畵像)이었다.

김영삼은 절대 안 된다

박정희가 내게 갖고 있었던 시각과 정서에 대해서는 당시 청와대 출입기자들이 전하는 바로 확인할 수 있었다. 박정희는 백두진파동 얼마 후 가진 기자들과의 만찬 술자리에서 나를 겨냥한 자신의 본심을 털어놓았다고 한다.

> "백의장이 유정회 의원이기 때문에 반대한다면, 유정회 의원을 뽑은 통대(통일주체국민회의)에서 대통령도 선출한 만큼, 나에게도 반대하겠다는 뜻이 아니야?"

이렇게 말문을 연 뒤 박정희는 곧바로 나를 비난하기 시작했다.

> "김영삼이가 유신체제를 뒤엎겠다고 나선다면, 우리는 '예, 예' 하고 손놓고 있겠나. 지금까지 법(긴급조치)을 위반한 게 7건이나 되지만, 야당을 탄압한다는 오해를 받기 싫어 전당대회(5월 말) 전에는 절대 안 잡아넣는다. 김영삼이는 절대로 신민당 총재로 당선되지 않을 것이다."

이 날 박정희는 나를 비난하며 해프닝을 벌였다. 당시 술자리에 참석했던 〈중앙일보〉의 성병욱(成炳旭) 기자는 박정희가 갑자기 머리로 자신의 가슴을 들이받는 통에 깜짝 놀랐다고 한다. 박정희는 성(成)기자에게 박치기를 하며, "내 눈에 흙이 들어가기 전에 김영삼은 안 돼"하고 소리쳤다.

"김영삼은 절대 안 된다"는 박정희의 말대로 나는 5월 30일 전당대회를 마칠 때까지 내내 중앙정보부의 노골적이고 집요한 방해공작에 시달려야 했다.

전당대회를 앞두고 전국 각 지구당 개편대회가 열리는 동안 신민당의 노선을 둘러싼 설전(舌戰)은 증폭되어 갔다. 나는 4월 30일 지역구인 부산 제2지구당 개편대회를 가졌다. 이 자리에는 민주회복 운동의 재야 지도자인 함석헌(咸錫憲)옹과 최태묵(崔泰默) 목사도 참석했다. 함(咸)옹은 그때까지 정당의 집회에 참석한 일이 없었던 분으로, 예외적으로 그 날의 집회에 참석, "김영삼 의원이야말로 민주회복을 실현시킬 유일한 지도자"라고 나에게 찬사를 보냈다.

당권 아닌 정권에 대한 도전

이 날 나는 5월 30일에 있을 신민당의 총재경선에 출마할 뜻을 분명히 했다.

한 달간 전국을 돌면서 많은 국민들이 나를 성원해 주고 있다는 사실을 깨닫고, 이 나라의 민주회복과 민권회복을 위한 투쟁이 결코 헛되지 않았다는 것을 느끼고, 우리들이 가는 길은 필연코 승리한다는 자신을 갖게 됐습니다.

1979년 5월 30일, 신민당 전당대회를 앞둔 신민당사의 전경.

　5월의 전당대회를 앞두고 전개되고 있는 당내 상황은 지금의 공화당정권을 도우려는 불순세력과, 정권에 도전하여 민주회복을 실현하려는 양심세력 간의 대결이라는 사실을 여러분은 인식해야 합니다.
　우리 신민당은 지금 중대한 기로에 서 있습니다. 야당의 길을 정정당당하게 가느냐, 박정권 강권통치하에서 돈과 권력에 굴복해 버리느냐 하는 결단을 내릴 때가 왔습니다.

　당대회를 1주일 앞둔 5월 23일, 나는 기자회견을 갖고 "이번 도전은 당권도전이 아니라 정권에 대한 도전"이라고 말해, 공화당정권을 아연 긴장시켰다.

나의 이번 도전은 결코 당내의 특정인이나 또는 특정세력을 상대로 하는 당권도전이 아니라 박정권을 상대로 하는 집권투쟁입니다. 나는 이번 전당대회야말로 누가 당권을 잡느냐의 문제가 아니라 야당이 살아나느냐, 말살되고 마느냐의 문제라고 생각합니다.
  지금 모든 국민의 관심은 물론 국제사회까지 이번 대회를 주시하고 있는 이유가 여기에 있는 것입니다. 만일 이번 대회가 야당으로서의 투쟁을 다하지 못하고, 권력의 그늘 밑에 안주하면서 집권당을 도와 주는 타락된 행위를 인준하는 결과를 가져온다면, 우리 모두는 역사와 국민 앞에 준엄한 심판을 받을 것입니다.

  바야흐로 나에 대한 방해공작이 춤을 추었다. 무엇보다 경선을 진행할 자금원이 완전히 봉쇄되었다. 20여년간의 국회의원 생활로 지면(知面)이 상당히 넓었던 나로서도 속수무책이었다. 그만큼 철저하게 봉쇄당했다. 지금은 고인이 된 김동영(金東英) 의원이 선뜻 나서 자신의 집을 저당잡히고 빌린 돈을 내놓아 겨우 경선을 준비할 수 있을 정도였다.

총재후보 사퇴공작

  갖가지 정치공작으로 나의 조직확대를 극력 저지하던 중앙정보부는 급기야 김재규 중앙정보부장이 나서 나에게 직접 압력을 가해 총재후보 사퇴를 강요하기에 이르렀다.
  『나의 결단』에서 나는 당시의 사정을 이렇게 기술한 바 있다.

내가 총재후보로 나서자 정보기관은 나와 측근들을 목표로 일제히 공격을 가해 왔다. 차지철(車智澈) 경호실장과 김재규(金載圭) 정보부장이 이 공작을 지휘했다. 나는 5·30전당대회 며칠 전 밤중에 롯데호텔의 어느 객실에서 김재규 정보부장과 몇 시간 동안 단독면담을 했다. 이 면담을 주선한 사람은 김녕 김씨(金寧 金氏) 문중의 사람이었다. 김재규는 나에게 "피는 물보다 진합니다"라고 말했다. 같은 김녕 김씨임을 강조한 말이었다.

김부장은 내가 총재후보를 사퇴하도록 끈질기게 설득했다.

"대통령 각하의 생각이 확고합니다. 김총재도 생각을 해 보십시오. 정권에 도전하는 사람을 그 분이 가만두겠습니까?"

그러면서 김재규는 만일 총재경선을 강행하면 그 결과는 불을 보듯 뻔하다고 위협하기도 했고, 총재출마를 포기하고 그들이 지원하는 모(某)씨를 지지하라고 말하기도 했다.

김재규가 중앙정보부장이라고 하더라도 박정희의 허가나 지시 없이 나를 만날 수는 없는 시절이었다. 나는 김재규로부터 "박정희가 보통 (나쁜) 감정을 가지고 있는 게 아닙니다," "(총재선거) 결과가 어떻게 나온다고 해도 선거가 끝나면 100% 구속합니다" 하는 말까지 들었다. 김재규는 또 내가 "절대 총재가 될 수 없을 것"이라며 중앙정보부가 깊숙이 개입하고 있음을 노골적으로 밝혔다.

물론 나는 김재규의 제안을 일축했다. 나는 그 자리에서 김재규에게 "나는 어떤 일이 있어도 입후보한다. 그리고 나는 반드시 총재로 당선될 것이다"고 분명하게 말해 주었다. 그때 나를 지원하던 의원들도 차지철과 김재규 쪽으로부터 집중적인 유혹과 위협을 받고 있었다. 그러나 나의 생각은 확고했다.

지지자들의 환호에 답하는 모습.

 당수경쟁은 난립(亂立) 속의 혼전이었다. 신도환, 김재광 외에 이기택(李基澤), 조윤형(趙尹衡), 박영록(朴永祿)까지 뛰어들어 무려 7명이 당권경쟁을 선언했다. '양식 있는 완충지대'를 자처하던 고흥문도 잠재후보여서 유례 없는 난전(亂戰)이었다.
 혼전(混戰)은 타락상을 동반했다. 대의원 1인당 얼마씩으로 계산해 물량공세를 퍼붓고 있다는 소문이 무성했다. 박정희의 탄압으로 야당은 정치자금의 부족에 허덕인 지 오래였다. 그럼에도 막대한 자금이 살포되고 있다면 그 출처는 어디인가. 경쟁은 열전이었지만 매우 희극적(戲劇的)이었다.

여섯 차례의 가택수색

박정희는 나의 총재 선출을 방해하기 위해 갖은 수단을 동원했다. 5·30전당대회를 앞둔 5월 18일, 경찰은 내가 대의원들에게 배포하려고 준비하던 '한국문제연구소'의 『한국문제』 15호를 인쇄소에서 탈취해 갔다. 이를 빌미로 나의 측근들을 긴급조치 위반으로 입건하는 한편, 상도동 내 집에 대해서도 대대적인 압수수색을 강행했다. 내 집은 다시 한번 쑥밭이 되었다.

1970년대에 박정희는 중앙정보부를 시켜 우리 집을 네 차례 가택수색했다. 한 번은 긴급조치 9호 위반을 수사한다면서 중앙정보부의 수사국장이던 이용택(李龍澤)이 직원들을 데리고 와서 집을 마구 뒤졌다. 한참 뒤 이용택의 부하직원 하나가 나타나 그에게 밑도 끝도 없이 "끝났습니다" 하는 것이었다. 그러자 이용택은 "총재님, 잠시 좀 같이 가 주셔야 되겠습니다"라고 말했다. 나를 데려간 곳은 중앙정보부였다. 이용택은 사라지고, 나는 방에 갇혀 버렸다.

박정희 시절 내가 중앙정보부에 연행된 것은 꽤나 여러 차례였다. 대부분의 경우 그들은 나를 조사도 하지 않고 가두어 두기만 했다. 나는 낮과 밤을 알 수 없는 방 안에 며칠씩 갇혀 있다가 풀려 나곤 했다. 그들은 협박이라고 생각했겠지만 그런 짓으로 나를 겁먹게 할 수는 없었다. 나는 풀려 날 때마다 언론에 이 사실을 알렸고, 또 내가 행방불명되었던 사실을 국내 언론이 모를리 없건만 국내 언론에는 단 한 차례만 보도되었을 뿐이다.

조사가 끝난 후 집으로 돌아와서 보니 모든 것이 엉망이었다. "끝났습니다"라는 말은 가택수색을 통해 내 집에서 모든 것을 강탈했다는 뜻이었다. 그들은 내가 중학시절부터 꾸준히 써 왔던 엄청난 양의 일기장과 메모, 사진, 심지어 전화번호부까지 모두 강탈해 갔다. 나는 일기를 상세히 적는 편이어서, 내 일기가 그대로 보존되었다면 우리 현대정치사에서 상당히 중요한 현장기록이 되었을 것이다. 또 일기에는 당연히 내가 만난 사람들의 이름이나 그와 나누었던 이야기, 장소 등이 나올 수밖에 없었다. 그로 인해 나를 아는 많은 사람들이 고통을 당했다. 기업인은 세무사찰을 당했고, 정치인은 물론 많은 사람들이 정보기관으로부터 유형·무형의 탄압을 받았다.

큰 가방 속에 넣어 애지중지 보관해 오던 사진도 가방째로 사라져 버렸다. 사진은 내가 대통령 도전을 염두에 두고 젊은 시절부터 모아 놓은 것이었다.

내가 대통령이 된 직후 MBC TV에서 내 백일사진이라고 해서 나오길래 놀라서 알아보았더니, 방송국에서 내 큰딸의 백일사진을 내 사진이라며 내보냈다고 했다. 그만큼 나의 사진과 일기 등 과거의 기록은 모두 강탈당했다. 정보기관에 혹시 남아 있을까 해서 알아보았으나 끝내 아무런 기록도 찾을 수 없었다.

불법적인 압수수색은 법치국가에서는 있을 수 없는 날강도 행위였다. 나 같은 현직 국회의원, 그것도 야당총재를 지낸 사람의 집까지 이렇게 마구잡이로 뒤지고 탈취해 가는 판국이니, 힘없는 일반 국민들에게는 어떠했겠는가. 머리끝까지 치미는 분노를 삭이느라 애를 먹었다.

전두환 시절에도 나는 두 차례 압수수색을 당했다.

수 차례의 압수수색 때문에 나는 일체 기록을 남기지 않는 습관을 갖게 되었다. 흔히들 내가 기록을 남기지 않는 사람, 글이나 기록에는 등한한 사람이라고 아는 경우가 많은데, 그것은 독재와 싸우다 생긴 부상(負傷)과도 같은 것이었다. 압수수색으로 나는 과거가 잘려 나가는 아픔을 맛보았으며, 더구나 나의 기록 속에 등장하는 사람들은 모두 정보부의 핍박의 대상이 되었다. 그 이후로 기록하지 않고 모든 것을 머리 속에만 입력해 두는 데는 많은 노력이 필요했다.

윤보선 등 나를 지지

나는 박정희와 중앙정보부의 전당대회 개입에 대해 공개적으로 경고를 했다.

나는 오늘 공화당정권에 대해 신민당의 전당대회를 자기의 정권유지에 유리한 방향으로 유도할 수 있으리라는 망상을 버릴 것을 요구한다. 그 동안의 작태를 열거하면, ① 박정희씨가 기자들과 한담하는 자리에서 나에 대해 언급한 내용을 악의적으로 유포하여 나를 당 안팎으로부터 고립시키려 하고 있다, ② 최근에는 내가 신민당 총재로 선출되면 국회가 해산될 것이라고 선전해 위기의식을 불러일으키고 있다, ③ 내가 운영하는 한국문제연구소의 『한국문제』 14집을 긴급조치 위반이라는 이유로 압수하고 나의 집과 사무실을 수색했다, 『한국문제』 15집도 인쇄소를 급습, 압수했다, ④ 정보기관은 신민당 대의원 확정자와 예상자를 조사해 이들에게 교묘한 방법으로 접근, 압력을 가해 특정인을 돕고 다른 특정인을 배척하도록 작용하고 있다 등이다.

신민당의 당권경쟁은 이상과열이다 여당(與黨)에까지 불티가 번지는 기류였다. 그때까지 줄곧 정당 바깥에서 반정부운동을 벌이던 윤보선·김대중이 침묵을 깨고 당권경쟁에 개입, 나에 대한 지지를 선언했다. 대회 바로 전날 조윤형, 김재광, 박영록이 경쟁을 포기했다. 한편 고흥문, 이충환, 유치송 세 최고위원은 공동회견을 통해 이철승 지지를 선언했다. 정해영도 나에 대한 비난성명을 내면서 그들에게 가세했다.

29일 저녁, 이철승은 서울 종로의 한일관에서 '이대표 추대 대연합의 밤'을 열었다. 이철승은 이 자리에서 나를 맹렬히 비난했다. 같은 날 저녁, 나는 을지로 아서원(雅敍園)에서 '민권의 밤'을 열었다. 이 자리에서 김대중은 처음으로 나에 대한 지지를 표명했다. 나는 "내일은 위대한 제2의 민권의 승리를 다짐하자"고 역설했다.

5·30대회는 한 편의 드라마

마포당사에서 열린 5·30전당대회는 정치부재의 땅에 정치의 열풍을 불러일으킨 하나의 드라마였다. 전당대회는 이제 신민당원만의 관심사가 아니었다. 거리의 라디오가 대회 소식을 알릴 때마다 시민들은 발걸음을 멈추었다. 날씨는 유난히 더웠다. 대회장 안에 들어올 수 없었던 당원들과 시민들은 마포(麻浦)당사 바깥에서 내리쬐는 햇볕 속에 서 있었다. 그들은 바깥에 스피커를 달아 달라고 소리쳤다. 오랜 유신의 얼음장 밑에서 민주주의에의 타는 목마름이 솟구쳐 올랐다.

1차투표 결과 나는 267표를 얻었고, 이철승 292표, 이기택 92표, 신도환 87표로 나타났다. 아무도 과반수 득표를 얻지 못했다. 2차

당원들과 시민들이 전당대회 결과를 관심 있게 지켜 보고 있는 모습.

투표를 앞두고 숨막히는 막후협상이 진행됐다. 이기택, 신도환의 표가 어디로 갈 것인가가 승패의 갈림길이었다. 당사 밖에 진을 치고 있던 군중의 숫자는 점점 늘어났다. 그들은 연신 "김영삼"을 목청 높여 부르짖었다. 이철승은 짜증스럽게 "나치가 의사당을 포위하는 식이냐"고 불만을 터뜨렸다.

나는 이기택을 끌고 창가로 갔다.

"이(李)동지, 저 소리가 들리지 않아요? 저것이 신민당에 보내는 국민의 함성이요."

우리 둘이 창가로 다가가자, 그때까지 "김영삼"하고 외쳐 대던 밖의 함성은 "김영삼! 이기택!"을 연호하는 것으로 바뀌었다. 이기택이 마침내 나의 손을 잡았다. 극적인 순간이었다. 우리 두 사람이 함께 대회장 안의 통로를 지나가자 우레와 같은 환호성이 터져 나왔다.

2차투표 결과 내가 378표, 이철승 367표로 11표차의 역전극이 이루어졌다. 숨 가빴던 8시간의 대회, 그것은 어느 드라마보다 더 드라마틱한 한 편의 작품을 연출해 냈다. 오후 8시 폐회가 선언되자, 밖으로 나온 대의원과 밖에서 기다리던 시민 등, 당사 앞에는 약 3천명의 인파가 몰려와 만세를 부르고 애국가를 열창했다.

한 작가의 방청기

1979년 6월 1일자 〈동아일보〉에 게재된 작가 신상웅(辛相雄)씨의 방청기는 그 날의 드라마를 실감 있게 전하고 있다.

> 내가 신민당 전당대회에 대해 알고 있는 것은 아무 것도 없었다.…… 내가 알고 있는 것은 다만 신문에서 읽은 조직과 자금 대(對) 바람이란 말뿐이었다.……
> 당헌개정 수정안이라는 매우 어려운 낱말을 놓고 40분이나 회의가 춤을 춘 다음 기껏 "민주주의의 길은 멀고도 험난하다"는 말로 철회되었을 때, 기자들이 "저건 장난이다"고 수군거리는 것에도 지체 없이 수긍이 갔다. 끼가 있는 꾼들같이만 보였다.
> 구걸하여 지은(?) 당사에도 생각이 미쳤다. "야, 차라리 고스톱으로 당권 따먹기 하자"고 어느 대의원이 소리쳤을 때도 의심 없이 받아들여졌다. 그러면서도 정강정책 개정안의 상정 중에 빵과 우유봉지가 돌려지고, 마침내 정회가 선포된 가운데 맞은 점심시간에 나는 왠지 줄곧 창 밖의 함성에 신경이 쓰였다.
> "스피커 달아라."
> "마이크 당장 달아라."
> 바람이 조직과 금력의 대항무기라지만 창을 열어도 바람 한

점 없는 창 밖, 그것이 안타까워서일까. 투표권도 없는 젊음들이 저 너무나 엄청나게 낮은 곳에 서서 주먹을 부르르 떨고 있었다. 구경하러 온 나보고 무얼 어쩌란 말인가.

기자석은 냉랭하게 이성적이었다. 외국기자도 섞여 앉아 1차 투표의 이철승 292, 김영삼 267, 이기택 92, 신도환 87……의 결과에만 신경을 쓰고 있었다.……

창 밖 을씨년스런 풍경의 공지에서 솟구쳐 오르는 열기를 끄듯 의사봉은 간헐적으로 딱딱이 소리를 내고, 나는 지리하고 숨막히는 관전(觀戰)에 지쳐 떨어져 복도로 나왔다. 복도에, 층층대에 바쁜 사람들이 이리 쏠리고 저리 몰리고, 화장실도 출입을 통제하란다. 민생고를 핑계 대고 밀고 들어가자, 화장실이란 장소에 잘 어울리는 말투의 난무 속이다. "지랄 마! 난 못 가. 죽는 줄 뻔히 알면서 죽는 길로 난 못 가. 불러와. 자긴 혼자 며칠 전부터 언약을 받았을 거야. 제길할. 난 죽는 길로 못 가. 당신이 말해. 결정을 내려."……

예상 밖의 대역전극

기표는 진행 중인데 복도와 화장실은 마지막 작은 단합대회 같은 비밀회의가 숨 가쁘게 진행되고 있었다. 나는 자꾸만 도로(徒勞)라는 낱말이 머리를 떠나지 않았다. 저렇게 가벼운 소신이라면 돈 받고 꼼짝 못하게 벌써 묶여 있을 텐데 하는. 그러나 뚜껑을 열자 소신은 따로 있었지 않은가. 정당과 집회란 원래 그런 것이며, 그래야 정치집회다운 것인지 모른다. 목욕하고 이발한 말쑥한 차림으로 중학생 수학여행 떠나듯하는 모임이 정당의 전당대회라면, 그 침묵의 행렬에서 우리가 구경할 수 있는 것이 무

1979년 5월 30일, 신민당 전당대회에서 총재로 선출된 뒤 경선 경쟁자였던 이철승과 손을 잡고 단합을 다짐하고 있다.

엇이겠는가.

언뜻 보아 대단한 덩치의 목소리 큰 사람들에게나 잘 어울리는 집합장소 같은 그곳에도 자세히 들여다보면 눈에 보이지 않는 질서가 그들을 묶고 있음을 알 수 있었다. 나는 그것을 활력이라고 부르고 싶다. 아니, 민주주의라고 부르고 싶다. 그리고 적어도 민주적인 방식에의 승복은 위대한 전진에의 보폭(步幅)임에 틀림없을 것이다.……

나는 예상 밖의 대역전(大逆轉) 드라마를 감격으로 수용할 밖에 없었다. 9회 말 역전극이라는 운동경기가 있다지만, 그 순간 아무도 거기에 비기려 든 사람은 없었을 것이다. 페어플레이. 승자는 관용, 패자는 승복이라지만, 이 드라마는 경기결과처럼 될 것 같진 않으며, 그렇게 얼버무려서도 안 될지 모르기 때문에, 아니 그보다도 '접시 물의 반란'같이만 본 패배주의가 얼마나 무서운 것인가를 체험으로 가진 것이 그 날의 모든 사람들이 얻은 소득에서 가장 귀중한 것이 아니었을까. 이 점을 승자는 '위대한 민권의 승리'라고 표현하여 떠나갈 듯한 박수갈채를 받았다. 정의는 반드시 승리한다는 민주회복의 새 시대가 마침내 열렸음을 믿자고 그는 선언했다. "새로운 김영삼으로 새 출발함을 믿어 달라"고 말했다. 너무 격앙하여 기표소에 들어가 주먹을 치며 우는 대의원이 있었다. 그러다가 튀어나와 손바닥이 깨지도록 박수치는 대의원이 있었던 것이다. 그만큼 이번 신민당 전당대회는 한마디로 희망이었다.

어쨌든 70년대를 마지막 보내며 개최되는 최대의 희화적인 쇼를 구경하리라고 생각했던 사람들의 예상을 마지막에 뒤엎은 제1야당의 당대회는 분명히 역사적인 의미로 평가되어야 할 것이다.

뭔지는 모른다고 나는 우선 말해 두겠다. 그러나 이철승씨가 아니고 김영삼씨가 당수가 된 것이 왜 이렇게 느낌이 다른 것일까.

닭의 모가지를 비틀어도 새벽은 온다

그 날 승리의 환호가 장내를 휩싼 가운데, 다시 한번 야당총재로 선출된 나는 민주주의의 새벽을 예고하면서 말문을 열었다.

오늘의 결의는 우리 신민당이 곧 여당이 될 수 있음을 보여 준 것이며, 수권 준비태세가 돼 있음을 입증하는 것입니다. 이제 민주주의는 개막하기 시작했고, 마침내 새벽이 돌아왔습니다. 아무리 새벽을 알리는 닭의 모가지를 비틀어도 민주주의의 새벽은 오고 있습니다.

당권을 탈환한 나는 윤보선 전(前)대통령과 김대중을 상임고문으로, 유진오 전(前)당수와 이철승 전(前)대표최고위원을 고문으로 추대하고, 부총재에 이민우·박영록·조윤형·이기택을 지명했다. 나는 또 이철승체제에서 공천에 탈락되어 무소속으로 원내에 진출한 한병채(韓柄寀)·박찬(朴璨)·오세응(吳世應), 신민당계(系)인 손주항(孫周恒)·김현규(金鉉圭)·이상민(李相珉), 그리고 공화당 출신의 예춘호(芮春浩) 의원을 영입하여 당세를 확장했다.

카터와의 회담

선명야당의 총재로서 나는 박정희 독재정권과의 정면대결의 길에 나섰다. 총재에 당선된 지 열이틀 만인 6월 11일, 외신기자클럽에서 "민중이 역사의 주인이 되는 새 시대를 연다"는 제목의 연설을 한 것이 커다란 파문을 일으켰다.

나는 이 연설에서 "야당총재로서 통일을 위해서는 장소와 시기를 가리지 않고 북측의 책임 있는 사람과 만날 용의가 있다"고 했다. 보도진이 "책임 있는 사람에 김일성(金日成)도 포함되는가"라고 물었고, 나는 "그렇다"고 답변했다. 요즘 같으면 대단한 발언이 아니겠지만, 유신 치하에서 남북관계와 통일문제에 대한 언급은 독재자 박정희만이 독점할 수 있는 특권이었고, 당시 야당의 입장에서는 획기적이고 전진적인 의미를 지닌 내용이었다. 오직 박정희만이 말할 수 있었던 성역을 건드린 셈이었다. 나는 야당의 총재로서 야당의 '수권능력'을 보여 주려 했다. 나의 발언은 오랫동안 군사독재의 명분이 되어 왔던 "군인정권만이 안보를 지킬수 있다"는 식의 오도된 논리에 정면 승부하는 것이었으며, 그런 면에서 유신의 정곡을 찔러 간 것이었다.

여권은 즉각 공격해 왔다. 공화당의 오유방(吳有邦) 대변인은 "김 총재의 연설은 다난한 나라 안팎의 현실에 고개를 돌린 채 혹세무민을 위한 무책임한 선동으로 일관하고 있다"고 비난했고, 유정회(維政會) 대변인 정재호(鄭在虎)는 "김씨의 시국관은 현실기반을 상실한 환상의 세계에서 방황하고 있다"고 극단적으로 폄하(貶下)했다.

정작 문제는 나의 발언이 있고 난 1주일 후인 6월 18일에 터졌다. 이 날 북한이 부주석 김일(金一)의 이름으로 환영담화를 내고, 신민당과 노동당 대표 간의 예비접촉을 제의하는 반응을 보였다. 정부와 여당은 이를 문제 삼기 시작했다.

역대 정권의 성역(聖域)이며 금기(禁忌)사항이었던 통일문제가 커다란 관심사로 클로즈업되었다. 나의 발언과 관련, 상이군경과 반공청년을 자처하는 폭력배 120여명이 마포 신민당사를 점거했다. 이들은 1시간 이상이나 당사를 점령하여 당원들을 폭행하고 당기(黨旗)를 찢었다. 이들 중 일부는 상도동(上道洞) 내 집으로 몰려와 협박을 하고 난동을 부렸다. 각종 우익단체와 어용기관도 잇달아 들고일어났다.

6월 29일에는 미국의 카터 대통령이 방한했다. 카터가 방한했을 때 박정희는 내가 카터와 만날까 봐 몹시 신경을 썼고, 여러 가지 수를 써서 못 만나게 했다. 현직 미국 대통령이 외국에 나와 야당의 총재를 만나는 일은 대단히 파격적인 일이었다. 나와 카터의 만남을 위해 국회 내에 특별히 회담장소가 만들어졌다. 칸막이가 둘러쳐진 회견장소에는 미국 경호원들이 삼엄하게 다른 사람들의 접근을 막았다. 브레진스키 안보보좌관과 글라이스틴 대사가 배석했다.

나는 카터에게 미국측이 박정권에 대해 분명한 입장을 밝혀야 할 것이라고 촉구했다.

"당신이 밤낮 인권, 인권하고 주장하는데, 한국에 무슨 인권이 있는가. 박정희는 지금 수많은 사람을 죽이고 고문하고 소리 없이 감옥에 집어넣고 있는데, 그런 독재자를 당신이 돕는 것은 도대체 뭐냐. 그게 인권을 내세우는 당신이 할 일인가."

카터와 회담하는 장면.

야당총재인 나를 만난 카터의 행동은 박정희에 대한 시위이기도 했다. 박정희와 불편한 관계에 있던 카터는 한국에 도착해서도 영접을 거부한 채 헬기를 타고 숙소로 정해 놓은 미군기지로 날아가 버렸다.

내 말은 가장 순한 말

1979년 7월 23일, 제102회 임시국회에서 나는 대정부질문에 나섰다. 나는 "1978년의 총선에서 공화당이 신민당에 1.1% 뒤진 것은 무엇보다도 박정희의 19년에 걸친 장기집권 때문"이라고 말하고, "박정희는 이제 정권을 이양할 준비를 해야 할 것"이라고 정면 공격했다. 이 날의 연설은 국회 단상에서 내가 박정희를 공격한 마지막 연설이 되었다.

의장! 의원 선배동지 여러분, 그리고 국무총리 및 국무위원 여러분!

나는 오늘 우리 신민당을 대표해서 또 우리 신민당에 지지를 보내고 기대를 거는 국내외 모든 국민을 대표해서 오늘날 조국이 당면한 절박하고도 심각한 문제들에 대하여 정부·여당 쪽에 계시는 여러분과 솔직한 대화를 갖고자 이 자리에 섰습니다. 나는 지금 이 순간 지나간 역사 속에서 정의와 자유를 위해서 피흘려 싸우다 앞서 간 선배 지도자들의 영상을 머리 속에 그리며, 또한 이 땅에 민주주의와 정의가 구현되기를 갈망하는 그 많은 민중들의 눈망울을 봅니다. 뿐만 아니라 오늘의 시대에 정치인 된 우리들의 행동과 처신에 대하여 역사적인 심판을 내리게 될 내일의 심판자들의 엄숙한 표정을 의식합니다. 나는 먼저 이 자리에 모인 우리들은 비록 여·야의 입장은 다를지언정 국회의원이라는 공통된 위치에서 오늘의 현실에 다 같이 민족과 역사 앞에 책임을 느껴야 할 처지에 있다는 점을 강조합니다. 나는 책임 있는 야당의 총재로서 오늘의 이 어려움을 타결하는 실마리를 1차적으로 이 국회의 토론과정을 통해서 찾아보겠다는 노력의 일환으로서 이 자리에 섰습니다. 그런데 유감스러운 것은 나의 이 발언을 앞에 두고 여당측으로부터 이러쿵저러쿵 국회를 모독하는 얘기가 많았고, 심지어 행정부의 대표인 대통령까지 나서서 입법부의 독립성을 간섭하는 발언까지 하였다는 점입니다.

("대통령도 발언할 수 있어!" 하는 이 있음)

지금 내가 하려는 말을 듣기 싫어하지 마십시오. 내 말은 참으로 무서운 민중의 소리 가운데 가장 순한 말입니다. "나는 당신의 의견에 따를 수 없다. 그러나 당신의 말할 자유만은 목숨을 걸고 지켜 주겠다"고 한 '볼테르'의 말을 여기에서 인용합니다.

이 자리는 누가 뭐라고 하더라도 국민의 대의기구인 국회 본회의장이며, 이 자리에서는 적어도 국회의원이 소신대로 말할 자유와 권리가 보장되어 있다고 확인하고 본론에 들어갈까 합니다.

여러분, 나는 먼저 지난 선거 때의 이야기부터 시작하겠습니다. 지난 12월에 있었던 국회의원 선거에 즈음하여 당시 공화당 의장서리였던 이효상 의원이 "이번 선거는 유신 제2기에 대한 신임투표"라고 말하였던 것입니다. 그런데 그 선거에서 국민은 반대당인 우리 신민당에게 1.1%의 승리를 안겨 줌으로써 공화당정권을, 소위 유신 제2기를 불신임하고 말았습니다. 이것은 주권재민의 원칙에서 볼 때 대단히 엄숙한 명령입니다. 나는 이것을 우리 국민의 위대한 결단이며 또 위대한 국민의 승리라고 규정합니다. 그 엄청난 권력과 금력을 총동원하고도 공화당정권이 왜 국민으로부터 불신임당하는 득표밖에 할 수 없었나 하는 그 이유를 분명히 알아야 합니다. 그 이유는 첫째, 너무 장기집권을 했기 때문입니다. 아무리 정치를 잘해서 이 나라를 지상천국으로 만들었다 하더라도, 아무리 이 나라를 선진국 대열에 끌어올려 놓았다 하더라도 19년간의 장기집권은 너무 깁니다.

이제 몇 달만 지나 내년으로 넘어가면 20년의 장기집권을 기록하게 되는 것입니다. 나는 올해 대학교 1학년에 다니는 친구의 아들로부터 이런 질문을 받았습니다.

"총재님, 저는 이 세상에 태어나서 대통령을 한 분밖에 보지 못하였는데, 언제쯤 다른 대통령을 보게 될 것입니까?"

그러고 보니 과연 실감나는 이야기였습니다. 올해 스무 살밖에 안 되는 대학생이고 보면 그럴 수밖에 없었습니다. 이 소박한 대학생의 마음이 바로 국민의 마음이라고 생각합니다. 장기집권을 싫어하는 국민의 마음이 선거를 통해 나타난 것입니다.

긴급조치는 위헌

둘째 이유는 ·—·—·— (박정희의 눈치를 본 국회의장은 나의 동의도 없이 멋대로 속기록에서 내 발언을 삭제해 버렸다. 속기록에서 삭제되고 세월이 흘러 이제는 정확한 당시의 표현을 찾을 수 없게 되었다. 이 날 연설에서 삭제된 발언은 대체로 긴급조치와 관련된 내용이었다. 이하 괄호 안에 넣은 말은 이 글을 쓰면서 옛 생각을 돌이켜 추정한 것이다. 여기에서 삭제된 대목은 '긴급조치로'라고 읽으면 될 것 같다) 국민의 자유를 억압했기 때문입니다.

1972년 10월에 시작하여 오늘에 이른 소위 유신체제가 그 동안 큰 성공을 거둔 것같이 선전하지마는, 그 7년 가운데 무려 5년간은 긴급조치라는 비상수단으로 지탱하여 왔다는 데 중대한 문제가 있습니다.

74년 1월에 선포되었던 긴급조치 1호가 그 해 8월까지 8개월간 계속된 것도 너무 길었다는 비판이 있었는데, 75년 5월에 선포된 긴급조치 9호는 지금 이 시간, 1979년 7월 23일 이 시간까지 4년 2개월간이나 지속되고 있습니다.

이 ·—·—·— (긴급조치의) 힘을 빌어 국민의 자유와 인권을 억압해야만 유지될 수 있는 공화당정권이라면 국민이 불신임의 심판을 내린 것은 당연한 결론이었습니다.

공화당정권은 주권자인 국민의 엄숙한 심판에 순종하겠다는 겸허한 자세를 가져야 할 것입니다.

이어서 나는 "일시적인 수단인…… 긴급조치를 4년을 넘도록 계속하는 것은 헌법을 위반한 것"이며, "국회가 여기에 스스로 견제권을 행사하지 않는 것도 헌법 위반"이라고 지적했다.

1인체제 지시경제는 실패

나는 또 공화당정권이 석유위기를 맞아 단 하루치의 석유도 비축하지 않았음을 지적하면서, "공화당정권의 안보논리는 이미 설득력을 잃었고" "공화당정권의 자주국방론은 처음부터 허구"라고 공격했다. 나는 또 박정희식 경제성장의 허상(虛像)을 지적했다.

친애하는 의원 여러분!
정부는 그 동안 입만 벌리면 고도성장을 자랑하고 소비가 미덕이 되는 풍요한 70년대니 대망의 80년대니 선전하여 국민의 가슴만 부풀게 하였습니다.
그러나 우리 경제의 실상은 빚더미 위의 성장이었습니다. 온갖 특혜와 비리가 심화된 가운데 어느 정도의 GNP의 성장을 인정하더라도 공정한 분배가 따르지 못했기 때문에, 그 성장의 혜택은 몇몇 재벌과 특권층만 차지하고, 서민들은 '인플레'의 압박 속에 생존권을 위협받고, 농민들은 저곡가의 제물이 되어 삶의 의욕을 잃고, 중소기업은 도산의 위기에 빠진 것이 헤아릴 수 없이 많습니다.……
오늘의 공화당정권은 세계 최고의 석유값 인상률을 결정하면서도, 털끝만한 고민도 하지 않고 여당의원 여러분과도 한마디 의논 없이 아무 거리낌 없이 하루아침에 날치기로 결정해서 발표하고, 국민 앞에 한마디도 미안하다는 말도 없었던 것입니다. 이것이야말로 1인체제의 지시경제, 지시행정의 소산입니다.
76년 1월에 대통령이 연두기자회견에서 포항에 석유가 난다고 발표하여 한때 국민이 산유국이 된 듯 기뻐하였고, 이 사실이 세계 각국의 신문들에 크게 보도되었습니다.

그 포항 석유유전은 어떻게 되었는지 국민에게 소상하게 밝혀야 할 것입니다. 그렇게도 무책임한 정부가 철면피하게도 1년만 절약해서 참으라는 한마디로 국민의 협조를 요구하고 있습니다.

우리 국민들은 화목하지 못한 호화주택에 살기보다 화목한 초가삼간에 살기를 원합니다. 정부에 대해서 믿음이 가고 이해를 하게 되면 참고 협조할 수 있습니다.

그러나 국민들은 이제 정부를 믿지 못합니다. 이제 정부와 국민의 관계는 가해자와 피해자의 관계처럼 되어 버렸습니다.

(장내 소란)

특히 산업전사로 일해 온 760만 근로대중은 물가고와 대량해고의 위협 속에 빠졌고, 순박한 농민들의 이농사태는 피맺힌 대정부 불신임 사태라는 것을 똑똑히 알아야 합니다. 그들에게는 절약할래야 절약할 것이 없으며 참을래야 참을 여지가 없습니다. 그 동안 흔히 공화당정권이 정치는 잘못했지마는 경제는 성공했다고 하는 평가가 있었으나, 경제도 실패했다는 것이 이제 드러났습니다.

어처구니없는 용공 몰이

나는 지난 6월 11일 서울 외신기자구락부에서 통일방안을 밝힌 바 있습니다. 나는 첫째, 통일방안은 민주적이어야 하고, 둘째, 통일된 조국도 민주체제여야 하며, 셋째, 통일추진 세력도 민주적이어야 한다고 기본원칙을 밝히고, 내 자신 야당총재로서 통일을 위해서는 장소와 시기를 가리지 않고 누구든지 책임 있는

야당총재 시절 개헌을 촉구하는 기자회견을 하는 모습.

사람과 만날 용의가 있다고 밝혔습니다. 그 책임 있는 사람 가운데에는 김일성도 포함된다는 것을 분명하게 말했던 것입니다.

그런데 나의 이 주장은 야당총재로서 당연히 해야 할 주장이며, 통일문제는 특정 정권만이 독점할 것이 아니라 국민 누구나가 활발히 논의할 수 있어야 합니다. 남북대화는 어떤 형태로든지 재개되어야 하기 때문에 김일성과도 만날 용의가 있다고 소신을 표명했던 것이며, 지난번 '카터' 미 대통령 방한 때의 한미공동성명을 통해 한·미 양국이 공동으로 제의한 3자회담도 그런 차원에서 환영하였습니다.

그런데 내가 김일성과 만날 용의가 있다고 한 발언에 대하여, 그 당시에는 아무 말이 없던 정부·여당이 6월 18일에 이르러 북에서 반응을 보이고 예비접촉을 갖자고 제의하고 나서자 갑자기 문제 삼고 나섰습니다.

유신에 정면으로 맞서다 ··· 125

나는 오늘 이 자리에서 그 과정에서 보인 정부·여당의 용납할 수 없는 정치적 작풍에 대하여 역사 앞에 고발하는 바입니다.

나는 이 나라에서 가장 뿌리 깊은 반공·반독재의 전통을 가진 정당의 총재입니다.

나는 영원히 공산주의와 타협할 수 없는 기독교인입니다. 나는 현역 국회의원으로서 어머니가 우리 집에서 공산간첩의 총에 맞아 피살되는 비극을 몸소 겪은 사람입니다. 나는 오늘 아침에도 집을 나올 때 내 방에 걸려 있는 어머니의 사진 앞에서 기도를 하고 이 자리에 나왔습니다.

그러한 나를 용공분자로 몰고 김일성의 앞잡이로 모는 정치공세를 벌였다는 것은 어처구니없는 일이 아닐 수 없습니다.

선거에서 이긴 야당의 총재, 다수 국민의 지지를 받는 정당의 총재를 김일성의 앞잡이라고 했을 때, 이 한반도에서 기뻐할 사람은 과연 누구이겠습니까? 그것은 바로 김일성이 그 사람입니다. 나는 이 자리에서 정부에 대하여 강력히 책임을 추궁합니다.

지난 6월 21일, 우리 신민당 당사에 상이용사로 자처하는 2백명 가까운 폭력배들이 난입하여 당사를 점거하고 나를 용공분자로 몰고, 심지어 나를 신민당에서 몰아낼 것을 요구하는 전단을 뿌리고, 우리 신민당의 당기를 찢기까지 한 폭력사태에 대하여 정부가 범인을 색출하지 않는 것은 용납할 수 없는 일입니다.

뿐만 아니라 서울 시내 및 전국 전역에 걸쳐 뿌려진 수십만 장의 전단의 출처와 배후를 밝혀 내지 않는 중앙정보부와 경찰의 태도는 정부가 폭력을 보호한다는 비난을 면치 못할 것입니다.

정부는 적어도 당사에 난입해서 당기를 찢고, 며칠 동안을 밤낮을 가리지 않고 내 집에 몰려와서 협박을 하고 난동을 부린 주모자를 색출하여 강력히 처벌해야 할 것이라고 생각하는 것입니다.

백주에 공공연하게 행해진 폭력이라 하더라도 그것이 야당탄압의 성격을 띠었다 하여 묵인된다면 이 나라를 누가 법치국가라 하겠으며, 생사람을 빨갱이로 모는 유인물이 수십만 장이나 뿌려져도 그것이 야당총재를 모함하는 내용이라 하여 용인된다면 누가 이 나라에 민주정치가 있다고 할 것인가 반문하지 않을 수 없습니다.
　이와 똑같은 폭력이 공화당 당사에서 벌어졌을 때에 공화당은 과연 여기에 어떻게 대처하겠는지 여러분들에게 묻습니다.
　아무리 정부를 반대한다고 하더라도 빨갱이로 모는 보복정치는 절대로 배격되어야 하며, 폭력은 그것이 비록 야당을 상대하였다 하더라도 반드시 법의 준엄한 심판을 받아야 한다는 점을 강조해 두는 것입니다.

부끄러운 인권유린

　이어서 나는 유신 이후의 인권유린 사태가 한미관계 악화의 원인이 되고 있으며, 국제적으로도 비난받고 있다고 지적했다.

　오늘날 세계여론이 한국을 인권탄압이 심한 나라로 명백히 낙인찍고 있는 한 우리나라는 국제관계에서 여러 가지 불리한 위치에 놓이게 되는 것입니다.
　세계교회협의회가 출간한 『한국인권보고서』가 세계의 20여 개 중요 신문에 보도되었으며, 미국 상원의 법사위원장인 '케네디' 의원은 지난 6월 21일 한국 인권에 관한 특별연설을 하여 그 내용이 세계 각 신문에 보도되었습니다.
　나는 '케네디' 의원의 그 연설문을 읽어 보고 얼굴이 뜨거워져 옴을 느끼지 않을 수 없었습니다. 이 연설문을 보면 '케네디' 의원이 한국의 인권사태를 소상히 알고 있고, 심지어 젊은 여자와 신부까지도 고문의 대상이 되고, 심지어 현직 교도소의 부소장이 구속 중인 학생들을 고문·구타하는 등 그 밖에 수많은 사례가…… 있습니다.

　이 무서운 고문의 내용이 그대로 세계 각 신문에 보도되었다는 것을 생각하면, 한국인으로서, 더구나 정치인으로서 자존심이 상함을 느끼지 않을 수 없습니다.

　우리나라 안에서 벌어지는 인권탄압이 우리나라에서는 언론을 통제하여 국민의 눈을 가리고 입을 막으면 일시적으로 숨길 수 있을지 모르지만, 이제 지구촌이라 할 정도로 세계가 좁아진 오늘에 있어서 외국의 언론을 통해 세계 각처에 그대로 알려지고 있습니다.

　우리 당의 상임고문인 윤보선 전대통령이 자택이란 감옥 아닌 감옥에 연금되고 있고, 역시 우리 당의 상임고문 김대중 동지는 작년 말 병원이라는 감옥에서 풀려 나와 자택이라는 감옥에 연금되고 있고, 금년도 '노벨'평화상 후보로 지명받은 함석헌옹도 같은 처지에 있으며, 그 밖에 수많은 구속자 가족들, 그리고 많은 종교인들이 연금되고 미행당하는 등 인간으로서 참을 수 없는 핍박을 이 시간에도 당하고 있습니다.

　우리는 이 나라에서 얼마나 많은 국민들이 인권을 얼마나 가혹하게 침해당하고 있는지 정확한 실태를 알 수 없고, 다만 ·－·－·－ (긴급조치로) 구속되었거나 풀려 나온 국민만도 수천명이 되며 '크리스챤 아카데미' 사건에서 보는 바와 같이 반공법으로도 당하는 국민 또한 적지 않다는 것을 알고 있습니다.

　나는 지난 제헌절을 기하여 86명의 양심범이 석방된 것을 환영합니다. 그러나 남아 있는 수백명의 민주인사들이 동시에 석방되지 못한 것을 가슴 아프게 생각하며, 특히 국민의 심판을 받은 현역 국회의원인 손주항(孫周恒) 의원을 석방하지 않는 처사는 용납할 수 없는 일입니다.

나는 모든 양심범들을 즉각 석방할 것은 물론 ·—·—·—(긴급조치로) 죄인 아닌 죄인을 만든 헌정사의 오점을 일소하고 ·—·—·— (긴급조치를) 백지화하여 그들 양심범들이 생업에 돌아가도록 원상회복시키는 일대 결단을 강력히 촉구합니다.

나는 또 손주항 의원을 비롯하여 우리 당의 부총재인 이기택(李基澤) 의원과 오세응(吳世應) 의원에 대한 부당한 정치재판을 즉각 중지할 것을 강력히 요구합니다.

또 우리 당의 조윤형 부총재에 대해 당원 자격이 없다는 중앙선거관리위원회의 유권해석은 야당탄압이며 중대한 정치음모이므로, 우리 당은 이를 절대 인정할 수 없다는 것을 선언하는 바입니다.

오늘과 같은 인권의 억압 분위기 속에서는 숭고한 양심을 지킬 자유도 없고, 양심범에 있어서는 그 양심을 지킬 유일한 성역이 감옥밖에 없는 것이 오늘의 현실입니다.

상아탑의 석학들도 자유분방하게 진리를 발표할 자유도 없고, 법관에게 사법정의의 구현을 기대할 수도 없습니다. 인권의 마지막 보루로 믿었던 사법부마저 독립성을 완전히 짓밟히고, 인권탄압의 합리성을, 합법성을 뒷받침해 주는 권력의 시녀가 되고 말았습니다. 자주와 자유가 없습니다. 오늘의 학원의 위기는 바로 민족의 위기로서 나라의 장래가 걱정되는 것입니다.

근원적 책임은 박정희에

나는 계속해서 박정희정권이 "안보를 빙자해서 억압정치를 할 명분이 없고, 오히려 안보를 위해서 민주회복을 해야 할 시점에 섰다"고 지적했다.

공산주의와 싸워서 이길 수 있는 가장 강한 무기는 자유의 유보가 아니라 자유의 신장이며, 인권의 탄압이 아니라 인권의 보장이며, 언론의 통제가 아니라 언론자유의 창달이며, 1인체제가 아니라 민주체제라는 것을 우리는 똑똑히 인식해야 합니다. 우리는 6·25 때도 부산까지 밀려가서도 민주주의를 버리지 않고 대통령과 국회의원을 직접 선거하였습니다. 그 민주주의의 힘으로 국민을 단합시키고 민주우방의 지원을 얻어 서울을 탈환하고 실지를 회복하여 한때 북한 깊숙이 북진할 수 있었습니다.

나는 "GNP 1,200불로 성장되었다는 오늘, 국민이 누리는 자유는 GNP 300불 때보다도 훨씬 후퇴해 버렸다"면서 박정희의 성장논리를 비판했다.

공화당정권은 지난 선거에서 불신임당했기 때문에 이 이상 존립의 명분을 잃었습니다. 그렇기 때문에 오늘날 우리들 앞에 밀려온 어려운 문제들을 해결할 능력도 잃었습니다. 국민들은 이제 알 것을 다 알고 있습니다. 첫째, 선거에서 이긴 정당이 정권을 잡지 못하고 원내 3분의 1도 안 되는 소수당이 되어야 하는 유신

1979년, 윤보선 전(前) 대통령과 만나 시국현안에 대한 환담을 나누고 있다.

체제의 모순을 알았습니다. 둘째, ·—·—·— (긴급조치로) 국민의 인권을 아무리 탄압한다 하더라도 국민의 양심은 굴복시킬 수 없음을 알았습니다. 셋째, 자유 유보까지 강요하면서 부르짖던 자주국방도 구호에 그쳤다는 것을 알았습니다. 넷째, 서민대중의 생존권을 위협하는 오늘의 경제파국이 결국 1인체제의 지시경제의 소산임을 알았습니다. 다섯째, 정부가 국민을 선진국의 꿈만 부풀게 하여 소비성향만 잔뜩 높여 놓고, 정작 석유파동을 맞아서는 아무런 대비책이 없는 책임이 누구에게 있다는 것을 알았습니다. 여섯째, 근로자와 농민의 희생으로 이룩한 경제는 부패한 권력과 유착된 소수 재벌과 특권층이 독점하고, 서민대중은 소득분배 과정에서 너무나 가혹하게 우롱당하였음을 율산실업 사건으로 똑똑히 알았습니다. 일곱째, 언론을 탄압하여 집권세력의 알 권리만 존중해 주고 민중의 귀와 눈을 막아 국민의 의식을 오도하고 있는 것을 알았습니다. 여덟째, 소위 유신이념을 국민교육의 지표로 삼고 각급 학교에서 교내 선거를 없애 버림으로써 다음 세대에서도 민주주의를 할 의사가 없음을 알았습니다.

나는 이와 같은 모든 문제 등은 결국 1인체제로서 19년 동안이나 장기집권을 해 온 데서 나온 필연적인 산물로서, 이에 근원적인 책임은 박정희 대통령이 져야 한다고 생각합니다.

정권이양 준비하라

나는 여기에서 내가 평소에 일관되게 주장해 온 권고를 박정희 대통령에게 하고자 합니다. 박정희 대통령은 진실로 이 나라의 장래를 위해서, 그리고 박대통령 스스로를 위해서 조속한 시일 내에 정권을 평화적으로 이양할 준비를 갖추기를 바랍니다. 이 나라에 다시는 4·19와 같은 유혈의 비극이 없어야 되겠으며…….

(장내 소요)

백두진 의장이 "질서를 문란케 하는 발언을 삼가시오"하고 외쳤지만 나는 무시했다.

오늘 또 '이란'의 비극이 우리의 비극이 되어서는 절대로 안된다고 생각합니다. 나는 오늘의 ·—·—·— (긴급조치) 체제가 이 이상 장기화되는 것은 절대로 나라의 장래에 불행을 가져올 것으로 확신하며, 충심으로 박정희 대통령의 애국심에 호소해서 용기 있는 결단을 촉구하는 바입니다.

박정희 대통령이 이를 위한 준비과정으로서, 첫째로 국민이 자유롭게 자기가 원하는 대통령을 선거할 수 있게 하고, (장내 소란) 둘째로 중앙정보부 등 권력의 간섭 없이 자유스럽게 보도하고 논평할 수 있고 …….

백두진이 다시 나의 발언을 제지하려 들었지만 나는 무시했다.

 셋째로 누구든지 인권의 존엄성을 보장받아 공포 없이 살 수 있고, 넷째로 법관이 양심대로 재판할 수 있는 사법권의 독립이 보장되고, 다섯째, 권력에 지배되지 않고 공정한 분배가 보장되는 경제질서가 확립될 수 있도록 ·—·—·— (긴급조치를 즉각 해제할) 것을 권고합니다.
 현행 헌법은 한 사람의 단독출마를 허용함으로써 국민에게 선택권을 주지 않을 뿐만 아니라 무한정 연임을 허용하고 있으며 또한 대통령에게도 무한권력을 부여하는 반면 그 견제세력은 전면 봉쇄하고 있기 때문에, ·—·—·— (민주주의 국가가?) 아니라는 비판을 피할 길이 없습니다.
 나는 여기서 우리 국회가 헌법 ·—·—·— (개정?)을 뒷받침하기 위하여 국회에 헌법 ·—·—·— (개정)특별위원회를 구성할 것을 이 기회에 정식으로 제의하는 바입니다.
 나는 1963년 박정희 대통령이 민정에 참여하기 위하여 군복을 벗을 때에 "이 땅에 나와 같은 불행한 군인이 다시는 있어서는 안 된다"고 말한 것을 기억합니다. 나는 박정희 대통령이 이 땅에서 불행한 대통령이 되지 말기를 충심에서 바랍니다. 더 나아가서 박정희 대통령이 평화적인 정권교체의 전통을 심는 대통령으로 기록되기를 바랍니다.
 나는 늘 생각해 왔습니다. 정치인은 어떻게 권좌에 오르느냐

하는 것보다 어떻게 그 자리에서 물러나느냐가 더 중요합니다. 우리는 위대한 정치가들이 국민의 박수 속에 멋있게 물러나는 후퇴의 윤리를 보았으며, 이와 같은 후퇴의 윤리가 오늘날 우리들에게 절실하게 필요하다고 늘 생각해 왔습니다. 헌정질서를 파괴하는 것을 용납할 수 없다고 말했는데, 이 나라에서 헌정질서를 파괴한 사람이 과연 누구인지 반문하고 싶습니다.

나는 아무리 유능한 지도자라 할지라도 8년 이상 정권을 잡는 것은 반대해 왔습니다. 왜냐하면 장기집권은 독재를 낳고 부정부패를 가져오기 때문입니다. 나는 이 나라의 민주주의가 깊이 뿌리를 박으려면 정치보복이 없는 사회가 되어야 한다고 믿는 사람입니다. 어제의 여당이 오늘의 야당이 되고 오늘의 야당이 내일의 여당이 되어도 아무런 보복정치가 없고, 집권자가 정권의 자리에서 물러난 뒤에도 국민의 존경 속에 여생을 편안히 보내게 되기를 진심으로 바랍니다.

여러분! 나는 이 나라의 자유와 민주주의를 위해서라면 결코 감옥을 두려워하지 않을 것입니다. 다만 감옥에 이 이상 스스로 죄인이라고 생각하지 않는 양심범들이 늘어나는 불행한 시대가 두려울 뿐입니다.

여러분! 우리는 정의가 반드시 승리한다는 진리를 믿습니다. 그리고 새로운 민주시대가 반드시 온다는 것을 또한 믿습니다.

5. YH여공 농성사건

YH여공, 신민당사서 농성

1979년 그 해는 정치적·경제적·사회적으로 엄청난 사건들이 연속된 해였다. 사건은 우연하게 터지는 것 같지만 한꺼풀 벗겨 보면 뚜렷한 인과관계를 가지고 있다. 어떤 사건이 발생할 수 있는 여건이 서서히 조성된 뒤 잠복되어 오던 불씨가 폭발하든지, 다른 데서 불티가 날아와 폭발하든지 하는 것이다. 1979년은 여러 가지 사건이 터질 환경이었다. 박정희란 한 독재자의 내부붕괴뿐만 아니라 지배체제의 경직성, 그리고 경제불황의 급속한 확산과 심화가 발화점(發火點)에 가까운 지경에 이르렀다.

'YH사건'이 바로 이 시점에서 터졌다. YH무역회사는 1966년 재미교포(在美僑胞)인 장용주가 1백만원가량의 자본금으로 만든 가발회사였다. 박정권의 수출드라이브 정책과 맞물려 1970년에는 1천만달러에 상당하는 수출실적을 올림으로써 일약 대기업의 대열에 올라섰다. 그러나 그 이후 장용주는 한국 본사에서는 물건만 가져가고 대금을 결제해 주지 않았다. 본사는 자금난에 쪼들렸고 YH무역은 1979년 폐업신고를 하게 되었다.

폐업은 곧 근로자의 실직을 의미했다. 몇 달간의 임금도 받지 못한 근로자들에겐 생존권을 위협하는 것이었다. 궁지에 빠진 YH무역의 여공들이 죽기로 싸우겠다고 선언, 공장에서 신민당사로 옮겨 농성을 시작한 것이 8월 9일 아침이었다. 이 날 오전 9시 상도동 내 집으로 문동환(文東煥), 이문영(李文永), 고은(高銀) 등 민주화운동 인사들이 찾아와 도움을 청했다.

"YH무역이 문을 닫고 오늘 아침 기숙사에서 여공들을 쫓아내, 여공 대표들이 마지막으로 신민당사로 찾아가는 중이니, 그 호소를 들어 보고 당국에 해결책도 촉구해 주십시오."
"당사(黨舍)나 우리 집은 누구에게나 개방돼 있으므로, 찾아오면 이야기를 듣고 선처하겠습니다."

경찰, 101작전 개시

나는 이렇게 대답하고는 박권흠(朴權欽) 대변인에게 먼저 당사에 나가 여공들의 호소를 들어 보도록 지시했다. 나는 이때 여공들이 신민당사를 농성장소로 택한 줄은 몰랐고, 호소차 방문한 것 정도로 알았다. 여공들은 오전 9시 30분쯤 곧장 신민당사 4층으로 올라가 농성에 돌입했다.
오전 10시쯤 당사에 나온 나는 총재단회의에서 여공문제를 간단히 설명한 다음, 6명의 대표들을 불러 호소를 들었다. 이어서 나는 4층으로 올라가서 여공들을 위로한 뒤 그들을 따뜻이 맞았다.

"여러분들이 마지막으로 신민당을 찾아 준 것을 눈물겹게 생각합니다. 여러분들의 피와 땀과 눈물이 없었다면 오늘의 한국경제가 없었을 것입니다. 신민당은 억울하고 약한 사람의 편에 서서 끝까지 투쟁할 것입니다."

사실 당시 신민당의 처지로는 당사를 농성장소로 내준다는 것은 매우 어려운 일이었다. 하지만 나는 이 불쌍한 여공들을 내몰면 더 이상 갈 데가 없고 극단적인 사태도 올 수 있다고 우려했다. 어려운 사람들을 내가 보호해 주는 게 옳다고 생각했다. 당(黨) 운영도 어려웠던 때였지만, 2백여명을 강당에서 자게 하고 모포 등을 사 주고 당사 앞 식당에서 설렁탕·비빔밥 등을 시켜 끼니를 해결해 주었다.

여공들은 "회사 정상화가 안 되면 죽음이다"는 머리띠를 두르고 농성에 들어갔다. 나는 보사부(保社部)장관과 노동청장에게 해결책을 강구토록 했으나 아무런 대화가 이루어지지 않았다. 10일 낮 여·야 총무회담을 열어 국회에서 논의할 것을 제의토록 했으나 여당측은 거부했다.

10일 밤 10시부터 서울시경 국장실에서는 간부회의가 열렸다. 모두가 전투복 차림이었다. '101작전'으로 이름 붙여진 농성근로자 강제해산 작전이 시작된 것이다. 경찰은 이 작전의 가장 큰 비중을 신속처리에 두었다. '엔테베작전'이란 말까지 나왔다. 신민당원을 상대할 때는 기죽지 말고 과감하게 대처하라는 지시도 전달되었다.

경찰이 쳐들어올 것이란 소문이 신민당사에서 농성 중인 여공들 사이에 퍼진 것은 10일 밤 10시 40분께였다. 여공들은 긴급총회를 열었다. 그들은 경찰이 강제해산을 시키려 하면 모두 투신자살하겠다는 결의문을 채택했다. 172명의 나이 어린 여성노동자들은 4층

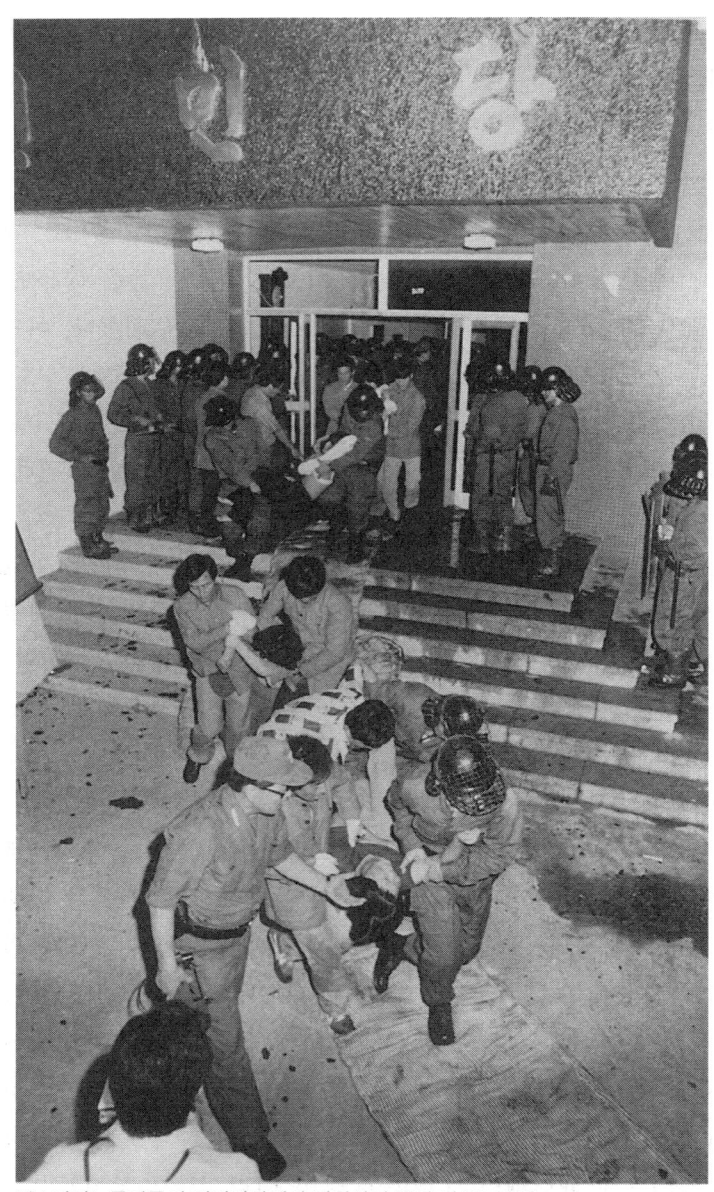

YH 여성노동자들이 신민당사에서 처절하게 끌려 나오는 모습.

창살에 너댓 명씩 매달려 울부짖었다. 실신하여 이웃 녹십자병원으로 옮겨지는 여공도 있었다.

2층 총재실에 신민당원들과 함께 있던 나는, 밤 11시 20분께 신민당원들과 함께 4층으로 뛰어올라 갔다. 그들은 내가 들어서자마자 울음을 터뜨렸다. 그때 내 가슴은 찢어질 듯 아팠다.

> "경찰은 신민당사에 절대 들어오지 못한다. 나와 많은 신민당원들이 여러분을 지키고 있으니 걱정 말라."

이 말은 정치적인 것이 아니라 종교적인 것이었고, 차라리 기도였다. 여공들이 어느 정도 가라앉는 모습을 보고 난 뒤, 나는 당사 바깥으로 나가 경찰관들에게 "여공들이 흥분하니 모두 물러나라"고 요구했다. 그러나 병력은 더욱 늘어나고 있었다.

경찰 천여명 신민당사 난입

밤 12시가 넘어 11일로 접어들었다. 신민당사 주변엔 경찰병력이 눈에 띄게 늘어나기 시작했다. 서울시경은 특수 무술경관들로 구성된 제3기동대를 동원했다. 대략 천명쯤으로 불어난 정·사복 경찰관들은 신민당사 주변 땅바닥에 매트리스를 깔아 투신자살을 막으려 했다. 몇 대의 소방차가 헤드라이트로 신민당사를 비추었다. 새벽 1시 55분께, 이순구 시경국장이 박한상(朴漢相) 사무총장에게 신민당사에서 여공들을 내보내라는 최후통첩의 전화를 걸어 왔다.

천여명의 정·사복 경찰관이 한꺼번에 담을 넘어 들어왔다. 신민당원들은 현관 셔터를 내려 경찰진입을 막으려 했다. 한 패의 경찰

신민당사에 난입한 무장경찰들에 의해 강제로 당사 밖으로 끌려 나오는 나를 최형우가 방어하고 있다.

은 2층 유리창을 부수고 복도로 뛰어들어왔다. 신민당원들과 난투가 벌어졌다. 그 사이 다른 경찰들은 현관 셔터를 부수고 우르르 몰려들어 왔다. 신민당원들은 유리병을 던지고 물을 뿌리며 대항했다. 2층에 철제의자로 바리케이트를 치고 재떨이, 의자도 던졌다. 그러나 우리는 훈련된 무장경찰관들의 적수가 될 수 없었다. 당원들은 경찰관들에게 무수히 얻어맞은 뒤 버스에 실려졌다. 부상으로 입원자가 속출했다.

청년당원들을 물리친 경찰관들은 2개조로 나뉘어 한 패는 4층 농성장소로, 다른 패는 나와 신민당 의원들이 대책을 논의하고 있던 2층 총재실로 몰려왔다. 총재실에서는 나와 국회의원들을 포함해 당원, 기자 등 50여명이 한쪽으로 몰렸다. 청년당원들이 문을 막았지만 경찰은 총재실의 벽을 부서 버렸다. 그리고는 우리를 향해 벽돌을 던져 댔다. 그들은 훈련된 군대였다. 최형우 의원이 급하게 내 앞을 막아 서며 테이블을 세워 경찰이 던지는 벽돌을 막지 않았다면, 내 자신도 죽을 뻔했던 위기일발의 순간이었다. 팔다리가 부러지는 사람이 속출했다. 박권흠 대변인은 갈비뼈가 부러졌고, 박용만 의원 등 많은 사람이 피투성이가 되어 끌려 나갔다. 나도 저항했지만 그들의 힘을 당할 수는 없었다. 나는 경찰 승용차에 실려 상도동 집으로 옮겨졌다.

내가 끌려 나가는 한편으로, 사복 경찰관들은 여공들이 농성 중인 4층 강당으로 쳐들어갔다. 잇따라 기동경찰 수백명이 뛰어들었다. 나의 설득으로 잠자리에 들었던 여공들은 일어나서 처절하게 저항했으나 경찰에 의해 진압되었다. 4인 1조의 경찰관들은 반항하는 여공들을 10여분 만에 모두 끌고 나갔다. 반항하면 두들겨 팼고, 여공들은 버스 안에서 유리창을 부수며 울부짖었다.

김경숙양의 죽음

경찰이 172명의 농성 여공들과 20~30명의 당원들을 끌어내 기동경찰 버스에 태워 서울 시내 경찰서에 분산·수용하기까지 불과 23분이 걸렸을 뿐이었다. 창 밖으로 뛰어내린 김경숙(金景淑)양이 발견된 것은 이런 소용돌이가 어느 정도 가라앉기 시작한 새벽 2시 30분께였다. 김양은 신민당사 뒤편 지하실 입구의 쓰레기통 옆에서 발견됐다. 쇠 쓰레기통에 부딪힌 듯 정수리 부분에 길이 3㎝가량의 깊은 상처가 나 있었다. 김양은 녹십자병원으로 옮겨졌으나 곧 숨졌다. 처음에 당국은 김양의 죽음 자체를 비밀에 부치려고 거짓 발표까지 했으나, 언론의 눈을 피할 수 없어 결국 사실을 인정했다.

박정희정권은 이제 막 21세의 꽃다운 여공의 목숨을 앗아 갔다.

김양 죽음의 충격이 채 가시기도 전에 농성 중이던 YH 여공들에게 식사를 날라 주던 인근식당 여종업원이 자살한 사건이 일어났다. 나는 1982년에 출간된 내 저서 『나와 내 조국의 진실』에서 「K형에게」라는 글을 통해 무명(無名)의 그 처녀의 죽음을 애도했다.

구리개라는 이름의 음식점에서 종업원으로 일하는 처녀가 음식을 나르면서 보게 된 여공들의 참상과, 끝내는 밤중에 기동경찰에 의하여 개처럼 끌려가는 모습을 보고, 이 세상을 더 이상 보기가 싫어 몸을 던진 것이오. 이것은 비록 한 이름 없는 사람의 일이지만, 이 세상에 이렇듯 이름 없이 자기의 뜻을 밝히는 사람이 어디 하나둘이겠소? 지금도 그 처녀의 일을 애처롭게 느끼는 것은 나 한 사람만이 아닐 것이오.

밤이 깊을수록 새벽이 가깝다

그러나 경찰은 전투에선 승리했으나 전쟁에선 진 꼴이 되었다. 당원뿐 아니라 국회의원과 기자들을 무차별 구타함으로써, 야당의 극한투쟁을 불렀고 국민을 분노케 했다. 신민당 의원들의 분노는 용광로처럼 들끓었다. 정재원(鄭在原) 임시대변인은 "국기(國基)를 뒤흔드는 전대미문의 폭거"라고 규탄했고, 박용만(朴容萬) 의원은 "구둣발과 몽둥이 세례를 받는 처지에서 양심에 따라 더 이상 국회의원직에 머물러 있을 수 없다"면서 의원직 사퇴서를 제출했다. 공화당에서 병실로 보낸 화분을 박살내 버릴 정도로 그는 분노했다. 나는 "눈물도 피도 흐르지 않는 단말마의 최후의 발악이며, 이 지

고(故) 김경숙양 추모식에서 추모사를 낭독하는 모습.

구 위의 역사상 어느 정권도 하지 않았던 천인공노할 사실"이라고 치를 떨었다. 그러면서 나는 의원들을 위로했다.

"이번 사태로 아침을 알리는 새벽이 분명히 다가온 것을 믿자."

YH여공들의 농성이 진압된 8월 11일 새벽 강제로 경찰 승용차에 태워져 상도동 집으로 오게 된 나는, 이 날 오전 기자회견을 가졌다. 그 자리에서 경찰의 당사 난입은 야당의 존재를 무시하고 정당정치를 부인하는 일종의 쿠데타 행위라고 단정, "이후 발생하는 모든 정치적 사태에 대한 책임은 분명히 박정희정권이 져야 할 것"이라고 주장했다.

　신민당은 8월 11일 정무회의와 의원총회를 열고, 총재단과 고흥문·정운갑·이충환 등 당6역으로 비상대책위를 구성, 정부·여당의 자세에 항의해 국회의원 전원이 중앙당사에서 농성투쟁에 들어갔다. 여·야간에 극한적인 대치가 벌어졌다. 당사 정면에는 "신민당 의원들은 지금 이 시간 박정권의 온갖 탄압과 폭거에 항거하여 농성 중이다," "밤이 깊을수록 새벽이 가깝다"고 쓴 대형 플래카드를 내걸었다.

　신민당의 농성은 18일 만인 8월 28일 오전, 의원총회와 고(故) 김경숙양의 추도식을 끝으로 막을 내렸다. 18일간의 농성은 의정사상 최장기간이라는 기록을 남겼다.

6. 잠시 죽는 것 같지만 영원히 사는 길

총재 직무집행정지 가처분결정

신민당 의원들이 마포당사에서 농성을 벌인 지 사흘째 되던 8월 13일 나와 신민당은 또 다른 도전에 부딪혔다. 원외지구당 위원장인 조일환(曺逸煥)·윤완중(尹完重)·유기준(兪瑅濬) 세 사람이 총재단의 직무집행정지 가처분신청을 제출한 것이다. 이들은 5·30전당대회에 참가한 일부 대의원의 자격에 문제가 있다고 주장하고, 따라서 나의 총재 당선도 무효라는 어처구니없는 이유로 소송을 제기했다. 모든 것이 박정희의 공작정치의 소산이었다.

이 사건은 처음에는 YH사건에 가려 별다른 주목을 받지 못했지만, 심리가 진행됨에 따라서 심상찮은 조짐을 보이기 시작했다. 신민당은 8월 15일 성명을 통해 "이같은 작태가 과연 누구에 의한 것인지 국민들은 알고 있다"고 했으며, 18일에 열린 당기위원회는 이들을 해당 행위자로 규정하여 제명했다. 그러자 이들 3명은 다시 신민당을 상대로 제명처분 효력정지 가처분신청을 냈다. YH사건에 항의하는 신민당사에서의 농성이 계속되는 가운데, 서울 민사지법에서는 8월 20일 가처분 첫 심리 날짜를 같은 달 25일로 지정했다.

총재직무정지 가처분결정을 대서특필한 신문보도.

8월 25일 1차심리가 열린 지 14일 만인 9월 8일, 서울 민사지법 합의 16부의 조언(趙彦) 부장판사는 가처분신청을 받아들이고, 정운갑(鄭雲甲) 전당대회 의장을 총재직무 대행자로 선임했다. 재판부는 "본안(本案) 소송 판결이 확정될 때까지 김영삼은 신민당 총재의 직무집행을, 이민우·박영록·이기택·조윤형은 부총재의 권한을 행사해서는 안 되며, 이 기간 중 정운갑을 총재직무 대행자로 선임한다"고 결정했다. 민사 재판부의 역사를 오도하는 결정 하나로 야당의 기능이 일대 혼란에 빠졌다.

박정권 타도선언

　정당 대표가 법원의 결정으로 직무집행이 정지된 것은 우리 역사상 유례를 찾아볼 수 없는 일이었다. 법원으로부터 가처분결정을 통고받은 나는 9월 10일 기자회견을 열고 박정권 타도를 선언하는 성명을 냈다.

> 　나는 지난 선거에서 1.1%를 이겨 신임을 얻은 야당의 총재로서, 또 그 동안의 투쟁으로 국민 절대다수의 지지를 받는 국민적 공당(公黨)의 총재로서 민주회복을 바라는 모든 계층의 국민의 힘을 집결하여 범국민적 항쟁을 할 것이며, 이 항쟁을 통해 박정권의 타도운동을 전개할 것을 선언한다.
> 　나는 여기서 박정희씨의 하야를 강력하게 요구한다. 나는 국립경찰을 폭도로 전락시켜 심야에 신민당사를 습격하여 잠자던 여공들을 강제로 끌어내다가 김경숙양을 죽이고, 현역 국회의원과 취재기자들에게 폭행을 가하여 중상을 입혔는데도, 국민 앞에

사과 한마디 없고 폭력경찰을 한 사람도 잡아내지 않는 불법·무법정권이 박정권임을 다시 한번 지적한다.……
    우리 국민은 1인체제하에서 18년을 살기에도 지쳤는데, 일당독재하에서 살기를 강요당하는 오늘의 중대한 국면에 처해서도 궐기하지 못한다면 우리 모두가 함께 역사의 죄인이 된다는 것을 잊지 말아야 할 것이다.

기자회견에서도 나는 "가처분결정은 정치권력에 의한 조작극일 뿐만 아니라, 헌정의 일익을 담당하는 정당의 지도기능이 민사소송의 대상이 될 수 없기 때문에 영원히 승복할 수 없다"고 법원의 결정에 대해 불복(不服)을 선언했다.
    내가 정권타도를 공언(公言)한 것은 이것이 처음이었다.
    박정희는 이러한 나의 성명과 발언에 대해 극도로 격앙되었다. 박정희는 법원의 가처분결정을 서둘러 기정사실화하려고 했다. 정부 대변인인 김성진(金聖鎭) 문공장관은 9월 10일 이례적으로 성명을 발표, "신민당의 김영삼 총재는 이 시간부터 총재가 아니므로 의원으로 호칭한다"고 밝히고, "정부는 김영삼씨의 발언을 지금부터는 신민당의 전체 의지를 대표하는 것으로는 보지 않는다"고 언명했다. 대야(對野) 성명은 으레 당이 도맡아 해 왔던 관례를 깬 성명이었다.

정운갑, 총재대행 수락

    전열을 강화할 필요성을 느낀 나는 모든 민주세력과 힘을 합쳐 일대 국민적 항쟁을 벌일 태세를 가다듬었다.

1979년 9월 25일, 총재직무정지 가처분결정 이후 '김영삼총재체제수호 전국당원대회'에서 당원들의 지지에 화답하는 모습.

이즈음 전북 전주 중앙성당 기도회에서 김재덕(金在德) 주교는 나에 대한 가처분결정을 조롱하는 뜻으로 '박정권에 대한 직무집행정지 가처분'을 주장했으며, 1,800여명의 참석자들은 기도회 후에 침묵시위와 철야농성을 벌였다.

문제는 정운갑이 총재직무대행을 수락하느냐로 넘어갔다. 토요일인 9월 15일 밤, 월요일의 마지막 협상을 앞두고 정운갑이 예고 없이 상도동으로 찾아왔다. 나는 그의 방문이 달갑지 않았지만 이야기를 들어 주었다. 그는 자정까지 한 시간쯤 이야기를 하다가 떠났다. 정의장이 당시 나에게 제시한 협상카드는 전당대회 이후에 임명된 모든 당직을 무효화하고 내가 국민에게 사과하라는 것이었

유신에 정면으로 맞서다 ··· 149

다. 타협할 수 없는 입장차이였다. 9월 17일 협상이 최종 결렬되었고, 정운갑은 총재대행직을 수락했다. 이때부터 신민당은 '정치적 당수'와 '법적 당수'의 기형적인 이원체제로 운영되기 시작했다.

이철승, 신도환 등 비당권파는 악법도 법인 이상 따를 수밖에 없다면서 정운갑체제를 지지했다. 정운갑은 소속의원과의 대화라는 이름으로 활동을 시작했다. 상당수 의원들은 권력의 압력과 그에 상반되는 국민적 압력의 틈바구니에서 방황했다. 정운갑은 9월 25일 중앙선거관리위원회에 총재대행직을 등록했다.

주류측은 이 날 오전 마포당사에서 1,500여명의 당원이 참석한 가운데 '김영삼총재수호 전국당원대회'를 열고 내가 유일한 법통(法統)임을 선언하고, "관변대행(官邊代行)은 반당(反黨)의 표본"이라고 비난했다. 정대행체제에 가장 큰 타격을 준 것은 나를 지지하는 소속의원 42명의 서명이었다. 서명을 주도한 사람은 최형우, 예춘호, 한병채, 오세응 의원 등이었다.

박정희정권의 나에 대한 악랄한 탄압은 여기서 그치지 않았다. 박정희는 나를 정계로부터 추방할 음모를 꾸미고 있었다. 국회에서 나를 제명하려는 것이었다. 그것은 나의 〈뉴욕타임스〉 기자회견이 계기가 되었다. 다음은 9월 16일자 〈뉴욕타임스〉에 실린 동경특파원 스톡스 기자와의 인터뷰 기사이다.

뉴욕타임스와 기자회견

한국 정부에 대한 그의 거리낌 없는 반대로 체포 직전에 있는 것으로 믿어지는 한국 야당의 지도자는 카터행정부에 박정희 대통령에 대한 지지를 중단하라고 요구했다. 야당 지도자 김영삼씨는 그의 집에서 가진 회견에서 "미국은 국민과 끊임없이 유리되고 있는 정권, 그리고 민주주의를 열망하는 다수, 둘 중에서 어느 쪽을 선택할 것인지를 분명히 할 때가 왔다"고 말했다.

지난 8일 법원 결정은 김씨로부터 신민당 총재로서의 직무를 대부분 박탈했으며, 정부는 뒤이어 시민들에게 사법부에 대한 비난을 금지하고, 근로자 및 농민들을 조직화하려는 반정부 인사들을 경계하라는 명령을 내렸다. 고위관리들은 정부가 김씨의 체포문제를 고려하고 있음을 시사했다.……

그러나 구속의 위협에도

〈동아일보〉1979년 9월 19일자 기사.

김씨는 계속 입을 다물지 않고 있다. 그는 지난 6월 말 카터 대통령의 방한에 언급, "카터는 방한으로 박대통령에게 큰 선물을 주었다. 카터는 박대통령의 위신을 높여 줌으로써 박대통령으로 하여금 반대세력을 말살시키도록 용기를 불어넣어 주었다. 우리는 박대통령에게 보다 강력한 탄압정책을 쓰도록 북돋아 줄 것이라는 바로 그 이유 때문에 카터에게 방한하지 말도록 요청했다. 이 모든 것이 현실이 되어 버렸다. 나는 지금도 카터의 방한을 생각

대통령 퇴임 이후 상도동 나의 집을 방문한 박대인 목사 부부. 박대인(미국명 Edward W. Poitras) 목사는 나의 오랜 민주화 동지이다. 그는 박정희·전두환 정권의 방해와 협박에도 불구하고 나의 외신 기자회견 통역을 맡아 주었으며, 민주화운동과 관련해 두 번이나 추방을 당하기도 했다. 그는 현재 Emeritus Southern Methodist University 교수로 재직 중이다.

하면 분노를 금할 수 없다"고 말했다.

정부는 딜레마에 빠져 있는 것 같다. 김씨를 구속하자니 김씨를 대중의 영웅으로 만드는 결과를 초래한다는 의미에서 그것은 바람직하지 않다. 그러나 구속을 하면 정부에 대한 그의 계속적이고 공개적인 공박을 멈출 수 있는 것이다.

김씨는 "미국 대사관은 그들의 시야와 접촉을 확대할 능력이 없는 것 같다. 대사관이 방대한 인원을 가지고 있으면서도 접촉의 범위가 그렇게 한정되어 있다는 사실은 놀라운 일이다"고 말했다.

그는 "내가 미국 관리들에게 미국은 박대통령에 대한 공개적이고 직접적인 압력을 통해서만 그를 제어할 수 있다고 말할 때마다, 미국 관리들은 한국의 국내정치에 개입할 수 없다고 한다. 그것은 억지 이론이다.……"고 비판했다.

신민당은 국회에서 3분의 1 미만인 67석을 차지하고 있는데, 1978년 선거에서는 여당인 민주공화당보다 더 많은 득표를 했다.

김씨는 "나는 지금도 북괴와 대응하는 가장 적절하며 유일한 방법은 언론·집회의 자유, 자유선거를 통해 우리의 정부를 선택할 자유라고 확신하고 있다. 궁극적으로는 보다 많은 민주주의, 보다 개방적인 제도와 더불어서만, 대한민국은 이 지역에서의 미국의 이해와 부합할 수 있을 것"이라고 말했다.

박정희는 나의 인터뷰 내용을 문제 삼고 나왔다. 용공적인 이적행위이며, '민주화 압력'이라는 내정간섭을 요청하여 국회의원으로서의 품위를 손상했다고 주장했다.

9월 22일, 공화당과 유정회는 소속의원 전원의 이름으로 나에 대한 징계동의안을 국회에 제출했다. 이어서 29일, 박정희는 나를 제명하기로 최종 결정했다. 외국 여행 중인 여당의원들에게는 귀국명령이 내려졌고, 출국 예정 의원들은 일정을 바꾸어야 했다. 10월 1일, 여권은 고위 전략회의를 열고 제명방침을 최종적으로 확인했다. 나에 대한 제명 지시는 박정희에게서 나온 것이었다. 박정희는 당시 나를 제명뿐 아니라 구속까지 할 생각이었다.

제명 전날 김재규와 만남

제명되기 전날인 10월 3일, "할 얘기가 있으니 꼭 좀 만나달라"는 김재규(金載圭) 중앙정보부장의 간청을 받아들여 장충동 정보부장 공관에서 나는 김재규를 만났다.

그 날 김재규는 아침 일찍 나에게 전화를 걸어 왔다. 도청이 극성을 부리던 시절이라 나는 누군가가 내게 전화를 걸 때면 미리 정해 놓은 암호를 대도록 약속해 놓았다. 가령 전화를 건 사람이 "가회동 김사장입니다"하고 신분을 밝히면 비서가 나를 바꾸는 식이었다. 그 날도 "가회동 김사장"이라고 해서 전화를 받았더니, "저 김부장입니다" 하는 말이 흘러나왔다. 내 전화를 완전히 도청해 왔다는 반증이었다.

"김부장이라니, 누구냐?"

"중앙정보부의 김재규입니다. 죄송합니다."

나는 차갑게 대꾸했다.

"김부장이 무슨 일로 내게 전화를 하는가?"

"총재님을 급하게 좀 뵈었으면 합니다. 시간을 좀 내 주십시오. 지금 댁으로 찾아뵈었으면 합니다."

상도동 내 집에는 이미 새벽부터 많은 사람들이 찾아와 있었다. 내가 방문을 거절하자, 그럼 롯데호텔에서라도 만나자는 것이었다. 역시 싫다고 했으나, 김재규는 나라를 위해서나 나를 위해서나 꼭 좀 만나 달라는 것이었다. 나는 중앙정보부장인 그에게 내 생각이 얼마나 확고한 것인가를 못 박아 두어야겠다는 생각이 들었다. 그래서 하루 종일 약속이 있으니, 정 만나고 싶으면 밤에 만나자고 했다. 김재규가 장충동에 평소 사용하지 않고 비워 둔 공관이 하나 있다고 해서 약속을 정했다.

중앙정보부가 무서운 위세를 떨치던 시절이었다. 나는 만일을 위해 아내에게만 김재규와의 약속을 미리 알려 주었다.

박정희는 곧 죽을 거요

그 날 밤 9시경 나는 장충체육관 앞에서 안내자를 만나 승용차로 채 1분도 안 걸리는 한 양옥에 도착했다. 김재규가 입구에서 기다리다가 나를 맞았다. 우리는 단둘이 마주 앉았다. 김재규는 전날 밤 박정희와 늦게까지 술을 마시면서 나의 제명문제에 대해서 얘기를 나누었다고 했다.

"김영삼 총재를 제명해서는 절대 안 됩니다. 큰 사태가 벌어집니다." 김재규가 이렇게 말하자, 박정희는 "이미 끝난 일이다. 박준규 당의장에게 이미 지시했다"고 했다. 김재규는 자기가 마지막으로 나를 만나 볼 테니 시간을 달라고 했더니, 박정희는 마지못해 승낙하더라는 것이었다.

김재규는 나에 대한 박정희의 감정이 극에 달해 있다면서 박정희가 제명·구속은 물론 나를 죽이려 들 것이라고 했다. 그는 시종 차분하게 이야기했다.

"이대로 가다가는, 이 나라도 총재님도 불행해집니다. 어떤 일이 있어도 막아야 됩니다."

"나보다 박정희가 먼저 죽을 거요. 김부장도 조심하시오."

돌려 말하지 않는 성격대로 나는 단호하게 말해 주었다. 그러나 김재규는 나라와 나를 위하는 것이라면서 말을 이었다.

"내일 아침에 국회에 나갈 때 잠깐만 기자실에 들렀다가 가 주시면 좋겠습니다."

기자들과 우연히 환담하는 척하면서 〈뉴욕타임스〉의 회견내용이 와전되었다고만 해달라는 것이었다. 말하지 않아도 다음은 언론을 완전히 장악하고 있는 중앙정보부의 몫이 될 것이었다.
"절대 그럴 수는 없다. 〈뉴욕타임스〉의 기사는 분명히 내가 한 말이고 사실인데, 왜 취소를 하나. 나는 제명을 택하겠다. 구속을 한다 해도 전혀 두렵지 않다."
김재규와 만난 것은 한 시간이 조금 못 되었다. 내가 가겠다고 하자 김재규는 따라 나와 차 문을 열어 주며, "총재님, 또 뵙겠습니다"라고 했다. 나는 "김부장을 다시 만날 일은 없을 거요"하고 못을 박아 버렸다. 그후 박정희는 비참한 최후를 맞았고, 김재규를 다시 볼 일도 없게 되었다.

의원직 박탈은 역사의 훈장

1979년 10월 4일 오후, 공화당과 유정회는 여당 의원총회실로 본회의 장소를 옮겨 여당의원들만 참석한 가운데 18분 만에 나의 국회의원직을 제명처리했다. 의정사상 첫 제명처리, 그것도 야당총재에 대한 제명처리였다. 당시 찬성투표는 159표로 참석자 전원이 찬성한 것이었다.
제명처리 직후, 나는 미리 준비한 성명서를 기자들에게 나누어주었다. 여기 10월 4일의 성명 전문(全文)을 싣는다.

공화당정권은 오늘 국회를 권력의 시녀로 타락시켜 야당총재를 의회로부터 추방하는 폭력정치의 하수인으로 만들었습니다. 이로써 지난 5월 30일 내가 신민당 총재가 된 이래 계속되어 온 일련의 탄압정치에 행정부·사법부·입법부 모두들 동조함으로써, 이 나라는 어느 한 분야에도 민주정치가 존재하지 않는다는

1979년 10월 4일 나의 국회의원 제명처리를 저지하기 위해 신민당 의원들이 단상을 점거, 백두진 국회의장의 입장을 막으면서 여·야 의원간에 격돌을 벌였다.

사실을 국민과 세계 앞에 명백하게 입증하였습니다.

지난 백여 일 동안의 탄압정치의 작태를 볼 때, 한때는 우리 신민당사에 폭력배를 난입시켜 당원을 구타하고 당기(黨旗)를 찢었으며, 한때는 기동경찰을 당사에 투입시켜 현역 국회의원을 비롯한 당원과 취재기자를 무차별 구타하고, 잠자던 YH무역 여공들을 끌어내다 김경숙양을 죽게 하였습니다. 『민주전선』(民主戰線) 문부식(文富植) 주간, 김덕룡(金德龍) 비서실장, 이수남 청년국장 등을 구속하고 그 밖에 수십명의 당간부를 구속하거나 수배하고 있습니다. 그러다가 마침내는 사법부를 동원하여 동서고금의 역사에도 없는 야당총재 직무집행정지 가처분을 시켰으며, 그래도 부족하여 오늘의 이와 같은 제명이라는 다수의 폭력을 입법부에서 저지르고 말았습니다.

선거를 통해 국민으로부터 불신임을 당한 공화당정권이 선거에서 1.1퍼센트를 이긴 야당총재를 의회에서 추방한다는 것은 민주주의 자체를 추방하는 것이며, 의회정치의 조종(弔鐘)을 의미하는 것입니다. 19년이라는 긴 세월을 집권해 오면서 철저한 독재와 부정부패를 해 온 공화당정권이 불과 1백여일의 민주회복투쟁에 정권보위의 위협을 느껴 이와 같은 비열한 짓을 해야 하는지 묻고 싶습니다.

나는 분명하게 선언합니다.

나는 나에 대한 제명은 완전 불법이므로 영원히 승복할 수 없으며, 제명을 열두 번 한다고 하더라도 여당이 내세운 징계사유는 어느 한 구절도 인정할 수 없습니다. 뿐만 아니라 어떠한 탄압이 있다 하더라도 민주회복을 향한 우리의 목표는 중단될 수 없으며, 민주주의를 위한 나의 신념과 소신은 바꿀 수 없습니다.

공화당정권은 자유당정권도 감히 하지 못한 폭거를 자행함으로써 영원히 씻을 수 없는 죄악을 역사 속에 범했으며, 그것은 머지 않아 역사의 준엄한 심판을 받을 것입니다.

나는 25세에 국회의원으로 당선된 이래 4반세기 동안 이 나라의 헌정사의 현장에서 반독재 민주수호에 몸 바쳐 온 사람으로서 의회를 떠나게 된 지금 이 순간 심경이 착잡하지 않을 수 없으나, 오늘의 정치적·시대적 상황에 있어서 공화당정권의 말기적인 발악에 의하여 불법적인 방법으로 국민이 선출한 국회의원의 자리를 박탈당하게 된 이 사실은 역사가 준 영광스러운 훈장이라고 생각하며, 오히려 이것이 민주시대를 위한 더욱 영광스러운 과업을 부여하는 것으로 보아 새로운 십자가를 질 것을 각오합니다.

절두산이 준 역사의 의미

나는 의회정치 속에서 자란 의회주의 신봉자로서, 4·19, 5·16

을 목격·체험한 사람으로서 이 나라에 정치보복 없이 평화적으로 정권을 교체할 수 있는 참된 민주정치를 심는 데 최대의 투쟁을 해 왔고, 또 하고 있는 것입니다. 그래서 나는 그 동안 폭력정치에 비폭력으로 대응하면서 선거에서 불신임당한 공화당정권은 정권이양 준비를 갖추라고 촉구하여 왔는데, 이와 같은 나를 혁명주의자인 양 모함하다가, 마침내는 이와 같은 엄청난 정치보복을 가한다는 것은 나 개인의 불행이 아니라 이 나라의 불행이며, 이 나라의 장래를 심히 우려케 하는 중대사태가 아닐 수 없습니다.

나는 이미 나라와 국민, 그리고 이 나라 민주주의를 위해 몸을 던졌습니다. 순교(殉敎)의 언덕 절두산(切頭山)을 바라보는 이 국회의사당에서 나의 목을 자른 공화당정권의 폭거는 저 절두산이 준 역사의 의미를 부여할 것입니다. 나는 오늘의 이 수난을 민주회복을 위한 순교로 받아들일 것입니다.

나는 분명히 밝힙니다.

나를 아무리 의회에서 축출하고 아무리 감옥에 가둔다 해도 민주회복을 위한 나의 소신, 나의 철학, 나의 시국관까지 축출할 수 없고 감옥에 가둘 수는 없습니다.

공화당정권은 나를 의회에서 축출하고 또 나를 감옥에 가둔다고 하여 민주회복을 향한 국민의 열기가 식을 것으로 생각하면 큰 오산입니다. 그것은 오히려 민주회복의 길을 가속화시킨다는 것을 알아야 할 것입니다.

정권은 유한, 정치는 영원

나는 잠시 살기 위해 영원히 죽는 길을 택하지 않고, 잠시 죽는 것 같지만 영원히 살 길을 선택할 것입니다. 공화당정권은 19년

1979년 10월 4일, 국회에서 제명된 직후 기자회견을 통해 박정희정권 타도 선언을 했다.

이란 장기집권을 하여 노쇠한 나머지 그 기능이 마비되어 국민의 소리를 듣지 못하여 민심의 소재를 외면하고 있습니다. 공화당정권이 잠시 동안 민심을 외면할 수 있어도 영원히 외면할 수는 없습니다. 정치는 영원하지만 정권은 유한한 것입니다. 따라서 공화당정권이 아무리 힘의 정치를 강화한다 하더라도 떠나 버린 민심을 되돌릴 수는 없습니다. 우리에게 국민의 절대적인 지지가 있고 하나님의 보호하심이 있기 때문에, 나는 결코 외롭지 않습니다.

성경 말씀에 "너희들은 두려워하지 말라. 나의 의로운 오른손으로 너를 붙들리라"고 하였습니다. 하나님은 우리를 버리지 않을 것입니다.

그 동안 우리 당 소속의원들이 일사불란하게 단합된 모습으로 강력하게 투쟁하여 주신 데 대하여 심심한 감사를 드리며, 전국의 모든 당원동지와 전국의 모든 국민들의 투쟁과 성원에 감사를 보냅니다. 우리가 계속해서 단합된 힘으로 싸워 나갈 때 민주주의의 새벽은 머지 않아 찾아온다고 확신합니다.

당원과 국민, 그리고 언론인 여러분의 계속적인 협조와 성원을 부탁해 마지않습니다.

미국 정부는 나의 의원직 제명과 관련하여 다음과 같이 비난을 하고, 제명 다음날인 10월 5일 글라이스틴 주한(駐韓) 미(美)대사는 본국으로 소환됐다.

> 한국 국회가 오늘 김영삼 총재를 추방한 점에 대하여 깊은 유감의 뜻을 표한다. 이와 같은 행동은 민주적 정부의 원칙에 어긋난 것이다.

신민당 의원들도 제명에 항의, 무기한 등원거부 결정을 내렸으며, 10월 13일엔 소속의원 66명 전원이 국회의원직 사퇴서를 국회에 제출했다. 통일당(統一黨) 의원 3명도 동조했다. 제명의 부당성에 대한 비난의 여론은 끓어오르기 시작했다.

7. 부마민주항쟁 대폭발

부산에 비상계엄 선포

10월 16일 오후 부산에서 걸려 온 한 통의 전화를 받고 나는 부산사태를 알았다. 상도동 자택에서 UPI 동경(東京)지국장과 인터뷰를 하고 있던 나는 이번 사태가 "간단하게 끝나지 않을 것 같다"는 예감이 들었다. 나는 그 자리에서 부산사태를 UPI 기자에게 알려 줬고, 그 기자는 특종을 했다.

당시 내가 들은 부산사태는 대충 이러했다.

10월 16일 오후 7시 5만여명에 이르는 시위 인파가 시청 앞과 광복동 일대 거리를 가득 메웠다. 시위대원들은 "독재타도!"를 외치고 있었다. 그 구호가 거리에서 거리로 이어지고 "유신철폐!" "언론자유" "김영삼총재 제명을 철회하라!"는 구호가 퍼졌다. 유신체제 아래에서 오랫동안 억눌려 왔던 국민들의 민주화 욕구가 나의 총재직 제명을 계기로 폭발했다. 유신 이후 최초의 대규모 민주항쟁이 벌어진 것이다.

둘째 날인 10월 17일 오전 10시 30분경 부산대 학생들의 데모

1979년 10월 19일 부산에 진주한 계엄군. 위 사진은 일본 〈아사히신문〉 보도내용이며, 당시 국내에는 철저한 보도통제로 인해 현재 남아 있는 부마항쟁 관련사진이 거의 없다.

를 시발로 이틀째 데모가 벌어졌다. 이 날 밤의 데모가 얼마나 격렬했는가는 부산의 모든 신문사와 방송국, 경찰서, 10곳의 파출소, 그리고 경남도청과 중부세무서 등 17곳의 공공기관 건물이 습격당해 파손된 것으로 미루어 짐작할 수 있는 일이었다.

부산의 데모는 계속 악화돼 갔다. 박정희는 10월 18일 새벽 0시를 기해 부산직할시 일원에 비상계엄을 선포했다. 군(軍) 병력 2개 사단이 부산에 진주했다. 그러나 데모는 비상계엄이 발효된 18일 밤에도 이어졌다. 정예 공수부대 요원들이 탱크와 장갑차를 앞세우고 M16 소총을 겨누며 데모대에 대해 무차별 난타를 가하는 살벌한 분위기 속에서도 시위가 일어난 것이다.

부산사태는 인접한 마산에도 인화(引火)되었다. 마산에서는 18일 밤부터 부산보다 더 격렬한 시위가 일어났다. 성난 군중들은 박정희의 사진을 찢기도 했다. 19일에도 마산의 시위는 그칠 줄 몰랐

마산에 진주한 공수부대. 위 사진 역시 일본 〈아사히신문〉 보도사진이다.

다. 박정희는 10월 20일 마산·창원에 위수령을 발동했다.

박정희는 부정축재의 원조

부산사태에서 특히 주목을 끈 것은 〈부산일보〉와 MBC 방송국이 시민들의 첫 공격대상이 된 것이었다. 이 두 언론사는 원래 제2대와 3대 국회의원을 지낸 부산의 기업인 김지태(金智泰)씨의 소유였다. 김지태씨는 당시 조선견직의 소유주로 한국 굴지의 대기업인이었다. 박정희는 김지태 사장을 구속하고 〈부산일보〉와 MBC를 빼앗았다. 이렇게 빼앗은 〈부산일보〉와 MBC는 영남대학교와 함께 실질적으로 박정희 개인의 소유물이 되었다.

우리나라의 현대정치사에서 박정희는 부정축재의 원조라고 할 수 있다. 3선개헌과 부정선거로 하야한 이승만 대통령을 비롯해,

해방 이후 국민의 지탄을 받은 정치 지도자 중에서도 그때까지 부정축재가 문제가 된 지도자는 없었다. 그런데 박정희는 쿠데타를 통해 집권한 뒤 18년 동안 부정부패를 통해 천문학적인 정치자금을 조성했으며, 개인적으로도 엄청난 재산을 축적했다. 영남대학은 105만 평의 광대한 부지를 가진 대학이며(한국의 대표적 사학 중의 하나인 연세대학의 서울캠퍼스도 29만 4천여 평으로 영남대학의 3.5분의 1에 불과하다), MBC는 KBS에 버금가는 대(大)방송사이고, 〈부산일보〉는 한국 제2의 도시에서 발간하는 전국 발행부수 5위 이내의 거대 신문사이다. 한국에서 대학과 언론사를 개인적으로 소유하는 일은 오늘날까지 웬만한 대재벌로서도 결코 쉽지 않은 일이며, 더욱이 이 막대한 자산은 박정희가 죽은 지 20년이 넘은 오늘날까지 박정희 일가의 영향력하에 놓여 있다. MBC 주식의 30%와 〈부산일보〉 주식의 100%가 박정희·육영수 부부의 이름을 딴 정수(正修)장학재단의 소유이며, 이 재단의 이사장은 그들의 장녀(長女)이다. 관선 이사가 선임되기 전인 1989년까지 박정희의 장녀는 학교법인 영남학원의 이사장과 이사를 맡고 있었다. 또한 차녀(次女)가 이사장으로 있는 육영재단은 서울의 '어린이회관' 지분의 100%를 소유하고 있다.

또 박정희가 만든 부정축재의 전통은 그 주변인물과 후계자들에게까지 유산으로 남아, 한국 정치권력의 도덕성을 오염시키는 근원이 되었다. 박정희의 비서실장과 정보부장을 지낸 측근 중의 측근인 이후락은 후에 자신이 막대한 부정축재를 한 부패 인물로 지목되자, "그것은 떡을 만지다 보니 손에 묻은 떡고물에 불과하다"고 말했는데, 여기서 '떡'이란 박정희의 부패 정도를 상징하는 말이었다.

내가 대통령 재임 중이던 1995년 12월, 박정희 시절 경호실 차장

보를 차례로 지낸 전두환과 노태우가 군사반란 및 내란, 그리고 뇌물수수 등 부정부패 혐의로 구속되었다. '12·12와 5·17, 5·18, 그리고 비자금사건'이라는 긴 이름으로 불린 재판의 최종심에서 전두환은 무기징역에 추징금 2,205억원, 노태우는 징역 17년에 2,628억 9,600만원이 확정되었다.

국제연감 '79년의 인물' 난에 소개

1980년판 『브리태니커 국제연감』의 '79년의 인물' 난에는 1979년 한 해를 통해 그야말로 파란만장한 세월을 겪은 나를 주목해서인지 이렇게 나를 소개하고 있다.

김영삼. 박정희 대통령이 현직 중앙정보부장에 의해 사살된다는 전혀 예기치 못한 사건의 도화선이 된 인물이 한국 제1야당 신민당의 총재 김영삼이었다. 79년 5월 강경파 지도자였던 그가 다시 신민당의 총재로 선출되자, 박정권의 탄압은 한층 강화되었다. 그는 이에 굴하지 않고 "닭의 모가지를 비틀어도 새벽은 온다"고 외치면서 저항을 계속했다.

파란 많은 한국의 정치사상 김영삼은 드물게 보는 '러키 가이'(Lucky Guy)로 알려져 있다. 서울대 문리대를 졸업한 후 국무총리 비서관을 거쳐 약관 26세로 여당인 자유당 소속의 국회의원으로 당선됐을 때, 그는 한국에서 최연소 국회의원이었다.

자유당이 이승만 대통령의 연임제한 철폐를 위한 개헌을 강행하자 그는 자유당을 탈당, 야당의원들과 더불어 호헌(護憲)동지회를 결성하고, 이어 통일야당의 창당멤버가 되었다. 이후 야당 정치가로서 일관하여 활약, 현재 한국 국회에서 최다선(7선)의 기록을 보유하고 있다.

　그의 야당 지도자로서의 이미지는 69년 야당 원내총무로 박대통령의 3선을 위한 개헌에 강력하게 반대하는 투쟁을 추진해 나가는 과정에서 정착됐다. 그 무렵 밤늦게 귀가하는 도중 초산테러를 당하는 사건이 발생하기도 했다. 이 때문에 국회 조사단이 구성되기도 했으나, 사건의 진상은 끝내 밝혀지지 않았다. 이 무렵부터 김영삼은 미국으로부터도 '박정희씨의 라이벌'로서 주목을 받게 되었다.

　그가 한국의 정치풍토에 커다란 변화를 일으킨 것은 69년 8월 '40대기수론'을 내걸고 71년도의 대통령 선거전에 신민당 대통령후보로 출마할 것을 선언한 때이다. 종전에는 야당 대통령후보는 파벌 대표들의 협상에 의해 결정되곤 했는데, 드디어 70년 후보지명대회에서 표대결로 결정하게 되었다. 그는 1차투표에서 최다득표를 했으나 과반수에 이르지 못하고, 2차투표를 한 결과 김대중에게 역전패를 당하고 말았다.

　72년 10월 비상계엄령이 선포되어 국회가 해산되고 유신체제로 접어들었을 때, 그는 마침 미국에 체류 중이었다. 그는 친지들의 만류를 무릅쓰고 귀국, 반박(反朴)투쟁을 계속, 74년 40대의 젊은 나이로 강력한 리더십을 지닌 총재로 선출되었다. 그러나 그의 강경노선은 박정권의 탄압뿐만 아니라 당내 온건파로부터 반발을 사, 77년 전당대회에서는 온건파 연합에 패배했다.

　그러나 1979년 다시 총재로 선출되자 그는 긴급조치 9호를 무시하고 박정권에 도전, 10월엔 여당의원들에 의해 국회의원직을 박탈당하는 사태에까지 이르렀다.

8. 궁정동의 총소리

박정희 최후의 날

　드디어 운명의 날인 1979년 10월 26일 밤. 부산과 마산에서 시민들의 격렬한 항쟁이 이어지고 있을 때, 박정희는 궁정동(宮井洞) 안가(安家)에서 '대행사'(大行事)를 벌이고 있었다. 궁정동의 안가에서는 한 달에 열 번 이상 만찬이 있어 왔는데, '대행사'란 특별히 선발된 젊은 여인들과 대통령·경호실장·비서실장·정보부장이 참석해 벌이는 부도덕한 술자리를 말했다.
　박정희가 만찬장에 도착한 것은 이 날 저녁 6시 5분께. 박정희가 앉자마자 부마(釜馬)사태와 관련한 치안상태를 묻고, 이어서 삽교천방조제 준공 이야기, 신민당에 대한 공작 실패, 정보부의 무능, 나의 구속문제 등으로 화제가 전개되었다. 이 날 만찬 자리에서 오간 대화들은 10·26사건 당사자들의 법정증언을 통해 알려진 바 있다. 나는 당시 김재규의 변호인이었던 강신옥(姜信玉), 김정두(金正斗) 두 변호사로부터 김재규와의 면회 결과를 수시로 전해 듣고 있었다. 내가 들은 그 날의 상황을 종합하면 대강 이러했다.

1979년 10월 26일, 박정희는 김재규 중앙정보부장에 의해 살해되었다. 사진은 현장검증 모습이다.

박정희 신민당 공작은 어떻소?

김재규 공화당이 발표했기 때문에 다 틀렸습니다. 당직자 사표를 내겠다고 한 자들도 다 강경으로 돌아섰습니다. 암만해도 당분간 정운갑체제 출범이 어렵겠습니다. 주류들이 강경해져서 좀 시끄럽겠습니다.

박정희 부산사태는 신민당이 개입해서 하는 일인데 괜히들 놀라 가지고 야단이야. 오늘 삽교천 행사에 가 보았더니 대다수 국민들은 그렇게 나를 환영하던데. 부산 데모만 하더라도 식당 보이나 신문팔이, 구두닦이 그리고 신민당 똘마니들이 많지 않아? 그놈들이 어떻게 국회의원의 사표를 선별 수리하느니 뭐니 알겠나. 신민당이 계획한 일인데도 괜히 개각이니 뭐니, 국회의장을 사퇴시켜야 한다느니 하면서……. 중앙정보부는 수고는 많이 하는 줄 알지만 더 정확한 정보를 수집해야겠어. 부마사태 사진을 보니까 깡패들만 보이는데 다른 사진을 가져와 봐.

박정희 살해되다

저녁 6시 50분쯤 대중가수인 심수봉(沈守峰)과 여대생인 신(辛)양이 술자리에 들어갔다. TV의 저녁 7시 뉴스에서 삽교천방조제 준공식 장면이 방영되었다. 김재규는 밖으로 나가 부하들에게 거사 결행을 준비하라고 지시하고 들어왔다. 7시 20분쯤 박정희는 TV를 끄게 했다. 심수봉이 기타를 치면서 노래를 했고, 이어서 차지철이 노래를 불렀다. 김계원이 김재규의 몰리는 분위기를 의식해 농담을 했고, 심수봉이 다시 노래를 불렀다. 7시 35분쯤 주방의 남효주가 들어와 김재규에게 귓속말을 했다. 김재규가 옆방으로 나가니 박선호가 "준비 끝났다"고 했다. 김재규는 술자리로 돌아오고 다시 정치문제가 화제에 올랐다.

박정희 미국의 브라운 국방장관이 오기 전에 김영삼이를 구속했어야 하는 건데. 국방장관 회의고 뭐고 볼 것 없어. 법대로 하는데 뭐가 잘못이란 말이야. 미국 놈은 범법(犯法)해도 처벌 안 하나.
김재규 김영삼은 사법조치는 아니지만, 이미 국회에서 제명이 된 걸로 처벌했다고 국민들이 봅니다. 같은 건으로 두 번 처벌하는 인상을 줍니다.
박정희 중앙정보부가 좀 무서워야지. 당신네는 (신민당 의원) 비행(非行) 조사서만 움켜쥐고 있으면 무엇 하나. 딱딱 구속해야지.
김재규 알겠습니다. 정치는 대국적으로 상대방에게도 구실을 주고 나오라고 해야지, 그러지 않으면 나오지 않을 겁니다.

차지철 각하, 신민당 국회의원 놈들은 제가 다 잘 압니다. 정말로 국회의원 사퇴하고 싶은 놈은 한 놈도 없습니다. (데모도) 언론을 타고 반정부적인 놈들이 선동해서 그러는 거지, 문제가 없다고 봅니다. 새끼들, 까불면 신민당이고 학생이고 간에 전차로 싹 깔아뭉개 버리겠습니다. 캄보디아에서는 몇백만명을 죽여도 그만인데, 그까짓 십만이고 이십만이고 탱크로 깔아뭉개지요.
김재규 (오른쪽에 앉아 있던 김계원을 오른손으로 툭 치면서) 각하를 똑바로 모셔요. (차지철을 쳐다보며) 각하, 이따위 버러지 같은 자식을 데리고 정치를 하니 올바로 되겠습니까?

민주화를 요구하는 국민을 깡패로 매도하고, 탱크로 수십만명을 서슴없이 학살할 수 있다는 방자한 언행이야말로 박정희 독재권력의 진면목을 드러내 주는 말이었다. 김재규는 즉시 차지철에게 총격을 가했고, 이어서 박정희의 이마에도 권총을 발사했다.

이렇게 해서 1961년 5·16쿠데타 이래 중앙정보부를 통한 공포정치로 18년 장기독재의 생명을 이어 온 독재자 박정희는 자신이 가장 신뢰하던 심복 중앙정보부장의 손에 의해 살해되었다. 독재자의 비참한 말로였다.

박정희 장례식 참석

1979년 10월 27일 새벽 4시 반경, 나는 요란한 전화벨 소리에 잠을 깨 수화기를 들었다. 미국에 사는 한 교포가 걸어 온 전화였다.
"총재님, 지금 텔레비전을 보고 있는데 박대통령이 암살되었답니다."

다급하게 전하는 그의 말을 듣고 나는 깜짝 놀랐다. 독재자 박정희가 죽었다! 나는 항상 박정희가 그의 권력욕 때문에 비극적인 종말을 맞을 것이라고 말해 왔지만, 그가 설마 그런 방식으로 죽게 되리라고는 생각지 못했다. 박정희는 나를 제명한 지 22일 만에, 그리고 부마민주항쟁이 발생한 지 10일 만에, 그것도 자신의 심복이었던 중앙정보부장이 쏜 총에 맞아 비참한 최후를 당한 것이다.

10·26 직후 모(某) 목사를 비롯해 박정희에게 고통당했던 많은 사람들이 나를 찾아와, 독재자에게 조의를 표해서는 안 된다고 말했다. 하지만 박정희는 이미 죽은 다음이었다. 나는 누구보다 박정희를 싫어했고, 가장 선두에서 박정희의 독재에 항거했으며, 마침내 정권타도를 외쳐 온 사람이었지만, 야당의 총재로서 박정희의 빈소를 찾았고 11월 3일의 장례식에도 참석했다.

최규하와 시국관련 요담

1979년 11월, 계절은 낙엽이 쌓이는 스산한 초겨울로 접어들었지만, 정국은 유신체제의 한겨울로부터 서서히 해동(解冬)을 맞고 있었고, 국민들은 희망의 봄을 꿈꾸며 기다리고 있었다. 헌법의 규정에 따라 박정희가 가졌던 막강한 권한은 최규하(崔圭夏) 권한대행에게 승계되었다.

나는 박정희의 장례식 직후인 11월 5일 기자회견을 통해 "유신헌법은 이제 의미가 없어졌다"고 규정하고, 향후 정치일정에 대한 분명한 입장을 밝혔다. 나는 "제3공화국 헌법으로 돌아가는 것을 원칙으로 3개월 안에 개헌하고, 그후 3개월 안에 대통령을 국민이 직접 선거토록 하자"고 주장했다. 나는 권력의 공백기가 길어질수

1979년 11월 17일, 신민당을 방문한 김종필과 악수를 나누고 있다.

록 사회혼란이 가중될 것을 걱정했고, 그럴 경우 예측 못할 사태가 벌어질 수도 있다는 점을 우려했다. 이미 4·19 직후 허정 과도내각은 신속하게 민주당으로 정권을 이양한 바 있었다. 무엇보다 국민들의 민주화 요구에 부응하고 안정을 되찾기 위해서는 과도기가 길어서는 안 되었다.

그런데 닷새 뒤인 11월 10일, 최규하는 이른바 「시국특별담화」를 발표했다. 최규하 담화문에서 "현행 (유신)헌법에 의해 규정된 시일 내에 대통령선거를 실시하되, 선출된 새 대통령은 전임 대통령의 임기를 채우지 아니하고 현실적으로 가능한 한 빠른 시간 내에 헌법을 개정하고, 그 헌법에 따라 선거를 실시해야 한다"고 밝혔다.

나는 11월 17일 마포 신민당사로 찾아온 김종필 공화당 총재와 회담, 나의 입장을 설명한 데 이어, 11월 22일 저녁에는 삼청동 총리공관에서 최규하와 3시간가량 시국문제 전반에 관해 요담했다. 다음은 이 날 발표한 요담 내용이다.

1. 김영삼 신민당 총재는 '민주국민화해협의회' 구성문제를 비롯하여 긴급조치 등과 관련된 제(諸)문제, 헌법개정 등 정치발전 문제에 관해 의견을 제시했다.
2. 최규하 대통령 권한대행은 지난 10일자 시국에 관한 특별담화문 내용과 취지에 관해 상세히 설명했고, 긴급조치 문제와 관련된 제반 문제는 현재 관계당국이 검토, 중간보고를 받고 있음을 밝혔으며, 국회에서 헌법개정특별위원회가 구성되어 우선 헌법개정 논의가 국회에서 시작되는 데 대해 아무런 이의가 없음을 밝혔다. 그리고 '범국민화해협의회'와 같은 특정한 회의체를 만들 필요성은 없으며, 지금까지의 노력을 계속하여 광범위하게 각계각층의 인사들을 계속 접촉할 뜻을 밝혔다.
3. 최대행과 김총재는 현시국을 슬기롭게 타개하고 과도기를 안정 속에 넘기기 위해서는, 이와 같은 대화를 통해 국민의 의사가 반영되도록 하는 것이 유익하다고 판단하여 필요할 때 대화를 계속하기로 합의했다.

심판이나 하겠습니다

이 날 나는 최규하에게 "시간을 끌면 자꾸 혼란을 일으키는 사태가 온다. 당신의 임무는 3개월 내에 선거를 하는 것"이라고 강력히 주장했다. 나는 11월 10일 최규하의 담화에 대해 유신헌법에 의해 다시 대통령선거를 치르겠다는 것은 잘못이라는 입장을 이미 밝힌 바 있었다. 최규하 내 말에 대해 "잘 알겠습니다. 제게 무슨 욕심이 있겠습니까. 저는 그저 권투 경기장에서 심판 노릇이나 하겠습니다"하고 말했다. 나는 그가 진심이기를 기대했다.

12월 6일 유신의 통대(統代) 선거에서 대통령직을 승계한 최규하는 12월 8일 긴급조치 9호를 해제하고 구속자 68명을 석방했으며, 또 김대중의 가택연금을 해제했다. 또 12월 12일에는 나에 대한 신민당 총재직무정지 가처분신청이 취하되었다. 정운갑의 직무대행 등록도 말소되었으며, 나를 비롯한 4명의 부총재들도 법적 지위를 회복, 가처분 이전의 원상으로 회복되었다. 바야흐로 정국은 '서울의 봄'을 맞이하기 위해 한 걸음씩 나아가는 듯했다. 그러나 12·12를 고비로 정국의 흐름은 점차 안개 속으로 빠져 들게 된다.

12·12쿠데타

12월 12일, 전두환(全斗煥)을 비롯한 일단의 '정치군인들'이 이른바 '숙군(肅軍) 쿠데타'를 일으켰다. 박정희의 총애(寵愛)를 받아 보안사령관의 자리에 올라 있던 전두환은 박정희가 죽자, 소위 '시해사건 조사'를 구실로 정승화(鄭昇和) 계엄사령관을 불법 체포했다.

이 날의 사건은 10·26 이후의 '힘의 공백기'에 종지부를 찍은 하극상의 쿠데타였다. 전두환 일파는 권력장악을 위해 전방을 지키던 병력까지 불법적으로 빼돌렸으며, 총격전까지 벌였다. 이 날 최규하는 무기력하게 이들을 방조했다.

전두환을 비롯한 정치군인들은 박정희가 죽자, 민주화가 진행될 경우 박정희의 그늘 아래 유지해 왔던 자신들의 기득권이 붕괴될까

1979년 12월 12일, 전두환 신군부는 정승화 육군참모총장을 불법으로 연행·구속함으로써 정권찬탈 음모를 진행한다.

두려워했고, 여기에 권력의 공백을 틈타 무력으로 권력을 장악하고자 하는 정권욕이 보태져 18년 전 박정희가 했던 것과 똑같은 방식으로 군사반란을 일으킨 것이다. 독재자 박정희의 후계자인 이들은 12·12 이후 언론통제를 통해 박정희를 일방적으로 미화해 나갔다. 전두환 일당이 1980년 5·18로 정권찬탈에 성공함으로써 박정희 18년간의 엄청난 부정과 부패, 그리고 온갖 악행은 상당기간 준엄한 역사의 심판대를 회피할 수 있게 되었고, 아직까지도 독재자를 미화하는 오도된 풍토가 이어지는 데 커다란 원인을 제공했다. 그러나 역사의 진실은 잠시 가릴 수는 있으나 영원히 은폐할 수는 없는 법이다.

12·12를 통해 "박정희는 죽었지만 여전히 정치군인들이 힘을 갖고 있다"고 생각했기 때문이었을까, "심판이나 보겠다"던 최규하의 목소리는 눈에 띄게 변하기 시작했다. 12월 21일의 대통령 취임식에서 그는 "앞으로 1년 내에 헌법을 개정, 가능한 한 빠른 시일 내에 공명정대한 선거를 실시할 것"이라며 애매하기 짝이 없는 입장을 밝혔다. 10·26 이후 나와 처음 만나 이야기했을 때와는 판이한 태도였다.

최규하의 태도는 갈수록 변하기 시작했다. 박정희의 유신에 반대해 싸워 온 국민들의 갈망은 "대통령을 내 손으로 뽑자"는 너무도 당연한 민주주의에의 요구였다. 그런데도 최규하는 새삼스레 헌법연구반을 편성해 유럽으로 내보내는 등 법석을 떨었다. 또 최규하는 '위기관리정부'라는 애매한 논리를 내세워, 4·19 직후의 허정(許政) 과도정부와 차별화를 시키고 있었다. 과도정부가 아니라면 도대체 무엇을 어떻게 하겠다는 것인지 도무지 그 속셈을 알 수가 없었다.

최규하가 정치적 욕심을 부리는 모습도 보였다. 1980년 연두기자회견에서 "개헌은 대통령이 발의, 국민투표에 붙인다"고 천명했던 최규하는 그후 말을 바꾸어 나갔다. 3월 13일 정부의 헌법개정심의위원회를 발족시킨 그는 다음날에는 "새 헌법의 정부형태로는 대통령중심제와 의원내각제의 절충형태가 바람직하다"는 견해를 시사하는가 하면, "나는 여·야 정당이 개헌을 주도할 수는 없다고 본다"는 말을 하기도 했다.

최규하는 또 어느 자리에선가 이런 말도 했다.

"어떤 사람들은 '개헌만 하고 물러나야 한다'고 하지만, 다른 사람들은 '경제·안보 등을 잘 처리해서 국가를 튼튼히 한 후에 물러나야 될 것이 아니냐'는 말도 있다."

1980년 1월 중순에 접어들자 정계 일각에서는 이른바 '이원적(二元的) 집정부제안(執政府制案)'이 모락모락 피어올랐다. 대통령이 외교·국방분야를 맡고 국회에서 선출한 국무총리가 경제·치안 등 내정을 전담토록 한다는 내용이었다. 최규하정부도 이를 진지하게 검토한다는 식의 태도를 보였다.

이원집정부제에 대해 나는 "정부가 그같은 엉뚱한 제도를 생각하고 있다면, 이는 민주주의의 상식을 벗어난 일로 유감스럽기 짝이 없다"고 말하고, "대통령을 국민들이 직접 선출하는 대통령중심제는 이미 국민적으로 합의를 한 것"이라고 강력히 비판했다.

제 5 부
칠흑의 시대 새벽을 열다

1. 안개정국

1980년 1월 연두회견

정국은 표류하고 있었다. 12·12사태 이후 뒤숭숭한 유언비어가 난무하는 가운데, 앞을 내다볼 수 없는 '안개정국'이 계속되고 있었다. 정부 일각에서 이원집정제 구상이 흘러나오는가 하면, 전두환을 중심으로 한 신군부의 움직임도 심상치 않았다. 12·12사태와 최규하의 모호한 태도는 정국을 안개 속으로 몰아가는 근원이 되었다.

나는 최규하에게 정치일정의 조속한 추진을 촉구하는 한편, 민주세력을 결집시키기 위해 최선을 다했다.

나는 1980년 1월 25일 마포 신민당 중앙당사에서 연두기자회견을 갖고, 10·26사건 이후의 정세에 대한 견해를 소상하게 밝혔다. 기자회견장에는 1천여명이 넘는 많은 청중이 몰려들었는데, 참석자 중 절반 이상이 대학생과 일반 시민들이었다. 민주주의의 새해를 기대하는 청중들의 열기 속에서 나는 1시간 이상 기자회견을 했다.

나는 회견 서두에서 "길고 어두웠던 역사의 늪을 지나 희망찬 80년대의 여명을 맞이했다"고 밝히고, "공화당은 야당이 될 수 있다는 것만으로도 국민에게 고맙게 생각해야 한다"고 말했다.

1980년 1월 25일의 연두기자회견 모습.

　이 날 회견의 초점은 "과도정부는 조그만 매듭에 불과하므로 하루빨리 정권을 넘겨야 한다"고 말한 부분이었다. 정국의 안개를 걷어 내기 위해 최규하의 결단을 촉구한 것이다.
　다음은 기자회견 요지이다.

　〈과도정부의 임무〉
　당면한 국가목표는 조속한 민주정부 수립, 안보태세 확립, 경제난 극복, 사회안정이다. 이같은 국가목표 달성을 위해 과도정부는 순리대로 주어진 역할만을 수행하면 된다. 과도체제는 앞으로 수립될 민주주의와 민주정부의 내용을 규정 또는 결정하려 해서는 안 된다. 과도기는 짧아야 하고 과도정부는 위기조성 정부여서는 안 된다.
　비상계엄령은 즉시 해제해야 한다.
　구(舊)정권하에서 투옥된 민주인사를 일괄 사면하고 공민권을 회복시켜, 자유로운 정치활동뿐 아니라 직장과 학교로의 복귀를 가능케 해야 한다.

정부가 계속하여 일대 결단을 내리지 않으면 우리 당으로서는 국회 입법활동을 통해 실현되도록 노력하겠다.

〈정치일정〉

정부는 이미 발표한 일정이라도 이에 구애받지 말고 개헌·선거시기를 앞당겨 제5공화국의 대통령이 취임할 수 있게 되기를 거듭 주장한다. 민주헌법의 골격에는 이미 국민적 합의가 이루어졌으므로 개헌작업에 1년이 걸린다는 것은 이해할 수 없다.

〈개헌 절차〉

개헌안은 어디까지나 국회가 만들어야 한다. 국회 헌법개정심의특별위원회가 개헌안을 만들어 정부에 넘기면 정부는 이를 그대로 국민투표에 부쳐 확정시켜야 한다.

〈신민당의 집권채비〉

신민당은 문호를 개방, 재야 민주인사는 물론, 국내외의 인재와 참신한 청년·신진세력을 영입해서 민주세력의 대동단합을 실현하겠다. 당의 체질개선은 참신한 민주세력 영입을 통해 실현하고, 순리에 의한 정화 분위기를 조성하겠다. 수권정당으로서의 정책개발에 힘쓰고, 어떤 형태로든 정치보복은 없어야겠다.

신민당 집권은 역사의 순리

연두회견을 통해 정치일정을 앞당길 것을 촉구한 나는 향후 치러질 선거와 정권이양에 대비해 신민당의 조직강화에 나섰다.

80년 '서울의 봄' 당시 윤보선 전(前) 대통령, 양일동, 김대중과 자리를 함께 한 모습이다.

신민당은 1980년 1월 31일 서울시지부 결성대회를 시발로, 전국 시·도지부 및 지구당 결성 등 조직정비에 박차를 가했다. 당원 1천여명이 참석한 서울시지부 결성대회에서 나는 "신민당이 집권하는 것은 역사의 순리"라고 강조했다. YH사건 - 야당총재 제명 - 부마사태 - 10·26에 이르기까지 유신체제를 무너뜨린 장본인이 나와 신민당인 만큼, 10·26 이후의 대체세력은 당연히 신민당이어야 한다는 것이 나의 주장이었다. 나는 2월 28일의 관훈토론에서도 같은 입장을 밝혔다. 10·26 직전 신민당으로의 흡수통합을 선언했던 통일당의 지구당위원장들도 2월 13일까지는 절반 가까이 신민당에 입당했다.

2월 18일, 나는 최규하를 만났다. 5시간에 걸친 회담에서 나는 정치일정의 조기 추진과, 특히 김대중의 조속한 복권을 강조했다. 그 결과 2월 29일, 김대중을 비롯한 재야인사 687명에 대한 사면·복권조치가 발표되었다.

'신민당에 입당한 바 없다'고?

1980년 3월 6일, 나는 서울 외교구락부에서 김대중과 만났다. 오찬을 겸한 2시간여의 단독회동이었다. 이 자리에서는 신민당과 재야의 통합문제 등 민주회복을 위한 공동 대처방안을 논의할 예정이었다.

그런데 김대중은 새삼 자신의 거취문제를 들고 나왔다. 요컨대, 자신은 신민당에 입당한 바 없는 만큼 앞으로 재야인사들과 협의한 후 정치적 거취를 결정하겠다는 것이었다.

나는 곤혹스러웠다. 나는 1979년 5·30 신민당 전당대회에서 총재로 선출된 직후 윤보선·김대중 두 사람을 상임고문으로 발표한 바 있었다. 내가 직접 본인들로부터 승낙을 받아 발표한 것이었고, 윤보선씨도 이 사실을 인정하고 있었다. 그런데 김대중은 자신이 "신민당에 입당한 바 없다"면서, 자신을 비롯한 재야의 입당문제를 "원점에서 협상해야 한다"는 이상한 논리를 들고 나온 것이었다. 회담은 성과 없이 끝났다.

3월에 들어 최규하정부의 행동에 이상조짐이 돌출하기 시작했다. 신현확 총리가 "유신체제는 국방과 경제를 위해 필요한 체제였다," "정부 시정의 중점은 안보, 경제, 정치발전의 순(順)이다"고 언명하는가 하면, 정부는 '개헌심의위원회'를 발족시켰다. 최규하는 3월 14일 "대통령중심제와 의원내각제의 절충형태가 바람직하다"는 견해를 시사했다. 나는 3월 13일 "정부가 과도정부의 입장을 이탈할 경우 중대결정을 내릴 것"이라고 경고한 데 이어, 15일에는 신민당에서 '민주화촉진궐기대회'를 개최했고, 25일에는 "정부주도 개헌의 환상을 버리고 정치일정을 명확히 할 것"을 재촉구했다.

김대중은 차츰 자신의 본심을 드러내기 시작했다. 복권 직후 "민주제도가 전제되지 않는 후보지명 경쟁에는 관심이 없다"던 김대중은 3월 26일 YMCA 수요강좌에서 자신의 발언을 번복, 대통령출마 의사를 시사했다.

나는 1980년 4월 4일 오전 10시 30분 신라호텔에서 김대중을 두 시간여 동안 다시 만났다. 두 사람의 협력과 재야인사의 신민당 영입문제가 회담의 핵심사안이었다. 나는 김대중이 하루빨리 신민당에 입당해 나와 김대중 두 사람이 협력하는 모습을 보이는 것이 국민들을 안심시키고 민주화세력의 힘을 모으는 것이라고 누차 강조했다. 김대중은 "대통령후보 지명대회는 표대결이 돼서는 안 된다," "당헌을 개정해야 한다," "재야에 문호개방을 늘려야 된다"는 등 여러 가지 주장을 늘어놓았고, 나는 그가 신민당에 입당하기를 바라는 마음에서 이를 모두 수용하겠다고 했다. 그러나 김대중은 자신이 신민당에 입당할 것처럼 얘기하면서도, 입당시기는 재야인사들과 논의해 봐야 한다며 자꾸만 대답을 회피했다.

알맹이 없는 회담

신라호텔 회담이 끝난 뒤 나와 김대중은 '공동발표'와 '단독설명'을 함께 했다. 공동발표는 두 사람이 서로의 의중을 탐색해서

한 자리에서 발표했다는 것 이상의 구체적인 성과는 없었다.

1. 현시국을 볼 때 국민과 민주세력의 일체적 협력에 의해 민주회복의 방향으로 진행되고 있으나, 아직도 불투명하고 경계를 요하는 문제들이 가로놓여 있다. 그 중에서도 ▷죄명 여하를 막론하고 모든 정치범의 석방과 복권의 즉각 실시, ▷국민 여망에 입각한 대통령중심제 헌법의 제정, ▷물가고와 민생고에 시달리는 국민생활의 안정문제 등이 있다.
2. 신민당과 재야 민주세력은 합심해서 앞에서 지적한 민주회복과 민생안정의 문제해결에 주력하는 것을 제1차적 과업으로 하고, 대통령후보 지명에 대한 문제는 헌법의 귀추가 명백히 될 때까지 그에 대한 과열경쟁을 억제한다.
3. 김대중씨는 두 사람간의 제반 문제를 간단없이 논의·처리하기 위해 협의연락기구를 설치할 것을 제의했고, 김영삼 총재는 이를 검토해서 2, 3일 안에 회답한다.
4. 두 사람은 양자간의 긴밀한 협력이 이 나라 국민의 여망인 민주세력의 단합과 참된 민주체제 회복의 절대적 조건임을 확인하고 앞으로 계속 협력을 강화한다.

이어서 두 사람은 각자 회담내용을 '단독 설명' 했다.

나 김동지(김대중)는 백% 신민당에 들어오겠다는 의사표시를 했다. 그 시기는 재야인사들과 협의해서 결정하겠다고 했다.
김대중 재야인사들과 협의한 후에 신민당에 들어가도 좋으며, 야권의 구심점을 다툴 이유가 없다고 합의했다. 다만 불유쾌한 일이 없도록 사전보장을 받자는 얘기를 했다. 그래서 7일의 중앙상위 결과를 보고 입당문제를 결정하겠다.

    나 국민들이 최규하 대통령의 과도정부를 묵인하고 있는 것은 신민당이라는 대체정당이 있기 때문이라고 자부한다. 김동지도 신민당을 구심점으로 하자는 데 대해 전적으로 동감을 표했다.

    김대중 나 혼자 입당을 못하는 것은 지금까지 함께 행동해 온 재야인사들에 대한 의리도 있지만, 새로운 재야정당의 출현을 막기 위해서다. 모든 재야인사들을 함께 흔쾌히 영입해야 한다.

    나 김동지와 재야의 숫자에 대해 얘기하지는 않았지만, 폭을 넓힌다는 데는 합의했다.

    김대중 나이 50이 다 된 사람들(재야인사)이 새로운 인생을 시작하는 마당에 불행한 일에 부닥치면 감당키 어려울 것이다.

신당창당 분란

4월 5일 신민당에서는 정무회의를 열었다. 상무위원회 구성안을 놓고 당내의 김대중계는 반대입장을 개진했지만, 표결에서는 나의 안(案)이 절대우위로 채택됐다.

4월 7일 오후, 신민당은 중앙상무위를 개최하고 이상신(李尙信) 의원을 의장으로 선출했다. 중앙상무위는 또 내가 제시한 '3분의 1선의 재야 지분안(案)'을 공식 채택했다. 신민당 내에는 이미 상당수의 동교동계 인사들이 존재하고 있었고, 재야인사의 경우도 입당을 원하는 사람들은 누구든지 충분히 수용하겠다는 것이 나의 생각이었다.

같은 날 오전, 김대중은 동교동 자택에서 "신민당의 자세로 보아 입당해서 정치생활을 하기가 어렵다고 생각된다"면서, 신민당 입당포기를 선언했다. 김대중의 대통령선거에 대한 출마욕구가 민주

1980년 4월 18일 마포당사에서 4·19기념강연을 하는 모습.

화추진의 구심이어야 할 신민당에 대한 입당포기로 나타난 것이다.

1980년 4월 18일 나는 마포당사에서 4·19기념강연을 가졌다. 이 자리에서 나는 "4·19정신을 계승하고 민주주의를 토착화하기 위해서는 30년간 정통야당을 이끌어 온 신민당을 구심점으로 모든 민주세력이 집결, 평화적 정권교체를 이룩해야 한다"고 역설했다.

같은 시각 김대중은 동국대 강당에서 "재야세력이야말로 민주세력의 구심점이며, 신민당은 민주회복 차원에서 볼 때 주체가 아닌 협력자"라고 신민당을 폄하했다.

김대중은 "야당 단일화를 더 이상 추진하면 당면한 민주회복에 지장이 있다"면서 단일화 포기와 독자적인 대통령선거 출마의지를 드러냈고, 신당창당을 시사했다. 그는 동시에 신민당 내에서도 자신의 계보모임을 가동해 당에 분란을 일으켰다. 신민당 내 친(親)김대중 의원들은 김대중의 입당거부 선언이 있은 지 한 달 만에 당내에서 독자적인 그룹을 만들어 갔다. 5·17 후 김대중의 신당창당 모색은 중단되고 말았지만, 그 과정이나 양상은 7년 뒤인 1987년 6·

29선언 후의 평민당(平民黨) 창당시와 너무나 유사했다. 김대중은 중요한 역사적 순간마다 자신의 지지세 확보에만 골몰했다.

윤보선씨, '김대중 비토' 선언

한편 김대중이 신민당에의 입당불가 발표를 한 지 사흘 만인 4월 10일, 안국동(安國洞) 윤보선씨 댁에서는 국민연합(國民聯合) 상임집행위가 열렸다. 해위와 김대중이 회의를 주재했고 문익환(文益煥), 이문영(李文永), 예춘호(芮春浩) 등 13명이 참석했다. 김대중은 이 자리에서 신민당 입당을 포기하게 된 배경을 장황하게 늘어놓았다. 그러나 윤보선씨는 이에 대해 강력하게 반대했다.

"국민연합의 공동의장으로서 김대중씨의 입당포기 선언은 조급한 결정이며, 이를 공식적으로 수용할 수 없다."

이튿날인 11일 아침 조간신문을 받아 든 해위 선생은 깜짝 놀랐다. "국민연합의 집행위원 13명은 어젯밤 안국동 윤보선 전(前)대통령 집에서 모임을 갖고, 김대중씨의 신민당 결별을 만장일치로 지지했다"는 내용이었다.

윤 전대통령은 즉각 기자회견을 갖고 '동교동과의 완전한 결별'과 '김대중 비토'를 분명히 선언했다.

김대중씨가 신민당에 있을 때(해위는 김대중이 5·30전당대회에서 신민당 상임고문으로 추대된 것을 사실로 확인했음)는 대통령 후보감이 두 명이어서 이를 단일화하려고 노력했으나, 이제 김씨가 신민당에서 나왔으니 단일화문제는 자동적으로 해결됐다.

윤 전대통령은 나아가서 "정당은 집권이 목표이지만 국민연합은 국민계몽단체"라고 규정, "김씨가 신당을 만들어서 정당활동을 하겠다면, 국민연합을 떠나서 해야 할 것"이라고 주장했다.

역사의 물결은 역류시킬 수 없다

4월 중순이 넘어서면서 정국은 더욱 혼돈상태로 빠져 들어 가고 있었다. 4월 14일, 보안사령관인 전두환(全斗煥)이 중앙정보부장 서리를 겸하게 되었고, 신현확 총리는 4월 17일자 〈뉴욕타임스〉와의 회견에서 "개헌은 국회가 아닌 정부주도로 하겠다," "양대 선거는 1981년 봄에서 여름 사이에 하겠다"고 말했다. 국회 개헌특위가 대통령중심·직선제를 골자로 한 헌법안을 거의 완성해 가고 있었음에도 정부는 국회를 외면하려 했다. 최규하정부가 이원집정제를 도입한다는 소문이 다시 난무하기 시작했다.

나는 4월 19일 성명과 강연을 통해 정치일정의 단축을 거듭 촉구하는 한편, "과도정부가 국민의 여망에 반하여 엉뚱한 야심을 갖는다면, 국민적 거부와 역사의 심판을 받을 것"이라고 경고하고, "불행한 역사가 반복되지 않도록 하는 것이 우리 모두의 사명"이라고 밝혔다.

대학가에서는 최규하를 규탄하는 시위가 이어졌고, 4월 21일에는 사북(舍北)의 동원탄좌에서 이른바 '사북사태'가 발생했다. 4월 24일, 신현확 총리가 자신과 최규하는 대통령선거에 출마하지 않겠다고 밝혔지만 정국은 여전히 불투명했다. 4월 30일에는 중앙정보부장 서리가 된 전두환의 회견이, 다음 날에는 계엄사에서 열린 전 군 지휘관회의의 결의가 신문의 1면 톱에 등장하는 등 신군부가 정국의 전면에 나서려는 듯한 조짐이 나타나기 시작했다.

나는 4월 29일 유성에서 기자회견을 갖고, "도도히 흐르는 역사의 물결을 역류시킬 수 없다는 확신을 가져야 한다"고 밝혔다. 5월 3일, 국회에서 신현확 총리와 만난 나는 "정부는 학생·노동자들의 주장을 힘으로 밀어붙일 생각을 해서는 안 된다"고 강조하고, "계속되는 노사·학원문제 등 사회적 불안정은 정부가 구체적인 정치일정을 밝히지 않고 계엄해제, 정치범 석방 및 복권조치 등을 취하지 않기 때문"이라고 지적했다. 나는 또 "연내로 정권을 이양한다는 정치일정을 제시, 국민들로 하여금 민주화에 대한 희망과 신념을 갖도록 해야 한다"고 촉구했다.

비상계엄 해제하고, 정치일정 단축하라

5월 들어 대학생들의 시위가 더욱 격렬해졌다. 5월 2일 서울대생 1만여명이 '민주화 대총회'를 개최하고 계엄령 해제를 요구한 데 이어, 3일과 7일에도 격렬한 시위가 이어졌다. 대학가의 '80년 5월 가투(街鬪)'가 시작되고 있었다. 경찰력은 한계에 다다르고 있었다. 신군부의 동향이 심상치 않다는 제보가 여러 경로를 통해 들어오고 있었다. 사태가 급박했다. 군부가 강경수단을 사용할 수 있다는 걱정 때문에 나는 연일 대책마련에 골몰했다. 정국이 더욱 불투명해지고 있음에도, 5월 6일 최규하는 10일 중동 방문을 위해 출국할 것이라고 발표했다.

나는 5월 9일 오전 마포당사에서 기자회견을 갖고 「확신을 가지

1980년 5월 15일, 계엄 해제를 요구하며 서울역 앞에서 시위를 벌이는 대학생들.

고 슬기롭게 전진하자」는 제목의 회견문을 발표했다. 나는 "우리의 당면목표는 평화적 정권교체를 위한 선거를 있게 하는 일"이라고 강조하고, "이런 시기에 또다시 국민의 희생을 강요하는 사태가 온다면, 이 투쟁을 우리 신민당이 맡고 나설 것을 선언한다"고 경고

했다. 나는 이어서 정부의 비상계엄 해제와 정치일정 단축, 정부주도 개헌작업의 즉각중지 등을 촉구했다. 나는 또 학원사태와 노사분규 등의 불안요인은 정부가 잘못된 점을 시인, 즉각 개선을 단행해서 없애야 한다고 주장했다. 나는 이어서 "국회는 불안정의 요인을 제거할 책임이 있다"며, 공화당을 향해 임시국회의 즉각 소집을 촉구했다. 마지막으로 나는 "정치인은 신념과 책임 있는 행동으로 국민에게 희망을 주어야 하며, 민주주의를 위해 또다시 희생이 필요하다면 그것은 우리들 정치인이 맡아야 한다"고 말하고, "김대중과도 가까운 시일 안에 다시 만나, 나라와 국민을 위한 애국적 입장에서 허심탄회하게 의논하고 그의 신민당 입당을 다시 한번 권유하겠다"고 밝혔다.

나는 연일 기자회견 등을 통해 정치일정 단축을 촉구했으며, 신민당 소속의원 전원의 이름으로 비상계엄 해제촉구 결의안을 채택했다. 5월 13일, 수천명의 대학생들이 광화문 일대에서 '계엄철폐'를 외치며 가두시위를 벌였고, 시위는 전국으로 확산되었다. 5월 15일, 30개 대학 10만여명의 학생들이 서울역 광장에서 박정희 살해 이래 최대규모의 시위를 벌였다. 나는 5월 15일 「시국에 관한 특별담화문」을 발표해 대학생들이 경제불황과 민생고에 허덕이는 국민들의 '안정' 호소에 귀를 기울여 냉정한 이성과 자제력을 발휘해 줄 것을 호소하고, 모든 정치현안은 임시국회에서 처리토록 심혈을 기울일 것이라고 밝혔다.

2. 연금에 갇힌 세월

1980년 봄의 종말

　5월 16일, 전국대학 총학생회장단은 교내 및 가두시위를 일단 중지키로 결의했다. 학생데모가 잠시 소강상태를 보이던 5월 16일 아침 나는 동교동으로 김대중을 방문했다. 이 날 나는 신민당 제주도지부 결성대회에 참석하기로 되어 있었으나, 대회를 무기 연기했다. 정국에 심상찮은 난기류(亂氣流)가 흐르고 있었다. 정국에 돌발적인 변수가 발생하는 것을 막기 위해, 나는 5월 9일 회견에서 밝힌 대로 김대중을 찾은 것이다.

　두 사람은 1시간에 걸친 회담 끝에 당시의 상황을 비상시국으로 규정, 공동발표를 했다. ① 비상계엄의 즉시해제, ② 정부가 주도하는 개헌포기, ③ 정치일정의 연내완결을 위한 일정표의 발표요구가 그 내용이었다. 그리고 이를 관철하기 위해 두 사람은 공동보조를 취한다고 선언하고, 학생들에 대해서도 질서와 평화를 지키면서 최대한 자제력을 발휘해 달라고 호소했다.

　나는 또 공화당과 협의해 국회를 5월 20일에 소집하도록 조치했다. 나는 5월 20일의 국회 개원시까지는 혼란사태가 오는 것을 어떤 일이 있어도 막아야 한다고 생각했다.

　5월 17일, 그 날은 토요일이었다. 저녁 무렵 계엄사 합동수사본부는 이화여대에서 열리고 있던 전국대학생 총학생회장단 모임을 급습했다. 1980년 '서울의 봄'이 '겨울공화국'으로 역류하고 있었다. 역사의 시계바늘이 거꾸로 돌아가기 시작한 것이다.

　계엄사 합수부는 최규하로부터 계엄확대를 위한 국무회의 소집 지시가 떨어진 하오 7시부터 이미 정치활동 금지를 위한 포고령 10호의 '집행'에 들어갔다. 형식적인 국무회의를 거쳐 하오 7시 비상계엄의 전국적인 확대, 밤 11시경 긴급조치에 의한 국회해산 등에 대한 최규하의 재가가 나왔고, 이희성(李熺性) 계엄사령관이 "이제부터 일체의 정치활동을 금지한다"는 등의 포고령을 발동한 것은 5월 18일 0시를 기해서였다. 마침내 전두환 등 신군부의 실체가 만천하에 드러난 것이다.

5·17쿠데타, 피신 권유 단호히 거부

　5·17 그 날, 나는 인천(仁川)에서 열린 신민당 경기도지부 개편대회에 참가했다가, 친구와 함께 저녁식사를 한 뒤 밤 11시쯤 귀가했다. 내가 도착한 뒤 당직자들로부터 수 차례 전화가 왔다. 계엄당국의 낌새가 아무래도 심상치 않다는 것이었다. 자정이 가까워지면서 전화는 더욱 잦아졌다. 신민당 출입기자들의 전화도 이어졌다. "김대중씨가 군인들에게 잡혀가고 동교동이 쑥대밭이 됐다. 김종필 총재도 끌려갔다"는 급전(急電)이었다. 그들은 한결같이 나의 피신을 권유했으나 나는 결연히 말했다.

"아니 이 사람아, 도대체 정신이 있는 건가? 내가 잡혀가면 잡혀갔지 어디로 피하나? 그리고 내가 왜 피신하나? 내가 죄인인가?"

계엄확대 사실이 확인되고 김종필·김대중의 연행 사실이 퍼지면서 기자들 4, 5명이 몰려왔고, 여러 당직자들도 뒤이어 상도동으로 모여들었다. 새벽 2시가 되도록 긴박한 상황에 대한 보고가 이어졌다. 나는 사무총장에게 정무회의 소집을 지시했다.

18일 상오, 정무회의가 열렸다. 회의에서는 김대중과 김종필 등 밤새 연행된 사람들의 석방과 계엄군의 시내로부터의 철수, 국회와 당사에 배치된 계엄군의 월권행위 중단 등을 결의했다. 오후 늦게 계엄사령부의 모(某) 현역 대령이 상도동으로 찾아왔다.

"군은 불안요소만 제거하고 돌아갈 것입니다. 기자회견이나 성명서 발표 같은 것은 하지 말아 달라는 게 전두환 장군의 요청입니다."

나는 화를 내면서 그를 쫓아 보냈다.

"무슨 소리 하는 거냐? 안정은 너희들이 깨뜨린 것이다. 너희들은 지금 용서받을 수 없는 일을 하고 있다. 누가 하지 말란다고 기자회견을 안 할 수는 없다."

5월 19일, 나는 당사에서 당직자들과 회의를 가졌으나 당사는 군인들에 의해 봉쇄되었고, 바깥과의 접촉은 일체 차단됐다. 나는 20

1980년 5월 20일, 상도동 나의 집에서 긴급 기자회견을 갖는 모습. 이 날 회견이 끝난 직후부터 끝을 알 수 없는 기나긴 연금생활이 시작되었다.

일 아침 9시에 기자회견을 하겠다고 각 언론사에 연락토록 한 뒤 상도동으로 돌아왔다. 그 날 밤부터 '광주(光州)사태'가 단편적으로 전해졌다. 권력에 눈먼 정치군인들의 야만적인 학살극이 시작된 것이었다.

20일 아침 8시경 M16 소총에 실탄을 장전하고 착검까지 한 무장 헌병 중대병력이 내 집 주변을 에워쌌다. 그 중 20여명은 대문을 밀고 들어와 10여 평 남짓한 비좁은 마당이 꽉차게 늘어섰다. 이틀 전 찾아왔던 대령이 다시 나타났다. "총재님, 나중에 기회가 있을 텐데 꼭 오늘 하셔야 됩니까"하고 말했다. 나는 "이 헌병들은 뭐야. 당장 철수해라. 전두환에게 가서 얘기해라. 전두환이 제2의 박정희가 되고 싶은 모양이구나"하고 야단을 쳐 내보냈다.

나는 이미 응접실에 들어와 있던 내·외신기자들에게 서둘러 회견문을 배포하고, 미처 집안으로 들어오지 못한 보도진에게는 담장 너머로 유인물을 던졌다.

5·17사태는 민주회복이라는 국민적 목표를 배신한 폭거입니다. 나는 양심이 가리키는 바에 따라 위기를 딛고 나라를 건지기 위한 모든 노력을 다할 결의를 밝힙니다.

제1차연금 시작

"이 시간부터 가족 이외의 출입은 금지된다. 기자, 비서, 당원, 그리고 친척들도 즉시 나가라."

내가 서둘러 회견문을 읽으려던 차에, 군 책임자의 지시가 떨어졌다. 그 순간부터 무장한 군인들은 집안에 있던 사람들을 모두 몰아내고 내 집 안팎을 완전히 봉쇄했다.

이 날 회견내용은 언론검열로 국내 언론에는 한 줄도 보도되지 못했다. 일본의 〈아사히신문〉이 내 비서가 담 밖으로 던져 준 회견문을 받아 회견내용을 톱뉴스로 보도했다가 기자가 추방되기도 했다.

군인들은 그 날부터 내 집 주변을 개미 한 마리 얼씬할 수 없도록 지독하게 통제를 했다. 나만 집 밖으로 나갈 수 없는 것이 아니라, 그 누구도 나를 만나러 내 집으로 찾아올 수 없었다. 가택연금 조치였다. 군인들은 내 집 부근 길목을 1백여m 밖에서부터 막았다. 이웃 주민들도 매번 주민등록증을 보이고서야 통행이 가능했다. '현대판 위리안치(圍籬安置)'였다. 이렇게 하여 5월 20일부터 이듬해 4월 30일까지의 1차연금이 시작됐다. 창살 없는 감옥에 갇혀 버린

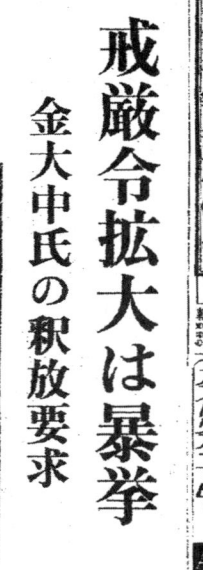

것이다.

참담한 심경이었다. 10·26으로 박정희가 죽음으로써 한때 독재정권이 이 땅에서 영원히 사라질 것이라는 기대도 했다. 12·12 이후 군(軍) 내부로부터 신군부의 심상치 않은 움직임에 대한 많은 제보가 있었다. 내가 정치일정 단축을 강하게 밀어붙인 것도 불의의 사태를 방지

1980년 5월 20일 나의 기자회견 내용은 국내 언론에는 한 줄도 보도되지 않았고, 일본 〈아사히신문〉은 회견내용을 톱으로 보도하였다. 그러나 한국에 배포된 〈아사히신문〉에는 이 기사가 오려진 채 배포되었으며, 이 기사를 쓴 〈아사히신문〉 기자는 한국에서 추방당했다. 나는 이 보도기사를 일본 〈아사히신문〉 본사로부터 구해야 했다.

하려는 것이 가장 큰 이유였다. 그러나 끝내 쿠데타가 재발하고야 말았다. 더구나 전두환의 소위 신군부는 민주주의를 달라고 저항하는 국민들을 학살하는 전대미문의 만행을 저지르고야 말았다.

활자화 안 된 광주사태 성명

연금이 시작될 즈음, 나는 광주에서 걸려 온 당원들의 떨리는 전화 목소리를 통해서 충격적인 학살소식을 전해 들었다. 나는 심화(心火)가 솟아올라 견딜 수가 없었다. 계엄군의 검열로 누더기가 된 신문이나 TV를 통해서는 일반 국민들이 '광주사태'의 진상을 알 도리

계엄군에 의해 포승줄에 묶인 채 연행당하는 광주시민들의 모습.

가 없었지만, 광주의 소식을 이미 전해 들은 나로서는 '광주'가 보도되는 한 순간 한 순간이 말할 수 없는 고통의 시간으로 다가왔다. 정권욕에 사로잡힌 전두환 일당은 국민을 향해 총부리를 돌림으로써 역사에 남아서는 안 될 참극을 연출하고 있었다.

나는 광주사태가 심상찮게 번지고 있음을 알고, 5월 23일 광주사태에 즈음한 성명서를 만들어 가족을 통해 몰래 밖으로 내보냈다.

> 무모한 5·17폭거가 엄청난 비극을 가져오고 말았다. 광주 일대에서 발생한 비참한 유혈충돌은 나라의 앞날을 위태롭게 하는 중대사가 아닐 수 없다. 과도정부는 오늘의 사태에 대해 국민 앞에 사죄하고 책임을 지는 일련의 조치를 취해야 한다. 먼저 5·17 이전으로 원상복귀해야 한다. 또 비상계엄령을 해제하여 군은 국토방위에 전념토록 해야 한다.

성명은 몰래 국내외의 보도기관에 전달되었으나, 외신(外信)에만 보도되었을 뿐 국내에서는 단 한 글자도 활자화되지 못했다.

미·일 대사 각각 연금 중 상도동 방문

광주의 상황이 심각하게 전개되고 있을 때였다. 연금으로 외부인의 출입이 완전히 차단되어 있던 나의 상도동 집으로 글라이스틴 주한 미국대사가 찾아왔다. 전두환도 미국 대사가 나를 방문하겠다는 데는 거부하지 못한 것 같았다.

작달막한 키의 클라크 참사관과 같이 온 글라이스틴 대사는 상도동 내 집에서 저녁을 들며 두세 시간가량 머물렀다. 나는 "이러한 만행은 절대 용서할 수 없다"며 전두환을 비난했고, 글라이스틴 대사 역시 신군부의 무자비한 행태를 강하게 성토했다. 이듬해 레이건 대통령 취임 직후 전두환이 미국을 방문하게 되었지만, 당시만 해도 미국의 입장은 쿠데타를 막고 선거를 치르는 것이 옳다

연금시절, 상도동 나의 집 대문을 막아선 전투경찰들.

는 생각이었다.

글라이스틴 대사가 다녀간 1주일쯤 뒤에는 마에타(前田) 일본 대사가 낮에 상도동을 방문했다. 미국과 일본의 대사가 내 집을 찾아왔을 때는 군부에서 아무도 나를 방문하지 못하도록 수많은 전투경찰을 동원해 내 집을 둘러싸고 봉쇄하고 있을 때였다.

글라이스틴과 마에타 대사의 방문은 나에 대한 위로이기도 했지만, 동시에 미국과 일본 정부의 전두환의 만행에 대한 강력한 항의의 메시지라고 느껴졌다.

분노와 회한, 그리고 불면

연금이 시작되면서 나는 커다란 고통에 시달려야 했다. 도무지 잠이 오지 않았다. 나라를 지킨다는 본분을 망각하고 민주주의를 파멸에 빠뜨린 정치군인들의 만행에 대해 치 떨리는 분노를 느꼈다. 그들은 자신들의 집권야욕을 채우기 위해 무고한 국민마저 서슴없이 학살했다. 박정희의 품에서 성장한 신군부세력은 박정희에게서 탐욕스러운 권력욕만을 배웠을 뿐 파멸의 교훈은 배우지 못함으로써, 역사를 송두리째 과거로 되돌려 놓은 것이었다. 전두환은 김대중은 내란음모죄로, 김종필은 부정축재 혐의로 체포했다. 재야 지도자인 홍남순(洪南淳) 변호사를 비롯한 수많은 사람들이 구속되었다. 그러나 나로 인해 비롯된 부마민중항쟁으로 박정희가 몰락하는 것을 목격한 전두환은 나에 대한 탄압이 불러일으킬 국민들의 저항을 두려워했던 것 같다. 전두환은 나를 구속하지도 못했고, 연금 사실조차 언론에 보도되지 못하도록 철저히 통제했다.

최규하에 대한 분노도 컸다. 그는 5월 10일 중동 방문을 앞두고 내게 전화를 해서는 쿠웨이트를 방문할 예정이라면서, "그 동안 총재께서 잘 봐달라"고 하는 것이었다. 그래서 내가 "이 중요한 시기에 뭐하러 가느냐"며 강하게 힐책해 주었는데, 귀국해서는 "아니, 그렇게 부탁하고 갔는데……"하며 혼란한 정국을 못마땅해하는 것이었다. 기가 막힌 얘기였다. 나는 "질서유지는 대통령의 몫인데 그게 무슨 말이야. 쿠데타를 방조하는 것 아니냐"며 전화에 대고 호통을 치기까지 했다.

최규하는 과도기의 인물로서 조속히 선거를 치러 국민에게 민주주의를 돌려주었어야 했다. 나는 지금도 그 당시 선거만 빨리 했더라면 쿠데타는 없었을 것이라고 생각하고 있다. 나는 10·26 직후 최규하를 처음 만났을 때부터 "군부에 기회와 명분을 주어서는 안 된다. 시간을 끌면 자꾸 혼란을 일으키는 사태가 온다. 당신의 임무는 3개월 내에 선거를 하는 것"이라고 주장했고, 그에게 답을 받아내기까지 했다.

그러나 최규하는 중대한 역사의 고비에서 정치일정을 지연시킴으로써 국가적 불행을 초래했다. 4·19 직후 허정 과도정부 수반이 혼란 속에서도 선거를 통해 민주당에 정권을 이양했던 것과 대조되는 잘못된 처신이었다.

김대중에 대해서도 분노가 컸다. 그는 유일한 수권야당인 신민당을 분열시킴으로써 민주화의 전열(戰列)을 약화시켰고, 결국 국민에게도 자신에게도 불행을 초래했다. 사실 1980년 당시에는 군부를 중심으로 김대중에 대한 비토세력이 강고하게 자리잡고 있었다. 나는 김대중에 대한 그들의 거부반응을 볼 때, 만약 김대중이 대통령에 당선되더라도 군부쿠데타가 일어날 가능성이 크다고 보았다. 쿠데타를 막기 위해서는 무엇보다 나와 김대중의 단결이 중요하다고

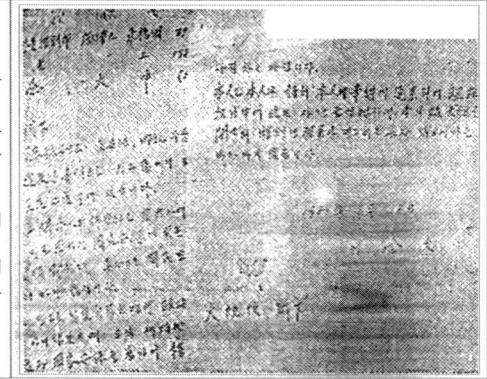

탄 원 서

대통령각하

 본인은 국가보안법, 반공법, 내란예비음모, 계엄포고위반 등 사건으로 1, 2심에서 사형선고를 받고 현재 상고 중에 있읍니다.
 본인은 그간 본인의 행동으로 국내외에 물의를 일으켰고 이로 인하여 국가안보에 누를 끼친 데 대하여 책임을 통감하며 진심으로 국민 앞에 미안하게 생각해 마지않습니다.
 본인은 앞으로 자중자숙하면서 정치에는 일체 관여하지 아니할 것이며 오직 새시대의 조국의 민주발전과 국가안보를 위하여 적극 협력할 것을 다짐하는 바입니다.
 본인은 본인과 특히 본인의 사건에 연루되어 현재 수감 중에 있는 사람들에 대하여 전두환 대통령각하의 특별한 아량과 너그러운 선처 있으시기를 바라 마지않습니다.

1981년 1월 18일
위 김대중

한국 민주주의에 크나큰 충격을 안겨 준 전두환에게 보낸 김대중의 자필 탄원서(오른쪽)와 탄원서 내용(왼쪽). 이 내용은 1981년 1월 23일자 석간 〈동아일보〉와 〈중앙일보〉, 1월 24일자 조간 〈조선일보〉 등 각 신문에 일제히 공개되었다.

생각했고, 김대중을 설득해 보기도 했다.

 나 자신에 대해서도 자책과 상심이 교차했다. 10·26 이후 5인방이니 7인방이니 해서 신군부의 동향에 대한 많은 소문이 나돌았고, 나도 내심 쿠데타를 크게 우려하고 있었다. 그러나 이를 공개적으로 표현할 수는 없는 일이었다. 나는 쿠데타와 같은 불행한 사태를 막으려면 무엇보다 정치일정을 단축해야 한다고 판단했고, 그래서 이를 계속 밀어붙였다. 그러나 결과적으로 나는 야당의 총재로서 신군부의 쿠데타를 막지 못했다. '서울의 봄'은 이제 '엄동(嚴冬)의 겨울'로 변했다.

 무엇보다 나는 박정희의 18년 독재에 함께 맞서 싸워 왔던 국민들에게 못내 죄송했다. 특히 광주에서 벌어진 학살의 비보(悲報)를 전해 듣고서는, 정치 지도자로서 나의 무기력함에 좌절하고 스스로를 한없이 매질했다. 좀더 나은 길은 없었을까 하는 회한도 들었다. 억장이 무너지는 아픈 나날이었다.

 마음 한구석에서는 수십년간 버텨 온 막중한 책무의 중압에서 벗어나고 싶은 충동마저 들었다. 김동영, 최형우 등 민주화투쟁의 오랜 동지들이 군부(軍部)에 연행되어 갖은 고문과 악형(惡刑)을 당하는 것도 고통스러운 일이었다. 어디를 둘러봐도 출구가 없는 암울한 상황이었다.

유일한 저항수단

무장병력에 의해 완전히 연금당한 상태에서 나는 모든 저항수단을 빼앗겼다. 5월 23일 이후 나는 기자회견과 성명발표 등 최소한의 입장표명조차 봉쇄당했다. 나를 찾아온 미국·일본 대사를 향해 전두환의 만행을 규탄했지만, 더 이상 외부와의 접촉은 불가능했다. 할 수 있는 일이라고는 내 집을 봉쇄한 헌병과 경찰들을 향해 매일같이 목이 쉬도록 전두환을 규탄하는 것이 고작이었다.

이렇게 연금 이후 두 달 가까이 잠을 이루지 못하는 시간들이 지나갔다. 정치 지도자로서 광주의 불행을 막지 못한 통렬한 책임감으로 나는 미칠 듯이 괴롭고 고통스러웠다. 야당총재의 자리를 유지하고 있다는 것 자체가 죄악이라는 생각이 들었다. 전두환의 폭거에 대해 무엇이든 얘기해야 했지만 방법이 없었다.

나는 내가 선택할 수 있는 유일한 방법은 이제 나에게 부끄러움이 되어 버린 야당총재의 자리를 내놓는 것이라고 생각했다. 총재직을 사임하고 정계에서 물러나겠다는 것은 국민에 대한 사죄의 뜻이자, 쿠데타에 대한 나의 저항의사를 공표할 수 있는 유일한 수단이라는 생각이 들었다.

한창 기승을 부리던 무더위도 고개를 숙이기 시작할 무렵이던 8월 13일, 국내 언론에는 나의 정계은퇴 기사가 일제히 보도되었다.

다음은 나의 정계은퇴 성명의 전문(全文)이다.

나는 오늘 신민당 총재직을 사퇴함과 아울러 정계에서 은퇴할 것을 국민 앞에 밝히는 바입니다.

나는 지난 30여년간 민주당과 신민당의 창당에 참여, 이 나라 민주주의를 실현하고자 온갖 정열을 쏟아 오늘에 이르렀습니다.

그러나 나는 오늘의 정치적 상황에 처하여 야당총재로서의 소임을 다하지 못한 모든 책임을 지고 이와 같이 결심하였습니다.

기나긴 세월 동안 이 사람과 뜻을 같이하여 온 당원동지 여러분께 무한한 감사를 드림과 동시에, 기대에 부응하지 못함을 죄송하게 생각합니다.

이 나라와 이 민족의 앞날에 하나님의 가호가 있기를 기도하겠습니다.

1980년 8월 13일 신민당 총재 김영삼

박권흠 신민당 대변인은 이 날 '한국문제연구소'에서 나의 은퇴성명을 발표한 뒤, "김총재는 사퇴에 앞서 당헌 제25조 규정에 따라 사실상 수석부총재 역할을 해 온 이민우(李敏雨) 부총재를 총재직무대행으로 지명했다"고 발표했다.

5·17 이후 내가 가택연금을 당해 인고(忍苦)의 나날을 보내는 동안, 전두환의 신군부는 5월 31일 이른바 국가보위비상대책위원회(國家保衛非常對策委員會, 국보위)를 발족, 일사천리로 정권을 장악해 갔다. 신군부는 6월 18일 김종필 등 9명에 대해서 권력형 부정축재 혐의를, 7월 4일에는 '김대중 내란음모사건'을 발표하는 등 정치인 거세를 위한 마무리 작업에 들어갔다.

8월 16일, '허수아비 대통령' 최규하마저 사임함으로써 신군부의 '추악한 집권 시나리오'는 완성되었다. 전두환은 8월 27일 박정희가 만들어 놓은 형식적인 체육관선거를 통해 대통령의 자리를 강탈했다.

'이사야서'에서 위로를

연금이 시작된 뒤 처음 몇 달 동안은 분노가 치밀어 잠을 제대로 잘 수가 없었다. 무엇보다도 20여년 만에 모처럼 피어나기 시작하던 민주주의의 꽃봉오리가 권력욕에 눈먼 정치군인들에 의해 짓밟혔다는 데 대해서 분노를 삭일 수가 없었다. 연금 이후 나는 국내의 TV나 신문을 일체 보지 않았다. 거짓말을 봐야 하는 것은 너무나 고통스러운 일이었다.

1998년 대통령직을 물러나 상도동의 집에 돌아왔을 때도 나는 한동안 과거 연금시절의 환영(幻影)에 시달려야 했다. 내가 무심코 창 밖을 내다보고 있노라면 집 앞 골목을 봉쇄하고 늘어서 있던 연금시절 전경들의 모습이 보이는 듯했다. 그런 느낌은 6개월가량이나 계속되었다.

1980년의 연금생활도 대여섯 달이 지나면서 차차 마음이 안정되어 갔다. 무엇보다 종교의 영향이 컸다. 당시 충현교회 장로였던 나는 교회에 못 가는 대신, 한 주일에 두 번 이상 가족예배를 보았다. 그 중 내가 자주 부르던 찬송가는 383장 '환난과 핍박 중에서도'였다. 2절의 가사는 다음과 같다.

　　옥중에 매인 성도(聖徒)나 양심은 자유 얻었네.
　　우리도 고난받으면 죽어도 영광되도다.
　　성도의 신앙 따라서 죽도록 충성하겠네.

특히 나에게 위로와 힘을 준 것은 『구약성서』「이사야서」 41장 10절과 11절이었다. 이 구절은 그 이후로 내가 가장 애송하는 성구(聖句)가 되었다.

> 두려워 말라. 내가 너와 함께 함이니라.
> 놀라지 말라. 나는 네 하나님이 됨이니라.
> 내가 너를 굳세게 하리라.
> 참으로 너를 도와 주리라.
> 참으로 나의 의로운 오른손으로 너를 붙들리라.
> 보라. 네게 노하던 자들이 수치와 욕을 당할 것이요,
> 너와 다투는 자들이 아무 것도 아닌 것같이 될 것이며, 멸망할 것이니라.

붓글씨로 정신수양

붓글씨는 연금 중 내 마음을 달래 주는 벗이었다. 처음에는 붓끝에 정신이 집중되지 않아 어려웠지만, 나중에는 종이를 펴놓고 붓을 잡으면 잡념이 없어졌다. 단전호흡을 하듯 내 마음이 붓끝에 모였다. 나는 서예(書藝)라는 말보다 서도(書道)라는 말이 더 어울린다고 생각하게 되었다. 그때 내가 즐겨 썼던 글은 자유(自由), 정의(正義), 대도무문(大道無門), 극세척도(克世拓道), 사필귀정(事必歸正), 민주광복(民主光復), 남북통일(南北統一) 등이었다.

연금 중에 썼던 서예작품들은 1차연금이 해제된 1981년 7월 9일부터 15일까지 부산의 로터리전시관에 전시되었다. 나는 전시회의 인사말을 이렇게 썼다.

서도에 몰두하고 있는 모습.

　외부의 모든 사람들로부터 격리당한 지난 1년을 나는 책과 붓과 상념(想念)의 기록으로 공허를 메워 왔습니다. 그런 세월의 한 부분을 여기에 펼칩니다. 서도란 본시 쓰는 사람 자신이 그것을 통하여 자신을 수련하는 과정이라고 나는 믿습니다.…… 여기 내놓은 작은 작품들은 스스로에게 다짐이며, 또한 나 자신과 만나고 나를 새롭게 하겠다는 수업이었습니다.

전시관에는 1주일 동안 약 3만명의 관람객이 몰려들었으며, 출품된 98점은 모두 팔렸다. 수익금은 부산에 있는 신망애(信望愛)양로원과 민주화를 위해 싸우다 구속된 학생들의 사식비 등으로 내놓았다. 사람들이 자꾸 호(號)를 써 달라고 해서 임시변통으로 부산과 거제에서 한 글자씩을 따 거산(巨山)이라고 써 주었는데, 이것이 그 이후 내 호로 정착되었다.

안개정국이 갑자기 칠흑 같은 어둠의 장막에 가려졌을 때, 나는 고독하고 또 고통스러웠던 연금생활을 하면서 정처 없는 마음의 물결들을 편편록(片片錄)으로 써 보았다. 나의 정치인생은 과연 무엇이었는가, 내가 겪었던 정치적 사건과 역사는 어떤 의미를 가지는가 등을 차분하게 정리하며 써내려 간 것이다.

국내에서의 출판은 생각도 못할 일이었다. 나의 글들은 몰래 미국으로 반출돼 1982년 5월 17일 『나와 내 조국의 진실』이란 제목의 단행본으로 출간됐다. 이 책은 나오자마자 미국과 캐나다 등지의 교포사회에서 적지 않은 반향을 일으켰다. 국내에서 이 책이 출간된 것은 그로부터 2년이 흐른 1984년 4월 19일이 되어서였다.

잔디밭이 타작마당 된 까닭은

나는 한동안 소홀했던 책들과도 다시 친해지게 되었다. 성경은 내게 큰 힘을 주었고, 간디와 네루, 토인비, 백범(白凡) 선생의 저서를 되풀이해서 읽었다. 드골, 케네디 등 세계 정치 지도자들의 회고록도 다시 펼쳐 보았다. 네루의 『세계사편력』은 특별히 인상적이었다. 네루는 좁은 감옥에 갇혀 있으면서도 광대한 세계의 역사를 써내려 갔다. 딸에게 주는 형식을 빌었지만 인류의 역사에 대한 그의 통찰과 애정이 담긴 책이었다.

때로 못 견디게 답답할 때는 어항 속에서 열대어와 거북이가 노는 모습에 정을 붙이기도 하고, 새를 기르기도 했다.

상도동의 이웃들에게는 몹시 미안했다. 밤낮 없이 군인들이 골목을 막고 서서 드나드는 사람들을 일일이 체크했으니, 얼마나 짜증이 났을까. 그런데도 그들은 한마디 원망도 없었다.

연금시절 내 집 건너편에는 초등학교에 다니는 남매가 살았다. 이규희(李揆姬) 남매였다. 연금에 지친 내게는 어린 규희가 옥상에 올라와 골목길을 사이에 두고 말벗을 해주는 것이 커다란 위안이 되었다. 나중에 규희는 그때의 이야기를 담아 『꼬마동지 대장동지』라는 책을 내기도 했다.

상도동 집에 고립된 나의 건강에 대해 가족들은 걱정이 많았다. 그 무렵 나는 매일 새벽 5시에는 일어났다. 활동공간이라고는 사방으로 너댓 평 남짓한 비좁은 마당뿐이었다. 여기서 30분가량 조깅, 아니 제자리뛰기 비슷한 달리기를 했다. 오른쪽으로 15분가량 뛰다가 어지러워지면 방향을 바꾸어 왼쪽으로 15분가량 뛰었다. 하도 되풀이해서 뛰다 보니 잔디가 제대로 자랄 리가 없었다. 좁은 뜰은 타작마당처럼 반질거렸다.

3. 민주산악회 결성

상도동은 툰드라의 겨울

 수많은 정치인들과 민주인사들도 깊은 좌절감 속에서 뿔뿔이 흩어지는 처절한 아픔을 겪어야 했다. 이런 암흑의 세월이 얼마나 지속될까. 나는 찢어지는 아픔을 씹어 삼키면서 주위 사람들에게 오히려 격려와 용기를 불어넣어야 했다.
 상도동이 이처럼 툰드라의 겨울을 나고 있을 때 전두환(全斗煥) 일당은 마음껏 이 땅을 유린했다. 3월 25일, 제11대 국회의원 선거가 있었다. 전두환은 그들의 각본대로 정계를 '헤쳐 모여' 식으로 개편, 민한당(民韓黨)이라는 '관제(官製)야당'을 제1야당으로, 국민당(國民黨)이라는 또 하나의 관제야당을 제2야당으로 만들었다. 이들 야당은 여당인 민정당(民正黨)의 1중대·2중대였다. 나는 상당수의 측근들이 민한당으로 발걸음을 옮기는 것을 지켜보면서 더 없이 우울한 겨울을 보냈다.
 전두환정권은 태어나서는 안 될 정권이었다. 그러나 이런 수치스런 정권이 제5공화국으로 출범, 그 기틀이 웬만큼 잡혔다고 판단했던지, 5월 1일 나의 가택연금을 1년 만에 해제했다. 현홍주(玄鴻柱)

정보부 차장이 찾아와서는, "오늘부터 병력을 철수시키겠습니다. 이제부터 자유입니다" 하고 돌아갔다. 그러나 집을 포위한 전경들 대신 나의 일거수일 투족을 감시하고 미행하는 두 대의 차량, 그리고 사복경찰들이 띄엄띄엄 골목을 지키는 것으로 겉모습만 바뀌었다.

연금에서 해제된 나는 오랜만에 옛 동지들과 만났다. 그러나 약속장소인 롯데호텔에 나온 사람은 만나기로 약속했던 40여명 중 이민우, 김명윤(金命潤), 홍영기(洪英基), 김동영, 최형우, 김덕룡, 윤혁표(尹奕杓) 등 7명이 전부였다. 그만큼 살벌한 분위기였다.

산행 시작

1차연금이 풀린 직후, 하루는 김동영 의원이 나를 찾아와 등산을 권유했다. 1981년 6월 9일 목요일, 나는 김동영·최형우·문부식(文富植)·김덕룡 등과 함께 처음으로 서울의 삼각산으로 산행을 갔다.

때마침 내가 즐겨 읽던 네루의 회고록 가운데 산행에 대한 인상적인 대목이 있어 여기 적어 본다.

> 오르면 오를수록 등반은 힘겨워지고, 산정(山頂)은 구름에 싸여 숨어 버린다. 그러나 등산은 심신의 단련에 보람이 있고, 독자적으로 기쁨과 만족을 우리에게 준다. 무릇 인생에 대해 가치를 부여하는 것은 종국적인 결과가 아니라 투쟁의 과정일 뿐이다.

온몸이 보이지 않는 사슬에 묶여 말 한마디 시원하게 할 수 없었던 시절, 등산은 일체의 속박으로부터 나를 해방시켜 주었고 힘과 용기를 불어넣어 주는 기(氣)의 원천이 되었다.

이때 이후 지금까지 산행은 내 삶의 일부가 되었다. 등산은 사람의 머리를 맑게 해주며, 정신 건강에도 좋다. 많은 것을 새롭게 정리하게 되고, 마음에 여유를 가져다 준다. 오를 때 힘이 드는 것은 순간이고 정상에서는 상쾌한 즐거움을 느낀다. 그리고는 다시 겸손하게 내려와야 한다.

훗날 나는 등산의 즐거움을 따라온 기자들에게 이렇게 얘기해 주고는 했다.

민주산악회 회원들과 함께 속리산을 찾았을 때의 모습.

산에 가면 참 즐겁습니다. 요즈음 창당관계(1985년 1월 18일 신한민주당이 창당됨)로 몇 주째 산행을 못했는데 온 몸이 근질근질하군요. 산에서 밥을 지어 먹으면 밥이 얼마나 많이 먹히는지 몰라요(당시에는 산에서 밥을 지어 먹을 수 있었다). 돼지고기를 넣고 김치찌개를 끓여 먹을 때는 시름도 정치도 잊게 되어요. 산을 오르다가 쉴 때 뒤를 한번 돌아보십시오. 북한산에 오를 때

칠흑의 시대 새벽을 열다 ··· 215

는 서울 시가지가 저 밑으로 아득하게 보입니다. 가슴이 탁 트이면서 묵은 체증이 내려가는 것 같아요. 한발 한발 힘겹게 걸어 올라온 결과를 확인하는 순간 가슴 뿌듯함이 있고요. 지금까지의 역정을 점검하고 반성해 보는 기회도 되지요. 정상에 올라 소리를 크게 한번 외치면 속이 확 뚫리지요. 사나이의 호연지기(浩然之氣)가 바로 그런 것이 아니겠습니까? 정상에서 내려올 때는 인생을 생각합니다. 올라가는 길이 있으면 반드시 내리막길도 있어요. 권력이나 정권도 마찬가지지요. 무소불능(無所不能)인 것 같아 보이는 정권도 이 순리를 어길 수는 없습니다. 달도 차면 기울고, 밀물 다음에는 썰물이 오고, 밤이 깊으면 새벽이 가깝고……. 이 철칙을 따르지 않고 욕심을 부린 사람은 다 비참하게 되었습니다. 이승만 대통령이 그랬고, 박정희가 그랬고, 전두환도 지금 파국의 길로 치닫고 있는 중입니다.

민주산악회 발족, 차라리 서서 죽는 길을

민주산악회의 역사는 곧 1980년 쿠데타로 집권한 전두환정권의 폭압에 대한 민주화투쟁의 산 역사이다.

앞서 말했듯이 1981년 6월 9일 나는 김동영, 최형우 등 신민당 중진들과 서울 삼각산을 찾았다. 이것이 계기가 되어 이 날 외교구락부(外交俱樂部)에서 민주산악회(民主山岳會)를 발족시켰다. 내가 고문으로 추대되고, 회장엔 이민우, 부회장엔 김동영과 최형우를 선출했다. 운영위원은 앞의 간부를 비롯하여 김덕룡, 문부식, 오성룡, 최영호 등이었다.

민주산악회는 정치활동 피규제자들이 주축이 되었다. 10·26사태 이후 역사적 비극을 막지 못한 정치인의 책임을 통감하면서, "앉아서 살기보다 서서 죽는 길"을 택하기로 하는 비장한 결심으로 산행을 시작한 것이다.

따라서 민주산악회의 산행은 단순한 운동이나 건강 차원의 산행이 아니었다. 독재의 암흑기에 산행(山行)은 유일하게 동지들을 규합할 수 있는 수단이었고, 민주화투쟁의 방편이었다. 비장한 각오와 탄압에 대한 저항의 결의가 없다면, 산행에 참가하는 것은 엄두도 내기 힘들었다.

나는 매주 목요일 산행을 통해 뿔뿔이 흩어져 있던 동지들을 다시 모으기 시작했다. 정보기관의 탄압과 방해가 심해 처음 참여했다가 도중에 그만둔 사람도 많았으나, 전국적으로 조직이 점차 확대되어 갔다. 대구, 부산, 충북, 강원, 전남 등 전국적으로 용기 있는 동지들이 계속 참여했다.

산행이 계속되자 전두환정권은 산행에 대한 감시는 물론 회원들을 협박·폭행·회유하는 등 방해공작을 계속했는데, 지방의 경우는 불법 연행·연금 등 탄압이 더욱 심했다. 그러나 민주산악회는 굴하지 않고 민주세력을 규합해 갔다. 제 기능을 상실한 언론을 대신하여 국내외의 중요한 사건들을 유인물로 만들어 전파하고 군사정권을 맹렬히 비판·규탄했다.

1982년 5월 31일 내가 다시 2차 연금된 이후에도 민주산악회는 산행과 조직을 멈추지 않았다. 내가 1983년 5월 18일 목숨을 건 단식을 시작하자, 민주산악회 회원은 단식 사실을 유인물로 만들어 국민에게 알리면서 더욱 결속되어 갔다. 이 과정에서도 많은 회원들이 연행, 감금, 폭행 등 수난을 당했다. 나의 단식에 영향을 받아 발족한 '민주국민협의회'의 의장도 민주산악회의 회장인 이민우

민주산악회 회원들과 함께 눈 덮인 산길을 내려오고 있다.

씨였다.

나는 단식 이후 5개월 만인 1983년 10월 22일 다시 산행을 시작했다. 대구·광주 등 지방산악회의 강화 및 조직확대를 위해 원행(遠行)도 강행했다. 민주산악회는 성장하여 1984년 5월 18일 범민주세력의 구심체인 '민주화추진협의회'를 탄생시키는 모태가 되었고, 이후 '신한민주당'(新民黨) 창당의 주역이 되어 2·12총선 승리의 산파역이 되었다. 이후 민주산악회는 날로 발전해 1985년 말까지 경북·대구지부(포항지부 포함), 부산지부, 충북지부(청주·충주지부), 강원지부(춘천·속초·태백지부), 전남지부(광주·여수·장성지부)가 결성됐다. 그리하여 1987년 12월에 이르러서는 전국적으로 120여 개의 지부를 결성하게 됐고, 회원수도 2만여명으로 늘어났다.

뉴욕타임스에 실린 산행기

　민주산악회는 *NYT*를 통해 전세계에 알려지기도 했다. 1982년 4월 16일자 〈뉴욕타임스〉는 민주산악회의 산행을 잘 묘사하고 있다. 「정치활동이 금지된 한국 정치인은 민주주의를 열망하고 있다」는 제하의 이 글은 헨리 스토크 동경 지국장이 하룻동안 북한산 산행에 동행하고 나서 쓴 글이다. 구기동에서 출발해 대남문을 거쳐 능선을 따라 우이동 계곡으로 내려오는 긴 코스였다.

　　전두환 대통령에 의해 정치활동이 금지된 김영삼씨는 정부당국의 탄압에도 불구하고, 산산이 부서져 있는 그의 신민당을 재조직하기 위해 움직이고 있다.
　　전두환씨는 정부가 승인한 집단 이외의 모든 정치적 집회를 금지하는 법률을 시행함으로써 3천 8백만의 이 나라 국민을 강력히 장악하고 있다. 이러한 사실에 비추어 이 나라 제1야당이었던 신민당을 부활시키려는 김영삼씨는 어려운 과업에 직면해 있다. 이 당은 국회에 대표를 가지고 있지 않으며, 정부가 집권당인 민정당과 몇 개의 소수당을 창당하여 1981년 실시한 국회의원 선거에 후보를 내는 것이 허용되지 않았다.
　　또한 정부는 신민당의 중앙당사를 몰수했다.
　　전(全)은 자기가 용인하지 않은 집단이나 정치인의 모든 공적 활동을 금지할 권리를 갖고 있는데, 지금 김씨는 여기에 도전하고 있다. 김씨는 전정권이 1979년 채택하여 김씨 자신과 더불어 500여명의 공적 활동을 금지한 정치규제 조치를 언급하면서, "500명이 넘는 사람이 권력자의 분별 없는 생각으로 공민권을

1982년 4월 16일자 〈뉴욕타임스〉의 민주산악회 산행기 보도 내용.

박탈당하고 있는 것이 정상일 수 없지 않는가?"라고 반문하며, "이 나라 민주주의를 회복하려 한다는 전두환씨의 말이 진심이라면, 그는 당연히 이러한 규제의 해제와 정치범의 석방을 우선

해야 한다"고 말했다. 전두환씨가 1980년 5월 권력을 장악한 후 1년 이상 가택연금하에 있었던 김씨는 서울에 주재하고 있는 미국 관리들이 권리가 박탈된 한국의 정치인들을 접촉하려 애쓰지 않았다고 비난했다. "나에 대한 연금이 해제되었음에도 불구하고, 작년 11월에 어떤 사람(에드워드 케네디 상원의원의 보좌관)이 케네디 상원의원이 보내는 편지를 가져온 것 외에는 미대사관측에선 나를 한 번도 방문해 온 적이 없다," "나는 그 친구들(미 외교관들)이 그곳(미 대사관)에서 무엇을 하고 있는지 모른다. 그들은 이 나라의 현실을 모르고 있다는 인상을 주고 있다"고 단단한 몸매를 가진 회색 머리카락의 이 정치인은 말했다.

김씨는 50명의 지지자들과 7시간 동안 서울 변두리 산을 등산하는 동안 대화를 가졌다. 행동의 제약을 받은 이후 약간 몸무게가 늘었으나 건강해 보이는 그는 몸과 정신을 함께 보존하기 위하여 지난해 8월부터 등산을 시작했다고 말했다.

서남부에 있는 두 지방을 제외한 "이 나라의 모든 지역에서 우리 동지들이 자발적으로 등산회를 조직했다"고 그는 말했다. "물론 이것(등산)은 정치적 요소를 가지고 있다. 그러나 그들은 우리가 이렇게 산에 오르는 것을 중단시킬 수 없다"고 2,000피트의 정상에 도달했을 때 이마의 땀을 씻으며 그는 말했다.

찬란한 봄날씨에 8백만 인구의 도시가 보이는 정상에서 김씨는 모자를 벗고, "이제 기도의 시간을 갖자"고 말했다. 교회 장로의 한 사람인 김씨가 한국의 민주주의를 위한 기도로 이 집단—그가 나중에 첨언한 바에 따르면, "한두 명의 중앙정보부 요원을 침투시켰을지도 모르는"—을 이끄는 동안 그의 추종자들은 모자를 벗고 머리 숙여 묵도했다.

"우리는 산에 올 때마다 기도하고 있다. 등산은 우리가 매주

목요일에 갖는 일상적인 일 중의 하나다. 우리는 이 모임을 민주산악회라고 명명했다"고 그는 설명했다.

"산의 정상에 이르렀을 때 하나님께 기도를 드리며, 이 나라의 민주회복을 염원하는 것이 우리의 기도 내용이다"고 그는 말했다. 전 신민당 원내총무와 폐간된 당보의 주간이었던 문부식씨를 포함한 이 그룹은 산의 정상으로부터 이동하여, 햇빛에 찬란한 회색 빛이 떠오르는 넓은 화강암 석판이 있는 따뜻한 계곡으로 내려갔다.

사람들이 버너에 불을 피우고, 독한 소주병을 따고, 상추 잎사귀에 불고기를 싸서 먹었다. 반찬으로는 채소에 고춧가루와 마늘을 가미한 한국 고유의 김치가 있었다.

좌정하고 있는 각자에게 새로 작사된 회가(會歌)가 적혀 있는 종이가 분배되었다. 사람들은 종이에 씌어진 짧은 4행의 문구를 익혔다. 그리고 나서 그들은 일어서서 원을 그리며 늘어섰다. 두 사람의 리더가 공터 가운데로 나갔다. 그들은 함께 새로운 당가를 부르기 시작했다.

김씨의 한 보좌역의 번역에 따르면 노래의 가사는 다음과 같다.

인생의 목숨은 초로와 같고
전통의 신민당 양양하도다.
이 몸이 죽어서 나라가 산다면
아아, 이슬같이 죽겠노라.

그들은 각 소절을 연습하면서 노래했다. 그리고 다시, 또다시……. 다섯번째에 이르자 이 합창은 화강암 석판 위로 울려 퍼졌다. 다른 등산객들이 숲 속에서 호기심을 가지고 응시했다.

수감되어 있는 김대중씨와 함께 이 나라에서 가장 유명한 정치인의 한 사람인 김씨는 배낭을 메고 다시 출발했다.

이 나라 남부에 위치한 부산 출신의 이 정치인은 지난달 그곳 (부산) 미문화원 방화사건은 전대통령에 대한 미국의 지지 때문에 학생과 노동자들이 미국인들에게 저항감을 갖게 된 "반미감정의 중대한 표현"이라고 말했다.

"6개월 전만 해도 김씨는 친미적이었다. 그러나 지금 그의 입장은 흔들리고 있다"고 한 측근인사가 말했다.

그의 집에는 1970년 초에 그가 캘리포니아를 방문했을 때 레이건씨로부터 받은 레이건 대통령의 사인이 담긴 초상화 사진이 걸려 있다. 지금 그는 감시의 눈초리를 번뜩이고 있는 정권에 의해서 "철저하게 봉쇄"당하고 있다고 말했다.

"물론 신문들은 나의 이름이나 사진을 싣지 못하며 나는 공개적인 집회를 가질 수 없다. 이러한 것들이 엄격히 금지되고 있다. 나는 전혀 기자회견을 가질 수도 없으며, TV 등에 나의 견해를 표명할 기회도 없다. 그들이 바라는 것은 내가 아무 것도 하지 않고 가만히 앉아 있는 것이다"고 그는 말했다.

"나는 결코 그렇게 하지는 않을 것이다. 우리나라는 극히 위험한 시기에 접어들고 있다. 엄청난 불안요소가 있다. 그러나 정부는 정치적 상황과 정세 그리고 모든 것에 대하여 거짓말, 거짓말만을 하고 있다. 그들은 모든 것을 국민에게 숨기고 있다"고 그는 말했다. 미국 정부의 지도자들과 부시 부통령을 포함하여 한국을 방문하는 미국인들은 이번 달에 시작되는 한미수교 100주년을 축하할 것이다. 그러나 그는 어떠한 초청도 받은 바 없다고 말했다.

"공식적으로 나는 인간으로서의 권리를 박탈당한 사람이지만,

미국인들에게 이 말만은 하고 싶다. 이 나라가 가질 수 있는 최선의 방어책은 민주주의다. 그래야만 국민이 화합할 수 있는 것이다."

등산이 끝날 무렵 산길 밑의 숲 속에서 세 명의 남자가 지켜 서서 올려다보고 있었다. 그들은 배낭을 메고 등산복을 입고 있었다. "저기 그들이 우리를 기다리면서 감시하고 있다"고 김씨는 말했다. 그들 기관원들은 언덕을 돌아 아래로 내려갔다.

산행을 마치고 산을 내려오던 50여명의 인사들은 함께 모여 "야호"하고 소리를 질렀다.

"민~주~광~복~."

그것은 차라리 울부짖음이었다.

또다시 연금

민주산악회 조직을 확대해 나가고 각종 집회에도 참석하는 등 활동반경을 넓혀 가고 있던 나는 또다시 불법연금을 당했다. 1982년 5월 31일이었다. 명목상의 이유는 〈뉴욕타임스〉와의 기자회견 내용이었다. NYT와의 회견이 정치활동 금지조치를 위반했다는 것이었다. 그러나 전두환이 나를 '2차 연금' 했던 사실상의 이유는 민주산악회를 중심으로 한 나의 활동이 본격화되는 것을 두려워했기 때문이었다. 나는 1차연금이 해제된 직후부터 끈질기게 동지들의 모임을 주선했다. 그 결과 민주산악회가 주도한 1981년의 망년회에는 전직의원 30여명을 비롯하여 5백여명의 동지들이 모이기에 이르렀다. 5·17 이후 최초로 가진 이 공개모임에서 나는 "우리는 결코 민주주의를 포기할 수 없다"고 선언하기도 했다.

2차연금 때의 일이다. 잠을 못 이루고 뜰로 나와 새벽 하늘의 별빛을 바라보고 있노라면, 어디선가 "야호, 야호"하는 소리가 들려

상도동 주민과 함께 조깅을 하는 모습.

왔다. 민주조기회(民主早起會) 회원들이었다. 그들은 매일 새벽 상도동 뒤쪽 언덕에 올라 연금 중인 내가 들을 수 있도록 "야호"를 외쳐 댄 것이었다. 그때부터 상도동 배수지의 야트막한 언덕인 고구동산에는 '야호산'이라는 이름이 붙여졌다. 새벽마다 들려오는 "야호" 소리는 나에게 감전(感電)된 듯 뭉클한 기분을 느끼게 하곤 했다.

나는 1976년 박정희 독재정권의 공작정치에 의해 신민당 총재직을 빼앗긴 이래 줄곧 조깅을 해 왔다. 내가 상도동 뒷산에서 처음 조깅을 시작하면서 상도동의 주민 한두 사람이 나와 함께 뛰기 시작했다. 그렇게 해서 매일 새벽 조깅에 나오는 사람이 어느샌가 1

백여명으로 늘어났다. 1982년 초에 이들이 모여 만든 것이 민주조 기회다. 조직은 있어도 조직의 실체가 없고, 구성원은 있어도 구성원의 제약이 없는 출입 무상의 가장 자연스런 모임이었고 자유스런 공동체였다.

나는 연금이나 국내외에 출타할 때말고는 단 하루도 그 자연발생적인 모임에 빠진 적이 없다. 나의 조깅에 '결석'이란 없었다. 시간도 정확했다. 5시 20분이면 정확히 집을 나섰다. 그런데 또다시 목을 조이기 시작한 연금 때문에 '새벽 조깅'이라는 '한 뼘의 건강과 자유'마저 다시 차압당한 것이다.

장남 결혼식에도 안 간 사연

2차연금이 계속되던 1982년 10월 7일은 큰아들인 은철(恩哲)이의 결혼식 날이었다. 결혼식 전날 관할 경찰서장이 나를 찾아왔다.

"내일 자제분 결혼식에 나가셔야죠. 내일 제가 모시고 가겠습니다."

"바깥에 있는 병력이 철수하는가? 연금이 해제되는 거요?"

"한 시간 동안만 제가 안내하겠습니다."

"무슨 말이지? 국민들은 내가 연금된 줄도 모르고 있는데, 마치 그 동안 내가 자유롭게 지내고 있었던 것처럼 선전하려는 건가?"

나는 단호히 거부했다. 정치와 가정의 문제를 엄격하게 구별한다는 것이 나의 소신이었다.

다음날 아침 경찰서장이 다시 찾아왔다. 나는 "이 사람아, 나는 이 정권 도와 주는 일 안 해. 결혼식엔 안 가!"하고 호통을 쳐서 쫓아 버렸다.

아들의 결혼식에 참석하고 싶지 않은 아버지가 이 세상에 어디 있으랴. 그러나 여기에는 간교한 술책이 숨어 있었다. 철저한 언론통제로 당시 국민 대다수는 내가 죽었는지 살았는지도 모르고 있을 때였다. 그러니 나의 연금 사실은 더욱 알 수 없었다.

이런 판에 아들 결혼식에 참석한 내 얼굴이 비칠 때 전두환정권의 연금사실 은폐를 방조하는 꼴이 되고 만다. 나 스스로 나는 지금 아들 결혼식에도 참석하는 등 자유롭다고 선전하고 다니는 것과 무엇이 다른가. 참으로 파렴치하고 속이 들여다보이는 전두환의 '공작'이었다.

나는 대통령 재임시절, 연금 중이던 미얀마의 민주 지도자 아웅산 수지 여사의 소식을 들은 적이 있다. 영국에서 전해 온 남편의 사망소식을 접하고, "남편을 사랑하지만 조국을 더 사랑한다. 조국을 떠날 수 없다"고 했다는 아웅산 수지 여사의 이야기를 듣고, 나는 나의 연금시절을 떠올리며 한 번도 직접 만나 보지 못한 그녀에게 깊은 공감(共感)을 느꼈다. 그후 나는 해마다 그녀에게 내 마음을 담은 크리스마스 카드를 보내고 있다. 수지 여사가 그것을 받아 보는지는 아직도 알 수 없다.

사정이 이러했건만 은철이의 결혼식에 불참한 것은 어찌 되었든 두고두고 내 가슴에 못이 되었다. 결혼식 하루 전날 나는 큰아들 부부를 불러 함께 식사를 하면서 간곡하게 말했다.

"내가 얼마나 너희들 결혼식에 가고 싶은가 너희들은 잘 알 것이다. 그러나 저토록 야비한 정권의 농간에는 결코 말려들 수 없다."

은철이로서는 결혼식을 진행하는 그 순간까지도 마음속으로는

1982년 10월 7일, 내가 연금된 가운데 치른 큰아들의 결혼식에서 아버님과 아내가 기도하는 모습.

나를 애타게 기다렸을 것을 나는 잘 안다.

은철이의 결혼식 날 하객들은 엄청나게 많이 왔다고 들었다. 나의 어려웠던 처지를 생각해서였던지, 그들은 나의 불참에도 불구하고 가족들을 격려하고 축하해 주었다.

AP통신은 이 날 은철의 결혼식 사실을 국내외에 타전했다. 물론 국내 언론에는 한 자도 보도되지 않았다.

약 1천여명으로 추산되는 군중이 야당 지도자였던 김영삼씨의 장남 결혼식에 참석했으나, 신랑의 아버지는 결혼식에 불참함으로써 그에 대한 정부당국의 선심조치를 거부했다.

연금은 가족에게 크나큰 고통

 이처럼 연금은 나뿐만 아니라 가족 전체에게 크나큰 고통을 안겨 주었다. 대학에 갓 들어갔던 사춘기의 막내딸 혜숙이도 우울한 시절을 보내야 했다. 연금 중에는 내 집안에 정보형사가 상주했을 뿐 아니라, 큰길에서 내 집에 이르는 길고 구불구불한 골목길에는 전투경찰들이 24시간 내 집을 감시하며 늘어서 있었다. 이제 막 소녀티를 벗은 그 아이에게 전투경찰들이 보내는 시선은 상당한 스트레스가 되었다. 혜숙에게는 학교와 집만 왕복하는 것이 생활의 전부였다. 친구를 집으로 초대할 수도 없고, 친구의 집에 가도 환영을 못 받는 딸의 심정, 아내에게 쏟아 낸 딸아이의 아픔을 전해 들은 아버지의 심정이 얼마나 괴로웠는지……. 유난히 영리하고 똑똑했던 그 아이는 나중에 재미교포 신랑에게 시집을 갔다.
 독재정권이 인간의 존엄성을 파괴해 온 폐해는 너무나 크다. 나뿐 아니라 나의 동지들, 그리고 민주화투쟁을 해 온 모든 사람들이 독재자의 탄압으로 인해 본인은 물론 가족 구성원 한 사람 한 사람까지 말할 수 없는 고통을 당해야 했다. 그리고 그 상처는 개개인의 진로와 생활, 심지어는 성격에까지 큰 영향을 미쳤다. 그것은 내가 생명이 다하는 날까지 불의의 독재정권과 맞서 싸우지 않을 수 없는 이유이기도 하다.

4. 23일간의 단식일지

목숨을 버리는 자가 영원히 산다

겨울이 오면 봄이 멀지 않으리.

셸리는 그의 '서풍부'(西風賦)에서 이렇게 봄을 간결하게 노래했다. 그러나 2차연금도 1년을 꽉 채웠건만 봄의 전령은 내게 얼씬도 하지 않았다. 전두환정권의 극심한 탄압으로 민주화운동은 질식상태에 놓여 있었다. 1982년 크리스마스를 앞두고 김대중이 "정치를 하지 않겠다"는 탄원서를 쓰고 미국으로 떠났다는 보도가 있었다. 상도동 내 집 입구에는 여전히 수십명의 사복경찰과 정보원이 상주하고 있었다. 1983년 정초에는 나에 대한 박해에 항의하는 수백명의 지지자들이 신년하례차 '사람의 장벽'을 뚫어 보려 했으나, 몇백명으로 증강된 기동대에 의해 좌절당하기도 했다.

광주항쟁 3주년을 앞두고 나는 뭔가 비장한 결단이 필요하다고 생각했다. 국민에게는 보다 빨리 자유가 와야 했고, 그러려면 독재자에 대해서는 보다 강력한 저항이 필요했다. 그 무렵 나는 마하트마 간디의 저서를 읽으면서 얼어붙은 상황을 돌파하는 데 중요한 암시를 받았다. 비폭력 무저항의 단식투쟁이었다.

  단식에 들어가기 전 나는 오랜 시간 생각에 생각을 거듭했다. 생명을 건 저항으로서의 단식투쟁이고 보니, 그야말로 냉엄한 자기 응시(凝視)의 시간 위에 나를 올려 놓고 추상같이 결의를 저울질한 것이다.

    사람이 온 세상을 얻는다 해도 제 목숨을 잃으면 무슨 소용이 있는가? 사람의 목숨을 무엇과 바꾸겠느냐?

『신약성서』「마태복음」의 이 말씀을 나는 읽고 또 읽었다.

    누구든지 자기 목숨을 아끼는 사람은 잃을 것이며, 이 세상에서 자기 목숨을 버리는 사람은 목숨을 보존하며 영원히 살게 될 것이다.

「요한복음」의 말씀을 읽으면서 나는 깊은 묵상과 기도의 시간을 가졌다.

국민에게 드리는 글

  광주사태 3주년을 이틀 앞둔 1983년 5월 16일 나의 시국 전반에 대한 견해를 담은 성명「국민에게 드리는 글」이 외신을 통해 미국, 일본, 유럽 등 전세계에 알려졌다. 물론 이 성명은 내가 5월 초 써 두었던 것이지만 16일에야 AP통신에 전달된 것이다. 국내 언론에는 일체 보도가 되지 않았다. 여기 그 전문을 싣는다.

> 나는 지금 서울 상도동(上道洞)에 있는 내 집 울타리 안에 연금되어 있습니다. 내가 내 집 문 밖으로 나가는 것이 불가능할 뿐만 아니라, 외부인사가 나를 방문하는 것도 완벽하게 봉쇄되어 있습니다. 일체의 외부와 차단된 것입니다. 권력당국이 파견한 경찰과 정보원들이 물샐틈없이 내 집을 포위하고 집안에서의 나의 동태까지 감시하고 있습니다. 내 집은 창살이 없을 뿐, 나를 가두고 있는 감방에 지나지 않습니다. 이런 가운데 나는 국민 여러분께 전달되지 않을지도 모르는 이 글을 쓰고 있습니다.

내가 배포한 성명서「국민에게 드리는 글」.

이렇게 시작되는 이 성명은 원고지 70장 분량에 이르는 장문(長文)이었다. 이어서 나는 10·26 이후 국민들 사이에 팽배해 있던 민주화에의 타는 목마름이 5·17로 하루아침에 무산된 데 대해 책임의 일단을 통감하면서 참회와 자책을 하고 있다고 고통스런 심경을 밝혔다.

> 친애하는 국민 여러분!
> 내가 이렇게 연금되어 있다는 사실 자체가 이른바 제5공화국에 있어서의 민주주의의 실태가 어떤 것인가를 말해 주고 있는 것입니다. 권력당국이 나에게 가하고 있는 이런 박해에는 나를, 그리고 민주주의의 실현을 위하여 노력하는 애국적 민주인사를

가두어 놓고서야 비로소 자신들의 반민주적·반국민적 의도와 음모를 관철할 수밖에 없는 현정권의 한계와, 기만적이요 폭력적인 현정권의 성격이 담겨져 있는 것입니다. 내가 나에 대한 이러한 박해를 견딜 수 있었던 것은, 많은 수의 민주인사와 애국청년들이 감옥에 넣어지고 있는 가운데, 나도 그 분들이 겪고 있는 고통에 동참하고 있다는, 민주주의를 향한 동지적 연대감을 확인할 수 있었기 때문입니다. 또한 그토록 민주주의를 열망했던 국민 여러분께 대해, 그것을 이루지 못한 자책과 참회의 기회로서 나에 대한 박해와 연금을 받아들일 수 있었기 때문입니다. 나는 유신독재체제가 강화되고 있던 74년이나 유신 말기, 특히 YH사건이 터졌을 무렵부터 나의 국회의원직 제명, 그리고 야당총재직 박탈, 부마사태와 10·26사태를 전후한 시기에 신민당 총재로서 민주화투쟁을 벌일 당시, 국민 여러분이 나에게 보내 준 지지와 성원에 보답하지 못하고, 독재정치의 악순환 속에서 민주주의가 송두리째 부정됨은 물론, 심지어 민주화를 요구하던 수많은 민주시민이 무참히 살상되는 상태에까지 이르게 된 데 대해, 당시 정계 지도층에 있던 한 사람으로서 그것을 막지 못한 책임을 통감하고, 나에 대한 권력당국의 불법적 연금을 국민 여러분께 속죄(贖罪)의 기회로 삼았던 것입니다. 그와 같은 참회와 자책은 지금도 내 머리와 가슴 속에 가득 차 있습니다.

내가 두 차례(1980. 5. 17~1981. 4. 30과 1982. 6. 1~현재)에 걸쳐 연금되어 있는 동안 많은 수의 민주 애국인사와 청년학생들을 감옥에 보내거나 소급입법을 통하여 정치규제에 묶어 놓은 가운데 일부 군인과 그에 추종하는 세력만으로 이른바 제5공화국이 출범되었지만, 그 이후의 사태전개는 조국과 민족의 앞날을 더욱 어두운 파멸로 몰아넣고 있습니다. 이러한 처지에 당하여 나는 비록 연금된 몸이지만 혼신의 힘을 다하여 국민 여러분께 진심에서 우러나오는 나의 말을 전하고자 합니다. 나는 묶여 있는 몸으로 우리 시대의 진실을 말하고자 할 뿐, 달리 사사로운 명예나 욕망에서 말하는 것이 아닙니다.

전두환의 죄악

이어서 나는 정부가 광주사태에 대해서 한마디 사과의 말도 없는 점을 강력하게 비난하고, "광주사태는 이 민족의 가슴에 영원히 멍울이 될 것"이라고 경종을 울렸다.

국민 여러분!
우리 모두가 다 함께 피부로 느낄 만큼 잘 알고 있는 사실이지만, 우리나라와 국민이 처하고 있는 위기의 실상과 그것이 어디에서 오고 있는 것인가, 특히 이른바 제5공화국 정치권력의 실체와 형태, 그리고 그것이 나라와 국민, 역사와 민족에 끼치고 있는 죄악에 대하여 간단히 고찰해 봅시다. 우리는 10·26사태 이후 정치적 보복이나 과도기적 혼란 없이 순조로운 민주정치의 발전을 도모해 나가기를 열망했습니다. 그러나 이러한 국민의 한결같고 절대적인 열망과는 반대로 민주정치의 신념이 결여되어 있고 이미 독재체제의 하수인으로 전락하였던 일부 군인세력이 군대를 동원하여 군사쿠데타를 감행하였으니, 이른바 12·12사태와 5·17계엄확대조치가 바로 그것입니다.
오늘날 선진조국이라는 말을 크게 외치는 사람들이 있습니다만, 이 조국을 20년이나 후퇴시켜 놓은 장본인이 바로 선진조국을 말하는 바로 그 사람들입니다. 선진조국이라는 말은 허구와 기만에 찬 공허한 구호에 불과하며, 선진조국을 가로막는 결정적 장애요인이 바로 그들입니다. 국민의 높은 정치의식과 교육수준, 그리고 경제수준에 비추어 쿠데타 그 자체가 역사와 조국에 다 같이 후퇴와 더불어 치명적인 치욕을 안겨 주고 있는 것입니다. 설사 정권욕에 사로잡혀 쿠데타를 일으켰다 하더라도 광주사태라는 유례 없는 참담한 만행을 거침없이 자행하여 수많은 인명을 살상하였으니, 이러한 만행을 저지른 사람들이 어떻게 감히 민주와 정의, 민족과 복지, 그리고 선진조국을 말할 수 있으며, 그러한 잔인성을 기반으로 하여 탄생한 정권이 어떻게 도덕성과 정당성, 그리고 정통성을 감히 주장할 수 있습니까? 더구나 광주사태 이후 회개는커녕 그 사태에 대한 책임을 지거나 한마디의 사죄의 말이 없으니, 광주사태로 맺힌 한(恨)은 이 민족의 가슴에 영원한 멍울이 될 수밖에 없습니다.

출발이 이러하거니와, 권력장악의 과정이 민주적이지 못한 정권은 그 이후에도 반민주적일 수밖에 없다는 것을 또한 분명하게 보여 주고 있습니다. 유신독재체제의 정치풍토가 그대로 재연되는 가운데 1인의 절대권력하에서 국회와 사법부 · 언론은 독재권력의 시녀로 전락한 채 국민의 인간으로서의 기본권과 정치적 자유는 극도로 제한되어 있고, 소위 국가보위입법회의라는 불법(不法)기구가 만들어 낸 반민주적인 국민탄압법이 소위 제5공화국의 기틀을 이루고 있어 민주정치의 발전은 전혀 기대할 수 없게 되어 있습니다. 과거의 긴급조치 대신에 '집회 및 시위에 관한 법률'과, 나아가 '국가보안법'을 무차별적으로 제정하여 그들에 대하여 비판하고 항의하는 학생들을 처단하고 있습니다. 감옥으로 끌려가는 학생과 근로자의 행렬이 끊이지 않고 있습니다. 긴 설명도 필요 없이 오늘의 이 나라 정치를 민주정치라고 말할 사람은 아무도 없습니다. 군사독재체제가 더욱 강화되어 가고 있음은 공지의 사실입니다. 현정권을 두고서 앞으로 민주주의가 실현되리라고 믿는 국민은 하나도 없을 것입니다.

언론과 사법부의 전락

나는 또 언론의 자유와 관련, "한국의 현실정은 언론과 표현의 자유가 원천적으로 봉쇄당하고 있다"고 지적하고, 이어서 사법부는 "정권의 보호를 위한 하청기구로 전락했다"고 비판, 유죄의 증거로 삼기 위해 허위자백을 얻어내려고 고문이 자행되고 있음을 신랄하게 비판했다.

민주정치와 관련하여 언론의 자유야말로 민주정치의 요체인데, 지금 이 나라에는 언론과 표현의 자유가 원천적으로 봉쇄당하고 있습니다. 신문과 방송이 국민여론의 전달로 독재정치에 대한 비판과 견제기능을 하기는커녕, 거짓보도와 사실왜곡을 일삼고 반정부운동에 대하여는 사실보도까지 외면한 채 독재권력의 홍보수단 내지는 통치수단으로 전락해 있는 실정입니다. 내가 2년 가까이나 연금되어 있다는 사실이 이 나라 언론에 보도된 적이 없기 때문에 국민 여러분은 그 사실을 모르고 계실 것입니다. 이것이 한국 언론의 현실인 것입니다. 소위 언론기관 스스로의 자율적 조치라는 허울 밑에서 강제된 언론 통폐합조치로 민간방송은 그 자취마저 감추게 되었으며, 통신사는 단일화되고, 신문사는 폐쇄되었습니다. 공영이라는 이름 밑에 민주사회의 창의와 다양성은 파괴되고 전체적 획일화가 진행되고 있습니다. 그리고 독재권력의 비위에 거슬리는 기자들은 해고되고 언론기관에 대한 무제한한 통제를 강화하고 있습니다. 그 제도적 장치로 이미 언론기본법이라는 것을 만들어 두었거니와, 언론인에 대한 수사기관의 연행과 협박은 더 큰 언론탄압이 되고 있습니다.

유신정권의 탄압이 극에 달했던 74년 말과 75년 초, 언론의 사명에 충실코자 하는 언론인들의 자기 각성에 따른 자유언론 실천 운동이 확대되었던 것은, 언론은 언론인 스스로가 지키려고 할 때만 자유언론을 쟁취할 수 있다는 커다란 교훈을 남겨 주었습니다. 이렇게 볼 때 언론인 스스로의 노력이 그 어느 때보다도 절실한 시대를 우리는 살고 있습니다. 언론인 여러분이 자유언론에 대한 확고한 신념과 자유언론 실천에의 의지를 가다듬어 주실 것을 촉구해 마지않는 바입니다. 또한 억압의 시대 한가운데서 새로운 홍보수단 창출 등 여러 가지 자유언론 실천을 위한 노력이 국민 내부에서 이루어져야만 하겠습니다.

민주주의와 법의 정의를 실현해야 할 사법부가 정권의 자기안보를 위한 하청기구로 전락되어 가고 있습니다. 정치보복과 탄압을 위하여 국가보위입법회의에서 개악된 국가보안법을 학생과 민주운동단체 관련자들에게 무차별하게 적용·처단함으로써 관제 공산주의자의 양산을 방조 내지 보장해 주는 것이 바로 사법부입니다. 학생과 근로자에 대한 정권의 탄압을 사법부가 법의 이름으로 뒷받침하고 있습니다. 인간이 인간에게 가하는 가장 야만적인 행위라 할 고문이 이 땅에 만연되는 것도 고문에 의한 허위자백을 사법부가 증거로 채택하고 있는 데 그 원인이 있습니다. 일반사건보다 학생사건과 반체제활동 관련사건에서 정치범과 양심범에게 가혹하고도 비인간적인 고문을 하고 있다는 것이 공공연한 사실임에도 불구하고, 법원이 이들 사건에서 고문에 의한 허위자백을 증거로 하여 중형에 처하고 있는 것입니다. 사법부가 고문 등 정치보복과 탄압을 추인(追認)해 주는 요식기관으로 타락하고 있어 사법부는 필연적으로 부패할 수밖에 없는 길을 걷고 있습니다. 최근에 있었던 대형 법원부정사건은 비록 빙산의 일각에 불과한 것이지만, 대법원장의 일개 비서관이 판결에 결정적 영향을 미칠 수 있다는 것을 보여 주는 사건이었습니다. 이 나라 민주주의 수호와 실현에 있어 사법부의 존재는 기대할 수도, 신뢰할 수도 없다는 사실이 우리를 더욱 가슴 아프게 하고 있습니다. 양심적인 법관의 자기 헌신적인 노력으로써만이 사법부의 본래의 기능과 권위를 회복할 수 있다는 사실을 지적하지 않을 수 없습니다.

국민경제와 민생문제 진단

이어서 국민경제와 서민생활, 사회문제, 민생, 의식개혁 등 국내적 상황과 외교 및 국가안보 등 한반도정세 등을 나 나름대로 진단했다.

경제적인 면을 보더라도 국민경제는 불황의 늪에서 헤어나지 못하고 있는 가운데 국제경기가 호전의 기미를 보이는데도, 우리 경제는 구조적 모순에 시달리고 있는 실정입니다. 한국경제는 4백억불이 넘는 외채부담과 자기자본의 5배에 달하는 기업부채로 언제 국가파산의 위기가 닥쳐올지 모르는 심각한 상황에 놓여 있습니다. 국민 1인당 해외부채가 1천불을 넘고 있습니다. 그럼에도 불구하고 정책 담당자들은 오늘의 경제난을 국제경기 침체의 탓으로만 돌릴 뿐 근본적인 대책을 수립하지 못하고 있습니다. 오히려 조령모개 식의 경제정책 남발로 기업인들과 국민으로 하여금 정신을 차릴 수 없게 함은 물론, 경제정책에 대한 불신을 스스로 자초하고 있습니다. 서민의 소망인 내 집 마련이 집값과 전세값의 엄청난 상승으로 점점 요원해지고 있는 판에 저물가정책의 성공이라는 요란한 소리가 떠벌여지고 있습니다. 모든 발표, 모든 정책을 신뢰하고 따르는 사람은 필경 파멸하고야 말 수밖에 없습니다. 제 자랑만 하다가 제 집 불타는 줄 모르는 격으로, 한국경제 구조는 날로 더욱 취약해지고 국민의 부담은 급속히 증대되고 있는 실정입니다. 정부당국은 국민에게 더 심한 중노동과 중과세를 요구하고 있습니다. 모든 정책이 그러하듯이 경제문제 역시 어느 경제정책 한 가지가 독립적으로 이해되거나 평가될 수는 없는 것입니다. 특히 경제정책은 정치권력의 성격과 절대적인 관련을 맺고 있는 것입니다. 실명제 파동은 그 대표적인 경우입니다. 한마디로 말해서 경제문제의 해결, 즉 경제난의 극복과 자립경제의 달성을 위해서는 무엇보다 정치의 민주화가 이루어져야 한다는 것이 제일의 명제가 되는 것입니다.

복지를 말하자면, 복지를 요구하는 근로자들은 감옥으로 보내지고 있습니다. 유신시대의 그 가혹한 탄압의 연장선 위에서 노동탄압이 가중되고 있습니다. 최후의 모범적인 민주노조라 할 원풍모방 노조원들이 감옥으로 끌려간 것은 반복지(反福祉)의 구체적 실례입니다.

사회적인 면에서 볼 때도 살인·강도·절도·사기·부도 등의 범죄행위와 총기난동 사건이나 대형 안전사고 등이 전례 없이 빈발하고 있는 것이나, 생활고나 기타의 이유로 인한 자살사건이 많다거나, 정신질환자가 급격히 늘어나는 것은 가치관의 전도와 함께 삶의 의미와 희망을 잃은 데서부터 일어나는 현상으로 파악되는바, 이 모든 것이 독재권력의 강화와 무관하지 않음을 우리는

1987년, 광주 망월동 5·18묘지를 찾아 참배하는 모습.

직시해야 합니다.

광주사태라는 대량학살의 비극이 있은 후 고문치사, 대량살상 등 인명에 대한 경시풍조와 한탕주의와 폭력적 풍조가 만연되고 있는 사실이 이를 반영합니다. 정부가 권력형 부정부패의 척결과 의식개혁을 한창 외칠 때 소위 장영자사건으로 불리는 사상 최대의 권력형 부정사건이 저질러진 것이나, 의령에서 경찰관에 의한 양민학살사건이 저질러진 것은 독재권력의 구축과 결코 무관할 수 없다는 것을 지적하지 않을 수 없습니다. 정의를 말하는 권력 스스로가 정의롭지 못하다는 사실을 국민에게 보여 준 구체적 실증인 것입니다. 오늘날 정치만능의 풍조를 배격하여야 한다고 하면서 정치의 최소화를 부르짖는 소리가 들리곤 하지만, 이 땅에 정치부패와 행정만능은 있었어도 정치만능은 없었을 뿐더러, 독재권력의 촉수로부터 벗어난 영역이 존재할 수 없는 오늘의 현실에서 볼 때, 각종 범죄와 악습 및 불행한 사건·사고에 대한 중요한 책임이 정권 담당자들에게 있음을 부인해서는 안 될 것입니다.

외교 고립화, 군에의 불신 싹터

외교적인 면에서는 5·17 군사쿠데타 자체와 그후 민주인사에 대한 대량 투옥과 탄압, 특히 광주사태 등으로 국제적 고립을 면치 못하고 있는바, 이는 바로 외교가 내치의 연장이라는 평범한 진리를 일깨워 주는 것입니다. 최근 들어 국민화합이라는 이름 밑에 일부의 정치범을 석방하고 부분적인 정치해금을 단행하여 다소의 고립을 면하고 있다고 판단할지 모르지만, 그러나 무엇보다도 전체 정치범의 석방과 언론자유의 회복 등, 요컨대 군사독재의 종식에 의한 민주정치의 실현 없이는 항상 외교적 고립을 면할 수가 없을 것입니다. 그런데 정권의 부도덕성으로 인한 외교적 고립은 국가와 국민의 긍지와 존엄을 실추시키는 엄청난 폐해를 가져오는 것입니다. 국민의 지지가 뒷받침되지 못하는 독재정부가 벌이는 외교는 대부분 정권의 부도덕한 존속만을 획책하는 나머지 민족의 이익이나 존엄을 뒤로 돌리고, 결과적으로 타국의 이익을 위해 봉사하고 마는 것임을 우리는 명심해야 할 것입니다. 나는 외미도입(外米導入) 부정사건이 터진 이후의 외미도입에 있어서도 민족의 이익이 배제되고 부정이 개재되어 있을 것이라는 심증을 갖지 않을 수 없습니다.

국가안보의 면에 있어서도 군의 정치적 이용과 일부 군인의 정치개입으로 군사력의 약화를 가져온 것은 분명한 사실이며, 특히 12·12사태, 광주사태 등으로 군에 대한 국민의 신뢰에 금이 가게 했던 것은 안보상의 치명적인 손실인 것입니다. 같은 맥락에서 볼 때, 계속되는 군사독재 강화는 안보를 위협하는 제일 큰 요인이라 하지 않을 수 없습니다. 현정권은 안보를 말할 자격이 없습니다. 안보를 빙자한 독재의 강화만이 있을 뿐입니다. 뿐만 아니라 앞으로도 군의 정치개입으로 인한 부정과 부패에의 유혹은 더 큰 안보상의 문제로 될 것입니다.

남북한간의 문제에 있어서도 남북대화의 재개는 언제 이루어질지 모르는 상황에서 남북한간의 긴장이 고조되고 있는 실정이며, 이러한 긴장고조는 민족의 자주적 발전의 조건이 되는 민족통일을 더디게 하는 것임은 물론, 현실적으로 국민에게 심리적·물질적 부담을 가중시키고 있습니다. 거기에다 이러한 긴장고조와 위기의식을 군사독재권력 강화를 위한 명분으로 내세우고 있는 것입니다.

그리고 지금 한반도 주변에는 우리 민족 구성원의 의사와는 관계없이 강대국의 패권다툼과 국가이익의 추구 때문에 전쟁이 발발할 가능성이 높아 가고 있으며, 그 전쟁은 곧 한민족 전체의 파멸을 가져오는 핵전쟁으로 치달을 가능성마저 있는 것입니다. 이럴 때일수록 국민 모두가 더욱 정신을 똑바로 차려야 한다는 생각을 절실하게 갖게 됩니다. 더욱이 현재의 정권이 비이성적이며, 자신의 계속적 존속을 위해서라면 국가와 민족의 이익이나 장래문제 같은 것은 도외시할 수 있다고 보여, 국민의 각성이 그 어느 때보다 더욱 절실히 요청됩니다.

평화와 인권에 대한 호소

그리고 나는 이 기회에 평화와 인권문제에 관해 자유우방과 양식 있는 평화 애호가들에게 호소하고자 합니다. 평화는 전쟁 없는 상태만이 아니며, 강자가 약자를, 권력이 국민을 억압하고 그 기본적 인권을 유린할 때 이미 평화는 깨져 있는 것입니다. 자유 없이 평화가 있을 수 없고, 인권이 보장되지 않는 평화는 불안한 휴전상태에 불과하기 때문입니다. 세계의 한 모퉁이에서 인권의 유린에 항의하는 것은 동시대를 사는 인간으로서 도덕적 의무입니다. 인류로서의 사명입니다. 미국을 비롯한 자유우방 세계가 추구하고 있는 이상이 자유의 실현과 인권의 신장을 통한 민주주의 바로 그것이기 때문입니다. 인권유린을 우방이 방조한다면 양국관계는 치명적인 상처를 입게 된다는 것을 보여 준 불행한 사건이 바로 부산 미국문화원 방화사건이었던 것입니다.

나는 우리의 우방인 미국의 문화원에 방화를 하면서까지 미국 정부에 한국인의 의사를 전달한 행동이 잘된 일로는 생각하지 않습니다. 나는 피해를 입은 미국측과 특히 목숨을 잃거나 부상당한 청년학생들과 그 가족들에게 위로의 말을 전하고자 합니다. 그러나 왜 이런 사건이 일어나게 되었는가에 대하여는 깊이 되새겨 볼 필요가 있습니다. 미국 정부가 한국과 미국의 양국 국민이 공동의 이상으로 추구하고 있는 민주주의를 외면하고, 오히려 그것을 유린하고 억압하는 독재권력을 지원하며, 자국의 이익만을 추구하는 한·미간의 불평등관계가 시정되지 않는 한, 이러한 불상사는 언제든 발생할 수 있는 개연성을 지니고 있었다고 보아야 할 것입니다. 이러한 불행한 사태를 방지하기 위하여 한국과 미국의 정부와 국민은 불행한 사태의 원인이 되는 일을 만들어 내지 않도록 각기 스스로 노력해야 할 것입니다.

그리고 나는 최근 들어 학생들의 반미구호가 적지 않게 나오고 있다고 듣고 있거니와, 이러한 사태에 대하여 나는 깊이 우려하지 않을 수 없습니다. 그 주된 원인이 독재권력에 대한 미국 정부의 지원에 있다는 점을 미국 정부가 분명히 인식할 것을 촉구하는 바입니다.

'평화적 정권교체'는 허위

이어서 나는 민주주의와 민주정치에 대한 나의 확고한 신념을 다시 한번 강조했다.

국민 여러분!
이상에서 나는 지금의 국내상황과 한반도정세를 간략히 살펴보았습니다. 모든 정보가 통제되어 있고, 더욱이 연금되어 있는 나로서는 우리 주변에서 일어나고 있는 구체적 상황에 대해서 보고 들을 기회가 없습니다. 구태여 나의 지적이 아니더라도 국민 여러분이 보고 들으며 피부로 느낌으로써 더 많이, 더 올바로 우리의 현실을 파악하고 계실 줄 압니다. 지금 이 시점에서 무엇보다도 선결되어야 할 것은 민주정치가 이루어지고 민주정부가 수립되어야 한다는 점입니다. 정치의 민주화 없이는 정치적 안정도, 자립경제의 달성도, 국방력의 강화도, 민족의 평화적 통일도, 한반도에서의 평화정착도 불가능합니다. 그리고 무엇보다도 민주주의만이 공산주의자들의 책동을 극복하고 통일에 이르는 지름길입니다. 민주주의라는 우리가 지닌 이념과 가치가 파괴되는 속에 어떻게 공산주의에 대해 이념적·현실적 우월성을 자신 있게 국민이 확인할 수 있겠습니까? 민주주의의 실현만이 안보문제를 해결하는 가장 확실하고도 분명한 기반이요 담보입니다. 요컨대 우리 민족이 가장 큰 힘을 발휘할 수 있는 원동력은 민주주의밖에는 없다는 것을 확언할 수 있습니다.

현정권이 말하는 민주니, 복지니, 선진조국이니 하는 말들은 그들의 의지나 신념에서 나온 말이 아니라, 국민을 속이고 기만

하여 그들이 원하는 방향으로 끌고 가기 위해 만들어 낸 말이요 구호일 뿐입니다. 진정한 평화적 정권교체는 단순한 정권 담당자의 교체만을 의미하는 것이 아니라, 정당간의 평화적 정권교체로 이해할 수 있는 것이어야 합니다. 그러나 현재의 정당체제는 집권당을 제외한 모든 정당이 오직 집권당에 대한 들러리로서 존재할 수밖에 없도록 되어 있습니다. 그것이 바로 다당제의 논리인 것입니다.

결론적으로 말씀드리면, 평화적 정권교체는 처음부터 이루어질 수 없도록 되어 있는 것입니다. 우리는 현체제 아래서는 결코 평화적 정권교체가 이루어질 수 없다는 사실과 아울러 평화적 정권교체라는 말이 허구적이라는 것을 분명히 깨닫지 않으면 안 됩니다. 단임정신과 평화적 정권교체라는 말을 듣고 많은 사람들은 그 말에 일말의 신뢰를 걸었을지도 모릅니다. 또는 현정권의 작태를 보면서 단임(單任)정신 운운하는 가운데 사실상 우리 사회가 가지고 있는 그나마의 민주적 여력과 토양마저 깡그리 파괴해 버리고 말 것이 아닌가에 대하여 우려를 했을 것입니다. 그러나 평화적 정권교체나 단임정신 따위의 말은 처음부터 그 모두가 허위요 기만이었던 것입니다.

장기집권음모 떨쳐 내야

국민 여러분!

내가 연금되어 있는 처지의 몸으로 우리 국민에게 혼신의 힘으로 말씀드리고자 하는 것은 현 독재권력은 장기집권을 위한 체제구축을 하나하나 구체화해 나가고 있다는 사실입니다. 단임정신이나 평화적 정권교체 운운하는 말은 그 모두가 국민을 기만하여 시간을 벌자는 속임수에 불과합니다. 그들은 자신들이 저지른 과오 때문에 어떠한 일이 있어도 계속적인 집권을 획책하지 않을 수 없다고 판단하고 있습니다. 이것은 죄악을 저지른 인간이 빠지기 쉬운 속성입니다. 지금 그들은 서서히 장기집권을 위한 촉수와 야망을 드러내고 있습니다. 장기집권을 향한 그들의 본래의 모습이 곧 드러날 것이라는 것을 나는 예언할 수 있습니다. 앞으로 2~3년이 장기집권으로 가느냐, 가지 않느냐 하는 길목이 될 것입니다

지금 우리 국민은 군사독재권력 아래에서 신음하는 노예로 전락할 것이냐, 아니면 우리 국민의 손과 힘으로 창출한 민주정부 아래서 민주시민으로서 떳떳하고 당당하게 살 수 있는 길을 선택할 것인가 하는, 실로 조국과 자신의 운명을 결정해야 할 중대한 위기의 순간에 서 있는 것입니다. 우리 국민은 어떠한 술수와 기만에도 독재권력의 진정한 의도를 꿰뚫어 볼 수 있는 예지를 가지고, 장기집권을 저지할 태세를 갖추고 있어야 합니다.

나는 한 사람의 고통받는 민중으로서, 그리고 이 땅의 민주국민으로서 독재의 사슬과 그의 장기집권의 음모를 떨쳐 버리는 데 나의 신명을 바치고자 하는 뜻을 분명히 밝혀 두는 바입니다. 지금 나의 심경(心境)은 정권에의 미련 같은 것은 떨쳐 버린 지 오래입니다. 오직 한 사람의 이 민족, 이 국민으로서 민주주의를 기구하고 갈망하고 있을 뿐입니다. 이 나라에 참된 민주주의가 이룩되어 인간이 인간다운 자존심과 품위와 기본적 인권을 지니고 살 수 있는 자유와 정의가 깃든 사회가 된다면 나는 그것만으로 만족하고 또 행복할 것입니다. 따라서 나의 말은 정권적 차원의 것이 아니라, 인간의 내밀한, 저 깊은 속에서 우러나오는 한 인간의 진실에 찬 목소리로 생각해 주시기 바랍니다.

나는 이 땅의 민주주의를 열망하는 민주 애국인사와 어제 우리와 동렬에 섰던 모든 정치적 동지들에게도 호소하고자 합니다. 지금 각자가 서 있는 위치가 어떠하든 간에, 여러분은 민주주의에의 갈망과 열정을 한 곳으로 모을 수 있도록 각각 노력하여 주시기 바랍니다. 내가 서 있는 입장이 중요한 것이 아니라, 민주주의를 향한 힘과 지혜의 결집이 중요한 것입니다. 우리의 목적이 같은 한 우리는 서로 화합하고 단결해야 합니다. 분열과 질시는 독재권력이 노리는 바입니다. 그들의 간계에 빠지지 말고 서로 이해하며 화합하여 장기집권 획책을 분쇄하고, 나아가 민주주의를 되찾는 민족사의 소명에 나를 버리고 허심탄회하게 합류하여야 하겠습니다. 기존의 정당에 몸을 담고 있거나 정치규제에 묶여 있거나 풀려 있거나를 막론하고, 민주주의를 향한 목표 아래 각성하고 단결합시다. 민주주의는 우리 모두를 그 안에서 하나 되게 할 것입니다. 나는 그것을 믿습니다.

희망과 용기 잃지 말기를

국민 여러분!
또한 우리가 명심해야 할 것이 있습니다. 어떠한 경우에도 분명한 것은 우리나라의 민주주의는 우리의 힘으로만 이룩할 수 있다는 사실입니다. 다른 사람이, 또는 우방이 우리의 민주주의를 실현시켜 줄 수는 없습니다. 이 나라 민주주의는 그 실현의 주체도, 발전시킬 책임도 우리 민중이요 우리 국민입니다. 먼저 나 자신을 사심 없이 민주주의를 위한 투쟁에 던지는 것이 중요합니다. 우리 국민의 마음 한가운데 있는 민주주의에의 열정, 그것은 죽어 있는 것이 아니라 지금도 살아 숨쉬고 있습니다.

10·26사태를 전후한 시기에 우리 국민이 보여 주었던 민주주의에의 불타는 눈길을 우리는 기억해야 합니다. 우리는 우리의 힘으로, 우리 국민의 힘으로 자유와 민주주의, 그리고 정의와 평화를 마침내 이룩할 것입니다. 나는 이러한 희망찬 미래를 국민과 더불어 확신하는 바입니다. 우리는 좌절을 딛고 일어설 것이며, 희망찬 조국을 건설할 것입니다. 희망과 용기를 잃는다면, 우리는 모든 것을 잃는 것입니다. 희망과 용기를 잃지 않는 국민은 국민이 원하는 모든 것, 자유와 민주주의를 쟁취할 것입니다. 역사와 하나님의 정의가 우리와 함께 있습니다.

민주화 위한 전제조건

　마지막으로 나는 이 성명서에서 민주화를 위한 전제조건으로 다섯 가지 사항을 제시했다.

　끝으로 나는 이 기회에 만약 현정권 당국이 만에 하나라도 민주화를 바라고 있다면, 그리고 그들이 말하는 민주가 거짓이 아니라는 것을 입증하고자 한다면, 적어도 지금 이 순간 민주화를 가로막는 요소들로 즉각 청산되어야 할 최소한의 당면과제를 다음과 같이 제시하여 현정권 당국의 진의를 묻고자 하는 바입니다.

　1. 독재정치를 거부하고 민주정치의 확립을 위해 투쟁하다가 구속된 학생, 종교인, 지식인, 근로자 등을 민주화선언과 함께 전원 석방하여야 한다.
　2. 정치활동규제법에 묶여 있는 모든 정치인과 민주시민의 정

치활동을 보장하여야 한다.

3. 정치적인 이유로 학원과 직장으로부터 추방당한 교수·학생·근로자 등을 복직시키고, 유신정권 이래의 정치탄압으로 인하여 공임권(公任權)에 제약을 받고 있는 사람들에 대한 전면적인 복권조치가 이루어져야 한다.

4. 언론의 자유가 보장되어야 하며, 언론 통폐합조치를 백지화하고, 유신정권 이래 타의로 실직된 언론인들이 언론계에 명예롭게 복귀토록 하며, 민간방송국의 설립을 자유화하고, 기독교방송국의 정상적인 기능을 회복시켜야 한다.

5. 현재의 헌법은 5·17 이전에 이미 국민적 합의로 되었던 대통령 직선(直選)의 국민적 염원을 배반한 것이며, 국민의 기본권에 대한 유보조항을 두고 있어, 사실상 유신독재체제와 다를 바가 없는 독재헌법인바, 현행의 헌법은 지체 없이 개정되어야 한다. 국민이 나라의 주인이라는 것이 확인될 수 있는 방향으로 개정되어야 한다는 것은 명백하다. 또한 유신시대 이래의 반민주악법의 민주적 정비와 아울러 특히 소위 국가보위입법회의에서 제정한 각종 반민주악법, 예컨대 정치풍토 쇄신을 위한 특별조치법, 언론기본법, 집회 및 시위에 관한 법률, 국가보안법, 국회법, 대통령선거법, 국회의원선거법, 노동조합법 등은 폐지 내지 원상회복되어야 하며, 이들 법률은 제정 및 개정과 더불어 전부 또는 부분적으로 무효임을 확인하여야 한다.

이상과 같이 당면과제를 밝히면서, 나는 하나님께 기도하는 마음으로 국민 여러분께 이 글을 드리는 바입니다. 국민 여러분은 좌절보다는 희망을, 체념보다는 용기를 가지고 이 난국을 극복해 주실 것을 믿고 또 바라면서, 나의 글을 마치고자 합니다.

우리는 다시 만날 것입니다.

생명을 건 투쟁

광주사태 3주년을 맞은 1983년 5월 18일 나는 「단식에 즈음하여」라는 제목의 성명서를 발표하고 단식에 들어갔다.

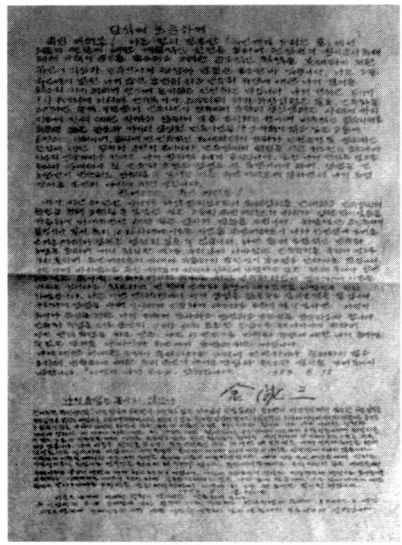

「단식에 즈음하여」 성명서.

국민 여러분!

나는 앞서 발표한 「국민에게 드리는 글」에서 오늘의 현실에 대한 개괄적인 진단을 통하여 현정권의 장기 군사독재체제 구축의 음모를 폭로하고, 그러한 음모적인 획책을 분쇄하기 위한 국민의 각성과 민주인사의 화합과 단결을 호소한 바 있습니다. 나는 오늘 국민에게 밝힌 나의 뜻을 분명히 하고 민주투쟁에 대한 나의 결의를 확고히 하기 위하여 단식에 들어감을 선언하는 바입니다. 나의 단식은 5·17군사쿠데타에 의하여 민주주의가 송두리째 파괴·부정당함은 물론, 민주화를 요구하던 수백 수천명의 민주시민이 광주에서 무참히 살상당하는 사태에까지 이르게 된 데 대한 자책과 참회의 뜻을 표시하는 것이며, 비극적인 광주사태로 목숨을 잃은 영혼과 거기서 희생된 민주시민들과 그 가족이 겪고 있는 고통에 동참하는 기회이며, 동시에 반민주적인 독재권력의 강화와 인권유린 및 정치적인 탄압에 대한 항의와 규탄의 표시이자, 민주정치의 확립을 위한 최소한의 조치나마 시급히 강구되어야 한다는 나의 정치적 요구의 표시입니다. 또한 나의 단식은 앞으로 우리가 전개해야 할 민주화투쟁은 생명을 건 투쟁이어야 하며, 생명을 건 투쟁만이 민주화를 성취할 수 있다는 것을 국민 여러분께 알리면서 나의 투쟁결의를 굳건히 다지기 위한 것입니다.

친애하는 국민 여러분!

내가 지난 30년간 이 나라 야당 정치인으로서 독재정치를 반대하고 민주정치의 확립을 위해 노력할 수 있었던 것은 오로지 국민 여러분의 지지와 성원 덕이었음을 가슴 속에 되새기면서 새삼 깊은 감사의 말씀을 드립니다. 처절했던 유신독재의 절정기나 말기, 특히 10·26사태에 이르는 기간 중 국민 여러분이 나와 신민당에 보여 준 뜨거운 격려와 성원은 영원히 잊을 수 없습니다. 다만 좀 더 효율적인 민주화투쟁을 통하여 거의 확실한 것으로 우리 앞에 다가왔던 민주주의를 우리의 것으로 하지 못하여 국민 여러분의 기대에 부응하지 못한 것이 부끄럽고 안타까울 뿐입니다.

나는 이제 마지막으로 국민 여러분의 지지와 성원에 보답하는 길로 현재 우리가 당면하고 있는 국가적·민족적 위기의 극복을 위한 민주화투쟁에 내 모든 것을 바칠 것을 결심하였습니다. 나는 이번 단식투쟁에서 나의 생명을 잃을 수도 있다는 것을 잘 압니다. 나 하나의 생명을 바쳐 이 나라의 민주화에 다소라도 도움이 될 수 있다면, 이것이 국가와 국민을 위한 나의 최후의 봉사라고 생각하고 모든 것을 감수하고자 합니다. 민주화투쟁을 더욱 굳건히, 그리고 더욱 튼튼한 신념으로 해 나아가기 위하여 이번 단식투쟁을 하는 만큼, 나는 이 단식으로 민주화투쟁에 대한 나의 움직일 수 없는 결의를 나 자신과 국민에게 분명히 하는 바입니다. 나에 대한 어떠한 소식이 들리더라도 그것에 연연하거나 슬퍼하지 말고 오히려 민주화에 대한 우리 국민의 뜨거운 열정과 확고한 결의를 보여 주시기 바랍니다.

　　이것이 나의 호소요 당부입니다.

1983년 5월 18일 김영삼

'최근의 정세흐름' 이라는 말장난

"나는 이번 단식에서 나의 생명을 잃을 수도 있다는 것을 잘 압니다"라는 표현은 정치적 발언이 아니라 비장한 각오를 나타낸 것이었다. 앞으로 전개돼야 할 민주화투쟁은 참으로 생명을 건 투쟁이어야 하며, 생명을 건 투쟁만이 민주화를 성취시킬 수 있다는 결의는 1·2차연금을 거치면서 더욱 확고해졌다.

아내는 이 성명서를 전화로 외국 언론기관에 직접 낭독해 주었고, AP·UPI·로이터·AFP·교토(共同)통신 등은 이 사실을 일제히 세계에 보도했다. 아내는 또 나의 단식 사실을 이민우, 김동영, 최형우, 김덕룡 등에게 전화로 연락했다.

그러나 당일 국내신문의 톱기사는 반달곰 밀렵관련 사건이었다. 밀렵된 반달곰의 큼지막한 컬러사진이 신문 1면을 뒤덮었다. 기가 막히는 시절이었다. 그리고는 단식 이틀이 지난 5월 20일 모(某) 일간지 정치 가십난에 수수께끼 같은 토막기사가 실렸다.

　　최근의 '정세흐름'과 관련, 정가 일각은 19일부터 신경을 쓰는 눈치. 민한당(民韓黨)의 유치송(柳致松) 총재 등 당간부들은 이 흐름을 관심 있게 관망하고 있다는 전언(傳言)이나, 이에 대한

국내의 신문들은 나의 단식을 전혀 보도하지 못했다. 그러나 외신들은 상세히 경과를 보도했다.

당 차원의 논의까지는 생각 못하고 있으며, 유(柳)총재는 19일에는 당사에 나오지 않았고, 20일에는 지역구에 귀향.

최근의 '정세흐름'이 과연 무엇인지 일반 국민들은 알 턱이 없었을 것이다. 그나마 다른 신문들은 그런 '말장난'을 할 용기마저 없었던 것이 당시의 상황이다. 노벨문학상 수상자인 콜롬비아의 마르케스는 그의 작품에서 언론통제를 이렇게 묘사했다.

검열 실시 이후 신문들은 그저 유럽 얘기뿐이란 말이야.……
최선책은 유럽 사람들이 이쪽으로 오고, 우리가 유럽으로 가는 것뿐이야. 그래야 무슨 일이 일어나고 있는가를 알게 되지.

이하 나의 23일에 걸친 단식의 경과와 그 파장을 자료를 통해 요약해 본다.

단식일지

제1일(5월 18일) 오전에는 서예로, 오후에는 독서로 하루를 보냈다.

제2일(5월 19일) 평소와 다름없이 서예와 독서로 소일했으나 바깥은 부산하게 움직였다. 이민우·김동영·최형우·김덕룡·김상현·조윤형·박영록·홍영기·김명윤·김상진·박찬 등 18명이 오전 10시 롯데호텔 커피숍에 모여, 나의 성명서「국민에게 드리는 글」과「단식에 즈음하여」를 낭독하고 '김영삼총재 단식대책위원회'를 구성했다. 이 위원회는 박영록·조윤형·황낙주·박용만(朴容萬)·김덕룡 등 5명으로 소위원회(위원장 이민우)를 구성, 김상협(金相浹) 총리와의 면담을 요구키로 하고, 면담에서는 다음 네 가지 사항을 촉구하기로 했다.

    1. 당국은 민주화선언과 함께 김영삼 총재가 밝힌 5개항의 민주화 요구를 받아들일 것.
    2. 5·17 이후 2년에 걸친 김영삼 총재에 대한 불법 가택연금 사실을 확인하고 또 공개적으로 사과할 것.
    3. 현사태의 진실과 우리의 주장 및 김영삼 총재가 밝힌「단식에 즈음하여」와「국민에게 드리는 글」의 전문이 보도될 수 있도

록 보장하여, 국민이 그 정당성을 자유롭게 판단케 할 것.

    4. 김영삼 총재의 건강상태의 점검과 보호 및 간호를 위해 외부 의료진 및 동지들이 김총재 댁에 자유롭게 출입할 수 있도록 보장할 것.

박용만 등은 이 날 오후 3시 20분 총리실로 찾아가 총리 면담을 요구했으나 의전비서관만 만나고 되돌아왔다. 민주산악회를 중심으로 한 나의 동지들은 내가 발표한 성명서를 등사·복사하여 집집마다 뿌렸고, 등산객들에게까지 배포하기 시작했다.

제3일(5월 20일) 가끔 현기증을 일으켰고 배가 아팠다. 가족들은 음식냄새가 나에게 전해질까 봐 마음을 졸이다가, 우유나 빵으로 식사를 때웠다. 서예를 중단했다.

제4일(5월 21일) 성경을 읽으면서 소일했다. 『구약성서』 「이사야서」 41장 10절과 11절을 특히 애송했다.

    보라, 네게 노하던 자들이 수치와 욕을 당할 것이요, 너와 다투던 자들이 아무 것도 아닌 것같이 될 것이며, 멸망할 것이라.

이 날 석간 1면에 나의 단식에 대해 우회적으로 표현한 기사가 보도되었다. "최근 정가 일각에서 얘기되고 있는 '정세흐름'과 관련, 민정당(民正黨)은 거의 신경을 쓰지 않고 있으며, 전혀 우려하지도 않고 있다"고 민정당 대변인이 말한 것으로 보도되었다. 그는

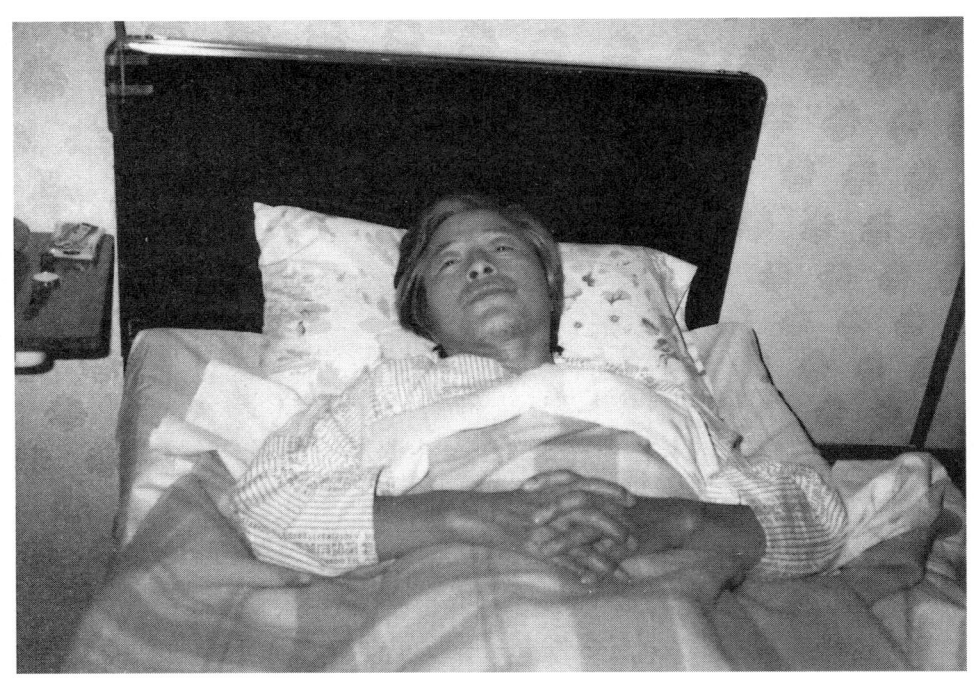
단식 중인 모습.

이 날 오전 기자들과 만나 "정치에는 퍼펙트 게임이 없는 것이므로 그늘진 구석이 있다면 항상 염두에 두고 있지만, 전체적으로 국운이 트여 가고 있어 우리가 깔아 놓은 궤도를 계속 달려가는 데 주저할 것이 없는 상황"이라고 말하고, "이같은 궤도에 역행하는 조짐이 있다 해도 국민적인 공감을 받지 못할 것이며, 민정당은 별로 개의치 않을 것"이라고 당의 입장을 밝혔다는 것이었다.

양심적인 정치부 기자들은 민정당 대변인의 입을 빌어 온갖 표현방법을 동원, 어떻게 해서라도 단식사건을 알려 보겠다고 애쓰고 있었다.

서울대병원에 강제 이송

제5일(5월 22일) 간밤에 잠을 잘 못 잤다. 자꾸만 눕고 싶었다. 거제의 아버지에게서 걸려 온 전화도 받지 못했다.

제6일(5월 23일) 수면시간이 약 4시간 정도로 줄어들고 현기증 증세가 악화되었다.

오전 10시 롯데호텔에서 열릴 예정이었던 '김영삼총재 단식대책위원회' 전체회의는 위원들이 모두 연금되는 통에 무산되었다. 단식대책위원회는 "당국이 대부분의 전직 국회의원과 간부 및 민주산악회 회원(약 70명 추산) 등을 각자의 자택에 불법적으로 감금"했다는 항의성명만을 발표했다.

이 날 한 석간은 민한당이 확대간부회의를 열고 당3역에게 '최근 문제'를 일임했다는 기사를 4단으로 보도했다. '최근의 정세흐름'보다는 다소 구체성이 있는 '최근 문제'라는 표현을 썼지만 여전히 단식과는 거리가 먼 기사였다.

AP와 로이터통신은 그런 중에서도 나의 단식 사실을 계속 다루었고, 나의 지지자들이 가택에 연금되었다는 내용을 보도했다.

제7일(5월 24일) 밤 8시 30분경에 내 비서 홍인길(洪仁吉)이 치안본부 소속이라는 사람에게 불려 나가 모(某) 호텔에서 나의 건강상태에 대한 조사를 받고 밤 10시 30분경 풀려 났다.

워싱턴에 있던 김대중이 나의 단식투쟁에 대해 연대의사를 표시하는 성명서를 발표했다.

석간 가십난에는 민한당 고재청(高在淸) 국회부의장이 민정당 이종찬(李鍾贊) 총무에게 "정치 관심사가 원만히 수습되기를 바란다"고 말했고, 이총무는 "민정당도 이 문제 해결을 위해 적절한 방법을 강구하겠다"고 발언한 것이 보도되었다.

제8일(5월 25일) 서울대학병원에 강제 이송된 이 날의 상황은 AP, 로이터, UPI, AFP, 교토통신 등 외신에 의해 자세히 전해졌다. 〈아사히신문〉(朝日新聞)은 이렇게 보도했다.

> 지난 18일부터 서울 시내 자택에서 단식을 계속하고 있던 김영삼 신민당 전(前)총재는 25일 오전 10시경 경찰당국에 의해 서울대병원에 강제 이송되었다. 가족들에 따르면 주변을 경계 중인 경찰과 당국자들이 단식 중인 김씨의 방에 들어가 단식 중지와 병원 치료를 권했다. 김씨는 이것을 거부, 경찰들과 약 1시간 옥신각신하다가, 오전 10시경 경찰당국이 보낸 구급차로 병원에 강제 이송되었다. 김씨의 이송처는 서울대병원 12층의 VIP병동. 12층 병동은 당시 다른 환자들을 모두 퇴거시켰다. 복도에는 중앙정보부 사람들이 병원 관계자처럼 가운을 입고 돌아다녔다.

그들은 전화선부터 끊어 놓고 수십명이 들이닥쳤다. 나는 반항했으나 그들의 완력을 당할 수 없었다. 결국 앰뷸런스에 실려 병원으로 강제 이송되었다. 나의 집은 내가 병원으로 강제 이송된 후 수십명의 경찰들이 점거했다. 그들은 아내만 남겨 둔 채 집안을 샅샅이 수색하기까지 했다. 처음에는 아내도 병원에 못 오게 했다.

병원에 이송된 후 나는 강제로 혈액검사를 받았다. 당국에서는 물과 소금만으로 단식을 해 건강이 상당히 악화된 것에 당황했다. 그들은 나의 단식을 중단시키려고 온갖 노력을 했으나, 나는 일체의 음식과 의료행위를 거부한 채 단식을 계속했다.

병원측이 내 건강을 체크한 결과 혈압은 180/115~170/110, 체중은 61kg으로 평상시보다 9kg가량이 줄어들었다.

AP 등 28일 서울발 외신은 내가 서울대병원에 강제 이송되기 전 준비한 성명 「나의 투쟁은 끝나지 않았다」의 내용을 상세히 보도했다.

친애하는 국민 여러분!

나는 단식에 임하면서 나의 죽고 삶은 하나님이 하실 일이라 믿으면서, 내 의식이 깨어 있는 한, 나는 단식을 계속할 것임을 밝히는 바입니다. 우리의 민주화에 대한 움직일 수 없는 확고한 신념과 결의는 오직 민주화 그 자체 이외에 어떠한 타협으로도 움직일 수 없는 것임을 나 자신 분명히 하면서 또한 국민과 더불어 그것을 확인하고자 합니다. 나는 내가 어떠한 상황과 처지에 당하든 내 사고가 자유스러운 한 단식을 계속할 것입니다. 나는 단식의 가운데서 오직 광주사태의 희생자들이 겪은 고통과, 민주주의를 위해 정의를 부르짖고 있는 청년학생들의 항쟁을 연상하면서 단식에서 오는 고통을 극복하고 있습니다. 나의 마음은 평화롭습니다.

국민 여러분! 나는 내 생명, 내 모든 것을 바쳐 민주화투쟁을 전개할 것을 거듭 선언하는 바입니다. 나의 투쟁은 끝난 것이 아니라 이제 겨우 그 시작을 알린 것에 지나지 않습니다. 민주화가 이룩될 때까지 나는 나의 투쟁을 국민과 더불어 계속할 것입니다. 내가 지금 국민 여러분에게 말하는 이것만이 오직 진실이요 전부임을 확실히 해 두고자 합니다. 국민 여러분께서는 오직 자신의 깊은 내면 속에서 우러나오는 양심의 명령에 따라 처신해 주시기 바랍니다. 마침내 우리 국민의 각성된 민주의식과 역량으로 군사독재를 극복하고 민주주의를 이 땅에 찬연하게 실현하리라는 것을 나는 굳게 믿습니다. 나는 설사 나에게 어떤 순간이 다가오더라도 그것만을 믿고 의지하면서 기쁘게 한 순간 한 순간을 맞이할 것입니다.

이 글은 나에게 어떠한 상황이 생기거든 발표하여 주시오.

1983년 5월 김영삼

관에 넣어 시체로 부쳐라

제9일(5월 26일) 아버지의 간청을 물리치고 단식을 계속하고 의사들의 진료도 거부했다.

재야에서 문익환(文益煥) 목사가 동조단식을 시작했고, 연금 중인 '김영삼총재 단식대책위원회' 회원들도 성명을 발표하고 동조단식에 들어갔다.

미국의 에드워드 케네디 상원의원은 이 날 성명서를 발표했다.

나는 김영삼씨를 염려하면서 한국 정부는 김영삼씨가 바람직스럽지 않은 죽음에 빠져 드는 것을 구해야 한다고 주장한 바 있다. 그러나 만약 한국 정부가 진정으로 김영삼씨의 건강을 염려한다면 전반적인 국민의 기본권리들을 회복하고 김영삼씨가 주장한 민주회복을 위해 보다 박차를 가해야 할 것으로 나는 믿는다. 지난 5월 18일, 김영삼씨는 단식을 시작하면서 다음과 같이

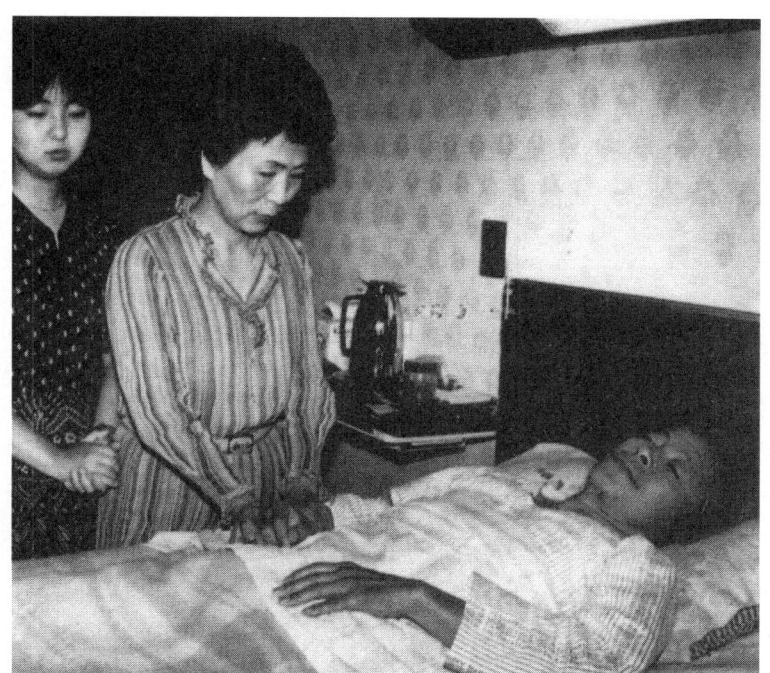
아내와 막내딸이 근심어린 표정으로 지켜보고 있다.

말했다. "민주화투쟁은 생명을 건 투쟁이어야 하며 생명을 건 투쟁만이 민주화를 쟁취할 수 있다"는 것을 말하고, "나의 생명을 바쳐 이 나라 민주화에 다소라도 도움이 될 수 있다면, 이것이 나의 국민에 대한 최후의 봉사라고 생각한다"고 했다. 우리는 이러한 정당한 목적에 그와 같은 비극적인 수단을 필요로 하지 않도록 진심으로 희망한다.

제10일(5월 27일) 계속 진료를 거부하고 단식을 계속했다.

혈압은 120/80~100/70.

이 날은 광주민중봉기가 계엄군에 의해 완전히 진압된 지 3주년이 되는 날이다. 나는 그 날 숨진 광주(光州) 사람들을 생각하면서 하루를 보냈다. 〈아사히신문〉은 이 날 서울 시내가 계엄상태와 같았다고 보도했다.

10일이 넘으면서 자주 어지러워졌다. 아침에는 상대적으로 정신이 맑았고 저녁에는 몽롱해지기도 했다.

민정당 사무총장이던 권익현(權翊鉉)이 병실로 찾아왔다. 아무도 내 병실에 출입할 수 없을 때였다. 그는 "지금 막 청와대에서 오는 길"이라면서, 자신이 전두환·노태우와 셋이 모여 상의를 했다고 말했다. 그들 세 사람은 육사 11기 동기생이었다. 그는 "지금부터 제가 하는 말에는 개인 의사가 전혀 없습니다"라고 전제, 전두환의 말을 전했다. "대통령께서는 총재님께서 단식을 빨리 끝내고 건강을 회복하기를 희망하고 있습니다. 이번에 건강이 회복되면 김총재께서 일본이나 유럽, 아니면 미국 등 어디든지 가시도록 주선하겠습니다"라고 했다. 나를 해외에 내보내고 주택 제공은 물론 생활비 일체를 넉넉히 대주겠다는 것이었다. 가족까지 모두 함께 가도 좋다는 말까지 덧붙였다. 많이 알려지지 않은 사실이지만, 전두환은 쿠데타 이후 수년간 야당 정치인이나 재야인사, 학생 등 수많은 민주인사들을 의도적으로 회유해 해외로 내보냄으로써 민주화세력의 전열을 흐트려뜨려 놓고 있었다. 나는 분개했다. 나는 누운 채로 그의 제의를 일축했다.

"고통받는 국민을 두고 외국에 나갈 생각은 꿈에도 없다. 김대중을 내보내고 이제 나만 내보내면 너희들이 영원히 정권을 잡을 수 있다고 생각하고 있지? 절대 안 된다!"

제11일(5월 28일) 권총장이 다시 나를 찾아와 전날과 비슷한 얘기를 했다. 나는 「나의 투쟁은 끝나지 않았다」는 성명서를 가족을 통해 발표했다.

　　내가 어떠한 상황과 처지에 당하든 내 사고가 자유스러운 한 단식을 계속할 것입니다. 광주사태의 희생자들이 겪은 고통과 민주주의를 위해 정의를 부르짖고 있는 청년·학생들의 항쟁을 연상하면서 나는 단식에서 오는 고통을 극복하고 있습니다.

대략 이런 요지였다.
나는 의사들의 진료를 거부하고 단식을 계속했다.
혈압은 120/80~110/70, 체중은 59kg.

음식냄새 풍기는 등 비열한 짓도

제12일(5월 29일) 원래 단식을 하려면 식사량을 단계적으로 줄여 가는 과정은 물론이고, 관장부터 먼저 해야 한다고 한다. 그러나 나는 그런 과정 없이 곧바로 단식으로 들어갔기 때문에, 체력이 급격히 떨어지면서 고통이 심해졌다. 이 날은 참을 수 없을 만큼 복통이 엄습해 왔다. 도저히 참을 수 없는 고통이었다. 온몸을 구르며 비명을 참으려 해도 되지 않았다. 머리까지 깨지는 듯 아파 오고 온몸에 진땀이 나며 기력이 빠졌다.
　　의사들과 주변의 간청으로 단식에 대한 치료는 하지 않는다는 조건으로 관장을 했다. 그 순간의 고통 또한 혹독했다. 그러나 시간이 지나니 고통이 다소 멎었다. 의사들은 숙변 때문이라고 했다. 그러나 통증은 다음날도 왔다. 다만 통증이 계속되는 시간이 차츰 짧아

1983년 5월 29일자 〈아사히신문〉 보도.

지더니 나중에는 사라졌다.

전두환정권은 내가 단식을 중단하도록 온갖 수단을 다 썼다. 불고기, 생선 등 맛있는 음식상을 차려 와 내 병상 앞에 갖다 놓고 냄새를 풍기도록 했다. 나는 "그 따위 비열한 짓 하지 말고 당장 가져가라!"고 고함을 쳤다. 그들은 다음 식사 때까지 음식을 그대로 놓아두었지만 나는 돌아보지도 않았다.

이 날 아버지께서 마산에서 올라오셨다. 아버지께서는 헝클어진 머리, 텁수룩한 수염, 앙상해진 얼굴을 한 나를 보시자 오열하셨다. 담당의사로부터 "오늘 중으로 무얼 좀 먹지 않으면 생명이 위독하다"는 말을 들은 아버지께서는 "민주화운동도 살아야 할 것이 아니냐. 그후는 하나님께 맡기자" 하시면서, "먼저 뭘 좀 마시라"고 권했다. 아버지께서는 내 병상 옆에 의자를 갖다 놓고 내가 단식을 중단할 때까지 병실을 지키겠다고 하셨다. 내가 오히려 아버지를 설득해야 했다. 불효인 줄 알지만 어쩔 수 없었.

낮 12시 20분경 민한당 유치송 총재가 나를 찾아왔다. 그는 20여 분간 머물다가 돌아갔다. 밤 11시에는 권총장이 다시 찾아왔다. 그는 또다시 해외로 나갈 것을 권유하며 전두환의 얘기를 전했다.

"각하께서 총재님의 건강을 염려하고 있습니다. 건강이 회복되면 총재님이 제시한 민주화에 대한 요구사항 중 몇 개 항에 대해 직·간접으로 대화를 하겠다고 하십니다. 오늘 밤 12시부터 병원과 김총재 댁에 배치한 병력을 철수시키겠습니다. 이제 김총재께서는 국내외 어디든지 갈 수 있습니다. 김총재께서는 영원히 자유인입니다."

그러나 전두환의 말은 어디까지나 나에 대한 회유에 불과한 것이었다. 내가 원한 것은 민주화이지 연금해제가 아니었다. 나는 분명하게 대꾸해 주었다.

"내가 요구한 민주화 조치가 취해지지 않으면 이 정권도 이승만, 박정희를 따라 결국 비참하게 될 것이다. 나는 이것을 분명히 예언할 수 있다. 권총장은 이 말을 전두환에게 꼭 전해라."

이 날 내가 "나를 해외로 내보낼 방법이 전혀 없는 것은 아니다"고 말하자, 권익현은 반색을 하며 무엇이냐고 되물었다. 나는 "나를 시체로 만들어 해외로 부치면 된다"고 말해 주었다. 그는 다시 찾아오지 않았다. 내가 재임 중이던 1996년 실시된 총선에서 나는 권익현을 산청·함양지역에 공천했다. 그는 당선되어 현재 국회의원으로 있다.

나는 연금해제가 단식을 시작한 이유가 아니기 때문에, 가족과 측근의 만류에도 불구하고 단식을 계속하겠다는 의사를 분명히 했다.

혈압 140/80~140/90, 체중 58.5kg.

함석헌, 홍남순 등 동조단식

제13일(5월 30일) [AFP와 외신 종합]

　김영삼씨와 그의 지지자들에 대한 연금이 오늘 9시를 기해 풀렸다. 그러나 김씨는 30일 침대에서 들릴락말락한 음성으로 단식을 계속하겠다고 말했다.

　김씨의 측근들은 오늘 현재 그의 체중이 11kg 감소했으며, 혈압과 위장의 통증으로 그가 고통을 받고 있다고 말했다. 연금된 70여명 중 일부에게도 기관원들이 방문, 김총재에 대한 연금해제 사실을 알리고 그들의 연금도 해제한다고 통보한 것으로 전해졌다.

　연금이 해제된 5월 30일 아침, 많은 김씨의 지지자들과 기자들이 김씨가 입원해 있는 병실에 몰려들었다. 김씨의 부인이 김씨 지지자들과 함께 침대 곁에 서 있었고, 그녀는 김씨의 건강상태가 매우 좋지 않으므로 면담을 간단히 해줄 것을 당부했다.

　김씨의 비서실장인 김덕룡씨가 김씨의 성명을 보도진들에게 낭독했다. 이 성명서에서 김씨는 연금해제는 지극히 당연한 일이나, 이는 자신의 단식 이유도 아니고 요구사항도 아니라고 했다. 김비서실장은 "정부 당국자가 연금해제를 통보하면서 조건을 붙이지는 않았다"고 말하고, 또 이 당국자는 김씨가 원한다면 일본이나 유럽·미국 등 어디든 나갈 수 있으며, 그들이 그 준비를 해줄 수 있다고 말했다고 밝혔다. 그러나 김씨는 이에 대해 고통받는 국민들을 남겨 두고 외국에 나갈 수는 없다고 말했다고 김비서실장은 전했다.

5월 30일자 〈아사히신문〉은 「우려되는 김영삼씨 단식사태」라는 사설을 실었다.

…… (김영삼씨가) 극히 쇠약해짐으로써 큰 우려를 낳게 하고 있다.…… 단식이란 인간이 가장 어려운 환경에 처했을 때 비상 수단으로서 호소할 수 있는 가장 극단적인 투쟁방법인 것이다. 김씨는 그 동안 건국 이후의 험난했던 한국의 정치·경제·사회 상을 직접 체험한 많은 경험을 쌓은 50대 중반의 정치인이다. 김씨의 민주화를 위한 단식투쟁은 현재 한국이 처하고 있는 정치·경제의 어려움 속에서 대부분의 국민들이 갈망하는 바를 행동으로 표현함으로써 국민들의 지지를 얻고 있다.

외부인의 출입이 일체 금지돼 있던 내 병실에 비로소 사람들이 찾아올 수 있었다. 내 병실 주변에 모여든 나의 지지자들은 "김총재가 생명을 걸고 투쟁하는 이 기회에 효과적으로 민주화투쟁을 할 수 있는 대규모 기구를 만들자"는 데 의견이 접근하고 있었다. '민주화추진협의회'(民主化推進協議會)의 싹이 이때 트기 시작한 것이다.

제14일(5월 31일) 단식 계속.
혈압 110/80~130/90, 체중 58.5kg.
낮 12시에 광화문 현대식당에서 이민우를 비롯한 민주산악회 회원 등 60여명이 모여, ① 김총재 단식을 지지하고, ② 김총재 단식이 보도되지 않고 있기 때문에 몸으로 뛰어서라도 국민들에게 알리고, ③ 단식에 동참할 수 있는 방법을 모색하자고 결의했다.
함석헌, 홍남순, 문익환, 이문영, 예춘호 등 재야 지도자들이 기독교회관에서 「민주화를 위한 무기한의 단식을 시작한다」는 성명을 발표한 뒤 동조단식에 들어갔다.

'범국민 연합전선' 태동

제15일(6월 1일) 오후 2시, 33명의 전직 국회의원을 포함한 58명이 코리아나호텔에서 모여 나의 민주화투쟁을 전폭 지지하는 시국선언을 발표했다. 이들은 지속적인 민주화투쟁을 위해 범국민적인 연합전선을 구축하자는 등 5개항의 결의문을 채택했다. 결의문에서 이들은 나에게 "이 땅의 민주국민과 더불어 전개할 앞으로의 광범한 민주투쟁을 위해서도 단식투쟁을 중단해 줄 것을 간곡히 호소한다"고 했다.

이들은 '범국민 연합전선'을 추진하기 위한 소위원회를 구성했다. 소위원회 위원장은 이민우, 대변인에는 김덕룡씨가 뽑혔다. 소위원회 위원은 이민우, 조윤형, 박영록, 이기택, 황낙주, 박용만, 최형우, 김상현, 김녹영, 김정우, 홍영기, 이중재, 김덕룡 등이다. 이른바 동교동계와 상도동계가 유신 종말 이후 처음으로 이때 손을 잡았다.

〈아사히신문〉은 "과거 야당세력들이 현정권 등장 후 3년간의 침묵을 깨고 반정부 민주화운동을 위해 연합전선을 구축키로 했다. 정부가 어떻게 대응할지가 주목된다"고 보도했다. 〈아사히신문〉은 이어서 이렇게 보도했다.

회의가 끝난 후 이기택 신민당 전(前)부총재 등 '김영삼총재 단식투쟁대책위원회' 위원 13명이 김총재가 입원해 있는 서울대 부속병원을 방문하여 이 날의 회의 경과, 시국선언 결의의 내용 등을 상세히 설명하면서, "앞으로 전개해야 할 민주투쟁을 위해 건강을 회복하여 이 운동을 지도해 달라"고 단식 중단을 권고했다.

이에 대해 김씨는 "민주주의는 권력이 은혜로 베푸는 것이 아니라 투쟁을 통해 쟁취하는 것이므로, 끊임없이 좌절하지 말고 싸워 나가야 한다"고 오히려 대표들을 격려했다. 김씨는 "내가 택한 길은 조국에 대한 최후의 봉사이며, 어떠한 경우가 닥쳐도 나는 영광으로 생각하며 기쁘게 받아들이겠다"고 말하며 단식 중단의 종용에 응하지 않았다.

이러한 움직임이 앞으로 한국 내에 어떠한 파문을 일으킬지 알 수 없으나 김총재가 취하고 있는 단식이라는 비상수단으로서의 정치투쟁은 국민에게 광범위한 영향을 파급시킬 것이다.

단식 15일이 넘어서면서, 죽을까 하는 걱정도 없이 정신이 몽롱해지고 사람도 흐릿하게 보였다.

혈압은 120/80~130/90, 체중 58kg.

제16일(6월 2일) 주치의는 나의 체온이 섭씨 35도까지 내려갔고, 이 고비를 넘기면 생명은 건진다 해도 회복할 수 없는 상태가 될 것이라고 말했다. 의사들은 하루 종일 교대로 병실로 찾아와 단식 중단을 호소했다.

제17일(6월 3일) 혈압 115/90, 체중 56.5kg. 6월 3일 서울발 AP는 다음과 같이 보도했다.

"독재정권 타도하라, 김영삼씨 생명을 구하자!"― 학생시위

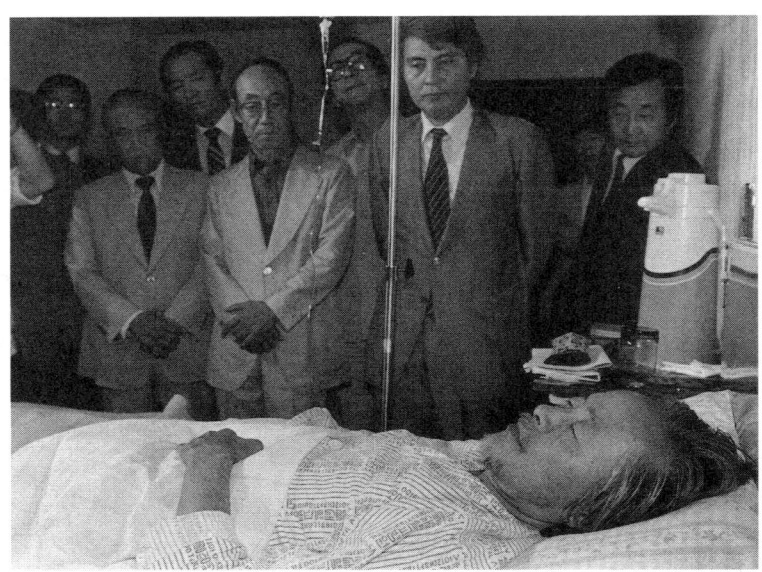

1983년 5월 30일 나에 대한 연금이 풀리고, 내 병실에 외부인의 출입이 허용되었다. 황명수, 박용만, 김덕룡, 박희부 등이 심각한 표정으로 단식 중인 나를 지켜보고 있다.

　서울의 한 명문대학(연세대) 학생들이 전(前) 야당 지도자를 지지하고 정부를 규탄하는 구호를 외치면서 금일 데모를 벌였다.……

　한편 김영삼씨는 병원으로부터 민주화를 위한 헌법개정을 촉구하는 성명을 발표했다. 이 성명에서 김씨는 1980년 10월 27일 선포된 현행의 헌법은 "온 국민이 갈망했던 민주화에 대한 배반의 산물로 나타난 것으로…… 정치적 사산아"라고 규정했다. 이 성명서는 또 5·17 이전에 이미 국민적 합의로 확인된 바 있었던 헌법으로 환원되어야 한다고 역설했다.

　55세의 김영삼씨는 여전히 일체의 음식과 의료행위를 거부하고 있으며, 나날이 쇠약해져 가고 있다고 측근들이 전했다. 단식을 시작한 이후 그의 체중은 13kg이 빠졌다고 전해졌다.……

　의료진들은 아침부터 병실로 찾아와 응급조치를 받도록 두 시간

반 동안 설득했으나 거절했다.

오전 11시 30분, 윤보선 전대통령이 찾아와 "김총재, 잡수셔야지요. 만일 단식을 하여 해결될 수 있다면 나도 같이 하겠소. 생명은 하나뿐인데 잡수시고 일어나야지요"라고 했다. 나는 그저 듣기만 했다.

오후 6시 30분경에는 김수환(金壽煥) 추기경이 찾아왔다. 나의 손을 잡고 기도를 했다.

"많은 사람들이 권유하셨겠지만 몸을 돌보셔야 합니다. 나도 많이는 아니지만 때때로 나라를 위해 기도합니다. 한 인간으로서 김총재님께 부탁드립니다. 총재님 글을 어떻게 구하여 읽어 보았습니다. 그렇게만 되면 얼마나 좋겠습니까? 하나둘씩 이루셔야지요. 그러니 몸을 돌보셔야 합니다."

점진적으로 민주화를 이루자는 말과 생명은 소중하다는 추기경의 간절한 기도를 들은 나는 그 전까지 거부하던 응급조치에 응했다. 단식 17일 만에 링거를 맞았다.

3일 저녁의 링거 주사로 내가 죽기를 단념하고 살기로 마음을 바꾸었다고 판단한 정치권에서는 크게 안도했다고 한 신문은 전하고 있다.

지난달 중순부터 경색돼 왔던 정국이 3일 저녁을 고비로 새로운 국면으로 바뀌자, 그 동안 어두운 얼굴로 부산하게 움직이던 여야가 4일부터는 한숨 돌린 듯한 분위기.

해외에서도 동조 집회·시위

제18일(6월 4일) 오전 10시경 유진오(兪鎭午)씨가 방문하여 단식 중단을 당부했다.

이 날 오후 워싱턴에서는 김대중을 비롯한 약 70여명이 나의 단식을 지원하는 집회를 갖고 한국대사관, 국무성, 백악관 앞에서 시위를 벌였다는 소식이 있었다. 6월 4일 서울발 로이터는 "단식을 시작한 이래 체중이 14kg이나 빠진 김씨는 어제(3일)의 응급처치 외에 어떠한 음식이나 의료치료도 거부했다"고 보도했다.

제19일(6월 5일) 나의 단식투쟁이 재야로 확산되어 지난 5월 30일부터 함석헌·홍남순·문익환·이문영·예춘호씨 등이 기독교회관에서「긴급민주선언」을 발표하고 동조단식에 들어간 이후 점차 해외로 파급되었고, 5일 뉴욕에서 재미교포와 코헨 교수 등 8백여명이 나의 민주화 단식투쟁을 지지하는 집회를 가진다는 소식이 전해졌다.

나는 병상에서「미국에 있는 동지들에게」라는 메시지를 발표했다. 이 메시지에서 "나는 지금 외로운 투쟁을 계속하고 있습니다. 나와 내 주변은 현정권으로부터 단식 중단을 위한 조직적인 박해를 받고 있습니다. 이곳은 단식을 할 자유조차 없습니다"라고 한 뒤에 전두환과 미국 정부에 대해 항의를 했다. 이어서 "지금 많은 청년 학생들이 쓰러지거나 감옥에 가고 있습니다. 나 역시 이 싸움에서 쓰러질지도 모릅니다. 그러나 죽고 사는 것은 하나님이 하실 일입니다," "국민과 더불어 민주주의 만세를 목이 터져라 부르고 싶습니다"라고 절절한 염원을 담았다.

제20일(6월 6일) 동경(東京)의 주일 한국대사관 앞에서 70여명의 교포들이 나의 단식투쟁을 지지하는 시위를 했다.

제21일(6월 7일) 서울발 AP는 나의 건강이 '위험상태'에 있다고 의사들이 선언했으며, 3일 응급처치를 받은 이후 단식을 계속함으로써 7일에는 혈압이 급강하하는 등 매우 악화되었다고 보도했다. 나의 단식투쟁을 지지해 6월 1일 만들어진 이민우 등 13인 소위원회 위원들은 나의 단식 중단을 호소하기 위해 서울대병원에 찾아올 예정이었으나, 모두가 세번째 가택연금을 당했다.

제22일(6월 8일) 의사들은 내 건강상태가 극히 위험한 단계라고 했다. 오후에 이기택 등 30여명이 면회금지 조치가 내려진 병실 문을 박차고 들어와, "살아서 같이 투쟁하자"며 눈물로 호소.
　밤에 병실을 지키고 있던 최기선(崔箕善) 비서에게 내일 아침에 단식을 중단하겠다고 말했다.

단식 중단

제23일(6월 9일) 오전 9시 30분경 병원에서 내외신 기자들과 회견을 갖고 "단식을 중단한다"고 선언했다. 김덕룡 비서실장이 준비된 성명「단식을 마치면서」를 대신 읽었다.

목숨을 건 23일간의 단식을
끝낸 직후의 모습이다.

친애하는 국민 여러분!

나는 오늘 비통한 심정으로 나의 단식투쟁의 중단을 발표하는 바입니다. 나의 단식을 중단케 하려는 음모가 나를 둘러싸고 있습니다. 나는 20여일에 걸친 단식기간 중 국민 여러분이 보내 준 뜨거운 성원과 나의 민주화 요구에 대한 열렬한 지지, 그리고 나의 건강과 생명을 염려해 주신 그 눈물겨운 애정에 깊이 감사드립니다. 그러한 격려와 애정은 나로 하여금 외로운 단식투쟁의 고통을 견딜 수 있게 해주었고, 또한 나의 생명을 독재권력으로부터 지켜 주었으며, 나아가 이 땅의 민주화에 대한 확신과 더불어 민주국민과의 깊은 연대감을 뼛속 깊이 확인할 수 있게 해주었습니다.

국민 여러분!

나는 부끄럽게 살기 위하여 단식을 중단하는 것이 아닙니다. 앉아서 죽기보다는 서서 싸우다 죽기를 위하여 단식을 중단하는 것입니다. 현정권이 나의 단식을 중단케 하기 위하여 갖은 수단과 방법을 동원하는 것은 그들이 인도적이어서가 아니라, 나와 튼튼하게 연대하고 있는 민주국민의 결사적인 민주항쟁을 두려워하기 때문입니다. 한 마리의 곰의 죽음이 대서특필되면서도 한 나라 야당 지도자의 오랜 연금과 단식투쟁 사실이 단 한 줄도 보도되지 않는 언론상황 속에서 입과 입, 손과 손, 마음과 마음으로 전달된 단식 사실의 전파와 더불어, 민주국민의 뜨거운 열정과 연대를 그들이 두려워할 수밖에 없었기 때문입니다.

국민 여러분!

나는 이미 죽음을 각오하고 결심했던 몸으로, 죽음을 선택할 수 있는 용기와 신념으로 민주화투쟁의 과정에서 그 고통과 고난의 맨 앞에 설 것이며, 그 어떤 희생이라도 감수할 것입니다. 나는 광주사태에서 희생된 영령과 조국의 제단에 자신을 던진 현충(顯忠)의 넋, 그리고 지금도 계속되고 있는 청년·학생들의 투쟁과 고난을 생각하면서, 그 고난의 맨 앞의 일부를 나 자신이 떠맡기 위하여 민주투쟁의 최일선에 설 것을 국민 앞에 엄숙히 서약하는 바입니다.

나의 투쟁은 이제 시작일 뿐

민주화를 위하여 내가 먼저 가야 할 곳이 감옥이라면, 나는 기꺼이 감옥으로 달려갈 것입니다. 감옥은 민주주의를 위하여 개인이 거쳐야 할 과정일지도 모릅니다. 나는 민주주의를 열망하는 국민의 단 0.1%만이라도 감옥에 갈 것을 결심한다면 민주주의는 마침내 우리의 것이 될 것이라고 믿습니다. 예수 그리스도는 감옥에 갇힌 바 되었다가 십자가에서 죽어 가장 무력한 것으로 보였지만, 부활하여 사랑과 정의의 빛으로 세상 권세와 불의를 이기셨습니다.

나는 또한 우리 모두가 자신이 처한 처지를 훌훌 벗어 던지고 민주투쟁의 대열에 사심 없이 합류하여 조직적인 연대투쟁을 전개한다면, 독재의 암흑은 마침내 걷히고 민주주의는 이룩될 수 있다고 확신합니다.

우리나라와 우리 국민의 부활은 바로 민주주의 실현을 통해서만 비로소 가능한 것이며, 민주주의 없이는 우리 모두는 죽은 것과 다름이 없습니다. 하나님은 정의의 편에 계시며, 또한 우리와 함께 하시는 줄 나는 믿습니다.

우리는 승리할 것입니다.

나의 투쟁은 끝난 것이 아니라, 이제 겨우 시작을 알렸을 뿐입니다. 나는 그 언젠가 국민과 더불어 '민주주의 만세'를 목이 터져라 부르고 싶습니다. 그것을 위하여 나는 나에게 주어진 고난의 길을 갈 것입니다.

1983년 6월 9일 김영삼

그 동안 해외에서는 케네디 미 상원의원, 코헨 교수, 리치 의원 등 많은 인사들이 전화와 편지로 단식 중단과 생명 보전을 간곡히 호소해 왔다. 에드워드 케네디 상원의원은 6월 9일 내게 "한국에서의 자유를 위한 투쟁을 지지하며…… 총재님의 생명이 더 이상 위태롭지 않기를 하나님께 기도드립니다.…… 총재님의 위대한 헌신과 숭고한 투쟁, 그리고 총재님의 위대한 지도력에 무한한 찬사를 보냅니다"라는 서신을 보내 왔다.

에드워드 케네디 상원의원은 나의 오랜 민주화투쟁의 적극적인 지지자였다. 사진은 1985년 9월, 미국을 방문해 에드워드 케네디 상원의원을 만나는 모습.

국내언론이 '정치현안', '정치관심사' 등으로 표현해 오던 나의 단식에 대해 '김영삼'이라는 이름과 함께 그 간단한 경과와 중단 사실을 처음 내비친 것은 단식 23일 만인 6월 9일이었다. 이 날 한 석간신문은 2단기사로 이렇게 보도했다.

정치적인 이유로 지난 5월 18일부터 단식을 벌여 온 전(前) 신민당 총재 김영삼씨가 단식 23일째인 9일 오전 입원 중인 서울대학병원에서 단식을 중단하겠다고 밝혔다. 김씨는 정치풍토 쇄신을 위한 특별조치법에 의해 정치활동 규제를 받고 있었는데, 지난 달 18일 정치 피규제자 해금 등을 주장하면서 서울 상도동 자택에서 단식을 시작, 그 달 25일 서울대병원에 입원, 단식을 계속했다.

5. 민추협 결성

민주화세력, 깨어 일어나다

단식 중단 후 한동안 병원 치료를 받은 나는 6월 30일 상도동 집으로 옮겼다. 그후에도 침을 맞고 쑥뜸을 뜨는 등 치료를 받아 건강을 어느 정도 회복한 것은 6개월여가 지난 그 해 연말이었다. 특히 단식 후유증으로 다리가 잘 안 풀려 고생을 많이 했다.
나는 훗날 단식투쟁을 되돌아보면서 이렇게 술회한 바 있다.

내가 단식을 시작할 때에는 죽겠다는 생각밖에는 없었다. 죽겠다는 각오로 시작한 단식을 살아서 싸우겠다는 결의로써 끝냈다. 누워서 죽는 것도 용기고 일어서서 싸우는 것도 용기임에는 분명하다. 죽겠다는 결심이 싸우겠다는 또 다른 결심으로 바뀐 것은 나의 단식이 가져온 놀라운 사태진전 때문이었다.
5·17 이후 한때 나의 곁을 떠나거나 반독재투쟁의 의지를 꺾었던 많은 사람들이 다시 나의 곁으로 몰려왔다. 그들은 앙상한 나의 손을 잡고 더운 눈물을 흘리면서, "총재님, 살아만 있어 주십시오. 저희들도 다시 용기를 얻었습니다. 뭉칩시다"하고 설득

하는 것이었다.

　문익환(文益煥) 목사 등 재야의 여러 지도자들은 나와 고통을 함께 한다는 뜻에서 동조단식을 해주었다. 나는 병상에 누워서도 야권에 중요한 변화가 생기고 있음을 감지할 수가 있었다. 그 동안 흩어져 잠자고 있던 민주화운동 세력이 깨어 일어나 하나의 구심점을 향해 뭉치기 시작했다는 느낌이 왔을 때, 나는 까마득한 절망감에서 한 줄기 빛을 발견한 듯했다.

　특히 김수환 추기경과 박형규(朴炯圭) 목사 등 종교인들이 나를 찾아와 보내 준 위로와 용기는 나에게 큰 희망을 심어 주었다. 절망에서 시작한 단식은 희망, 그리고 용기를 가져왔다. 인간은 희망이 있을 때 기다릴 수도, 견딜 수도 있는 것이다.

오늘이 내 인생의 마지막 날

　나의 단식은 1980년대의 한국정치사에서 커다란 전환점이 되었다. 민추협(民推協)과 신민당(新民黨)을 조직해 가는 과정이 잘 풀릴 수 있었던 것은 나의 단식 덕분이었다. 단식은 나에게는 용기를, 다른 야권 인사들에게는 각성을 주었던 것이다.

　나는 단식의 고통과 배고픔을 통해 많은 것을 생각하고 배웠다. 죽음과 마주한 순간 내게는 "비열하게 살지 말자. 사람은 깨끗이 죽을 줄 알아야 한다"는 각성이 생겼다. 나는 모든 굴종과 구속에서 해방될 수 있었다. 명리(名利)를 탐하지 않는 담담함, '텅 빈 충만(充滿)' 같은 것도 느꼈다.

　나는 어려서부터 매사에 두려움이 없는 편이었고, 박정희 독재와의 오랜 투쟁에서도 초산테러나 국회의원 제명, 투옥이나 협박 등 어떠한 탄압도 두려워해 본 일은 없었다. 그런데 단식 이후 나는 더욱더 목숨에 초연해지는 내 자신을 느꼈다. 그 이후 나는 "오늘이 내 인생의 마지막 날이다"는 말을 자주 하게 되었고, 그 심정은 지금도 변함이 없다.

나는 자신도 모르게 느긋해지고, 말수가 적어지고, 신중해지는 등 내면으로부터의 변화를 느낄 수가 있었다. 또 핍박받는 이들과 고통을 함께 나누려고 애썼다. 구속자 가족이나 재야인사들을 자주 만나 함께 고민하고 결정하는 일도 더 많아졌다. 지체 부자유자나 양로원 같은 곳으로의 발걸음도 더욱 잦아졌다. 나이 50대에 다시 한번 인간과 역사와 정치에 대해 성찰함으로써 생긴 변화였다.

수시연금은 그후도 계속

나의 단식은 끝나고 나서야 비로소 공개적인 '정치현안'이 되었다. 전두환의 민정당은 6월 13일부터 열리는 임시국회에서 "장외(場外)정치를 장내(場內)로 수렴하겠다"면서 나의 단식문제를 '중요한 정치현안'으로 다루겠다고 나섰다. 더 이상 은폐·묵살할 수 없었던 것이다. 그러나 그들은 어떻게든 나의 단식투쟁의 의미를 왜곡·격하시키려고 했다. 국내언론은 문공부의 보도지침과 발표문을 충실히 따랐다. 기자들은 문공부의 발표문 외에 직접 취재를 할 수 없었고, 기사의 크기는 2단 이하로 통제되었다. 무엇보다 언론은 나의 '민주화 요구'를 기사화하지 않았고, 내가 오직 '연금해제'만을 위해 단식한 것처럼 왜곡 보도했다.

'민주화 요구'가 확산될 것을 우려한 전두환은 6월 17일 나의 비서실장 김덕룡(金德龍)을 구속했다. 외국 언론기관에 반(反)정부 유인물을 배포함으로써 국가모독죄, 정치풍토 쇄신에 관한 특별조치법, 집회 및 시위에 관한 법률을 위반했다는 것이었다. 최기선 비서 등은 구류처분을 받았다.

6월 18일, 나는 김덕룡의 불법적인 연행과 구속, 최기선과 탁형춘에 대한 구류처분은 "모두가 나에 대한 정치적 보복이며, 민주화에 대한 독재정권의 명백한 거부"라는 비난성명을 발표했다. 나는 이 성명에서 "이들은 오직 나의 지시에 따라 행동한 만큼 김덕룡 등을 석방하고, 차라리 나 자신을 감옥으로 보내라"고 촉구했다.

단식 중인 나에게 와서는 "이제 완전히 영원한 자유입니다"라며 연금을 해제한다고 큰소리를 쳤지만, 그것은 거짓말이었다. 전두환은 여전히 나에 대한 탄압을 계속했다. 24시간 갇혀 지내야 하던 2차연금은 해제되었지만, 그 대신 '수시연금'이 계속되었다. 1987년 6월항쟁이 끝나기 전까지 내 집 주위는 항상 감시의 눈이 번득였다. 어떤 행사가 있다거나 구실만 있으면 기동대가 들이닥쳐 나의 대문 밖 출입을 막았다. 때로는 며칠씩 수백명의 경찰이 동원되기도 했다. 심지어는 나와 전혀 관계가 없는 행사나 모임이 열릴 때도 나는 강제로 연금을 당해야 했다.

한 번은 자주 가던 '봉희설렁탕' 집에서 김명윤 민추협 부의장과 함께 식사를 하고 있는데, 기동대 수십명이 식당을 포위했다. 경찰 책임자가 나타나 자꾸 집으로 돌아가자고 했다. 내가 "설렁탕이나 마저 먹고 가겠다"고 했지만, 상부의 독촉을 받은 그는 식사를 마치기까지 대여섯 번이나 들락거렸다.

또 한 번은 마산에 계신 아버지를 뵈러 가려고 공항에 나갔다. 그런데 전두환은 내가 내려가는 것을 막으려고 그 날 김포공항에서 부산으로 가는 비행기의 운항을 아예 전면 중단시켜 버렸다. 마침

한겨울이었는데 공항건물의 난방마저 꺼 버렸다. 나는 공항 2층에 연금된 형국이 되었다. 일반 승객들은 1층 대합실로 쫓겨나야 했다. 내가 부산행 마지막 비행기 시간이 될 때까지 10시간 가까이 버티고 있었더니, 시경국장이 와서는 "이제 부산 가는 비행기가 없으니 돌아가시죠" 하는 것이 아닌가. 나는 화가 치밀어, "야 이놈들아. 너희들이 아무리 나쁜 놈들이지만, 그래 아버지를 만나러 가지도 못한단 말이냐" 하고 실컷 야단을 쳤다.

광복절에 공동성명 발표

한편 단식은 나와 김대중 사이에 다시 연대를 맺게 하는 계기가 되었다. 단식 직후인 1983년 여름, 한 재미교포가 나에게 문안을 왔다. 나는 그를 통해 미국의 김대중에게 전갈을 보냈다. 8·15광복절을 기해 공동성명을 발표하자는 제안이었다. 성명문안은 국내보다 모든 면에서 자유로운 처지인 김대중에게 작성을 일임한다는 편지와 함께 내 서명을 넣은 백지를 동봉하여 보냈다. 서신 왕래조차 보이지 않는 검열의 눈길을 피해야 했던 시절이었다.

그러나 김대중은 도리어 나에게 성명문안을 작성해 달라고 다시 연락해 왔다. 시간도 촉박했고 부자유스러운 상태에 있었지만, 결국 내가 문안을 작성해서 워싱턴으로 보내야 했다. 이렇게 해서 1983년 8·15광복절에 「민주화투쟁은 민족의 독립과 해방을 위한 투쟁이다」는 제목의 긴 성명이 서울과 워싱턴에서 동시에 발표되었다. 오전 9시 내가 발표한 성명에는 '서울에서 김영삼, 워싱턴에서 김대중'이라는 서명이 실렸다.

공동성명은 1983년 현재 조국이 처한 현실을 낱낱이 짚으면서,

1983년 8월 13일, 기자회견을 갖고 김대중과의 '8·15공동선언'을 발표하는 모습.

국민들과 정치인·언론인·법조인 등에게 독재권력에 결연히 맞서야 함을 호소했다. 미국의 대한(對韓)정책에 대해서도 미국이 독재권력의 유지에 협력하는 듯이 한국인들에게 비치는 것에 우려를 표시했다.

나는 무엇보다도 1980년 과도기에 대한 반성과 자책에 비중을 많이 두었다. 아울러 당시의 잘못에서 벗어나 이제 조국의 민주화와 겨레의 통일에 기여하는 데 신명을 바칠 것을 국민 앞에 맹세했다.

다음은 외신에만 크게 보도된 이 날 성명의 일부이다.

> 우리 국민은 이미 이승만정권이나 박정희정권과 같이 민주주의에 대한 국민의 염원을 배반한 독재정권을 결코 용납하지 아니

한 민주역량을 가진 국민입니다. 이같이 자랑스런 국민 앞에 우리는 정치인으로서 부끄러운 마음 금할 길이 없습니다. 1980년 봄, 온 국민이 한결같이 열망하던 민주화의 길에서 우리는 당시 야당 정치인들로서 하나로 되는 데 실패함으로써 수백 수천의 민주국민이 무참히 살상당하는 사태에 이르게 되고, 계속 국민의 수난이 연속됨은 물론, 민주화의 길을 더욱 멀게 한 사태를 막지 못한 데 대한 책임을 면할 길이 없습니다. 이제 국민 앞에 자책과 참회의 뜻에서, 그리고 온 국민의 민주화에 대한 열망 앞에서 우리 두 사람은 백의종군하는 자세로 하나가 되어 손잡고 우리 민족의 지상과제를 향해 함께 나아가려 합니다.

국민 여러분! 우리들의 부족함을 너그러이 용서해 주시고, 여러분의 민주전열에 전우로 받아 주시기 바랍니다. 우리 두 사람은 오로지 국민의 한 사람으로서, 국민과 함께 그 뜻을 받들어 민족과 민주 제단에 우리의 모든 것을 바칠 것을 엄숙히 맹세하는 바입니다. 그 성스런 싸움과 승리의 현장에서 뜨겁게 만납시다. 우리는 승리할 것입니다.

정치활동 규제는 정치폭력

나의 단식으로 한때 고조되었던 야권의 열기는 내가 요양하는 사이 전두환정권의 탄압으로 차츰 움츠러들었다. 그런 중에서도 민주산악회는 왕성한 활동을 벌였다. 나는 아직도 회복이 덜 된 쇠약한 몸을 이끌고 야권의 결속에 나섰다. 1983년 12월 27일, 나는 남산의 외교구락부에서 망년회 모임을 주최했다. 이 모임에는 5백여명이 모였다. 전두환정권하에서 찾아보기 힘들었던 대규모 집회였다.

나는 이 자리에서 1983년을 "갖은 억압과 치욕으로 점철된 잊을 수 없는 한 해였다"고 회고하면서, "이 나라의 민주화투쟁을 위해서라면 옥중의 죽음도 마다하지 않겠다"고 강한 결의를 표명했다. 이어서 나는 "국민이 선택한 정부가 수립되지 않는 한 안정은 결코 오지 않는다"고 말하고, 민주화투쟁을 위해 반정부세력의 결집을 호소했다.

다음해인 1984년 2월 16일 나는 상도동에서 내외신 기자들과 회견, 「민주주의의 승리를 위하여」라는 제하에 사회 각계의 양심세력과 공동성명을 발표했다. 성명에서는 "정치활동의 규제는 국민의 기본권 유린이며 공민권의 박탈"이라고 규정하고, "언론은 독재권력의 홍보수단이 됐고, 국회와

나는 연금시절에 기록한 글을 모아 1982년 5월 17일 『나와 내 조국의 진실』을 미국에서 출간했다. 이 책의 국내 출판은 전두환정권의 방해로 늦어져 1984년 4월 19일에야 이루어졌다.

사법부는 권력의 시녀로 전락했으며, 현정권의 민중에 대한 탄압은 질적·양적으로 일제시대의 이민족(異民族)에 대한 탄압 이상"이라고 정부의 언론·사법에 대한 간섭을 맹렬히 비난했다. 나는 "이 난국을 극복할 수 있는 유일한 길은 이 나라의 민주화 외에는 없다"고 주장했다. 성명에는 정치활동 피규제자 37명이 서명했다.

1984년 초에는 5월 로마 교황의 방한, 9월 전두환의 방일(訪日), 그리고 공산권국가의 서울올림픽 참여를 유도하기 위한 북방외교 등을 앞두고 있었기 때문에, 전두환은 국내의 억압상태를 잠깐이나마 분식(粉飾)할 필요가 있었다. 2·16성명이 발표된 지 며칠 후인 1984년 2월 25일 전두환은 이른바 '2차해금'을 했다. 그런데 해금

자 명단에는 구(舊)여당인 민주공화당과 야당인 신민당의 전(前) 국회의원 등 40여명이 포함되었으나, 2·16성명의 서명자 37명은 제외되었다. 전두환은 미해금자에 대해 "앞으로 개전의 정도에 따라 적절한 시기에 추가해제를 검토한다"고 발표했다. 참으로 뻔뻔스럽고 오만방자한 발언이었다.

나는 전두환의 기만적인 정치해금과 후안무치한 발언을 비난하는 한편, 앞으로 민주화투쟁을 위해 본격적으로 나설 것임을 명백히 했다.

> 정치활동의 규제는 국민의 참정권과 선택권을 박탈한 정치폭력이며, 나는 이것을 결코 인정하지 않는다. 아직 100명 이상의 미해금자가 있는데, 미해금자가 단 한 사람이라도 남아 있다면, 그것은 전두환이 민주주의를 거부하고 있다는 것을 입증하는 것이다. 마음속으로부터 국민화합을 원한다면, 사회 전반에 걸쳐 즉각 민주주의를 실천함과 동시에, 국민이 자유롭게 스스로의 정부를 선택할 수 있도록 하지 않으면 안 된다.

'민추협 동참 말라' 위협

나는 소위 '정치풍토 쇄신을 위한 특별조치법'을 완전히 무시하고 활동을 시작했다. 단식 후유증을 어느 정도 극복한 나는 민주화운동을 한 단계 끌어올리고 본격화하기 위해서는 야권의 단합이 급선무라고 판단했다. 1983년 7월, 나는 김대중의 측근인 김상현(金相賢)을 만나 민주화운동을 함께 벌이자고 제의했다.

범야권 연합의 민주화투쟁 기구를 만들자는 나의 제의를 받은 동교동계는 내부에서 격렬한 논쟁을 벌였다. 박영록(朴永祿)·김종완(金鍾完)·박종태(朴鍾泰) 등은 나와의 연대를 반대했고, 김상현·조연하·김녹영·박종률 등은 공동전선 구축을 주장했다.

"민주화를 촉진시키기 위한 것이므로 공동 참여해야 한다."

결국 김상현, 조연하, 김녹영, 박종률, 예춘호 등이 나와의 연대 조직 구성에 참여했다. 1983년 5월 나의 단식투쟁으로 조성된 야권의 결집에서 민추협을 발족시키기까지 1년이라는 긴 세월이 흐른 것은 이런 우여곡절 때문이었다.

1984년 들어 나는 새로운 민주화투쟁 기구 발족을 위해 8인위원회를 구성, 본격적인 협의에 나섰다. 8인위원회에는 내 쪽에서 나와 이민우·김명윤·최형우, 김대중 쪽에서 김상현·조연하·김녹영·예춘호가 대표 자격으로 참가, '민주화추진협의회'(약칭 민추협) 결성에 합의했다.

그러나 민추협을 만들기까지 참으로 어려운 점이 많았다. 전두환 정권의 핍박으로 곤욕을 치르거나 눈치를 보는 사람들이 많이 있었다. 누구를 만나서 민추협 동참 서명을 받으면 그 사람은 당장 어딘가로 불려 갔다. 서명을 하고도 안 한 걸로 해달라는 사람도 있었고, 서명하기로 약속하고는 해외로 나가 버린 사람도 있었다. 내가 만나기로 약속을 하고 집에까지 찾아갔는데도 자리를 피해 버린 사람도 있었다. 이들 중 상당수가 지금도 정치일선에 남아 있다. 민추협 발기인 서명용지를 보면 먹으로 지운 명단이 상당수 있는데, 그런 사람들 때문이었다. 오죽했으면 서명용지가 걸레가 되다시피 했을까.

민추협 발족성명

마침내 나의 단식투쟁 1주년이 되던 1984년 5월 18일 민추협이 발족했다. 민추협은 이 날 서울 외교구락부에서「민주화투쟁선언」이라는 발족성명을 발표했다.

선언의 중요 대목을 발췌해 본다.

우리는 이 땅에 민주주의를 실현하는 것이 우리 국민 모두에게 주어진 절대적 사명임과 민주주의는 오직 국민의 투쟁에 의해서만 이룩될 수 있는 것임을 선언한다. 우리는 유신독재에 대한 전(全)민중적 항의와 열망의 표현으로 나타난 10·26사태를 민주주의로 수렴·승화시키지 못한 것이 12·12사태, 5·17비상계엄조치와 광주사태, 그리고 그후에 전개된 현정권의 폭력과 기만에 의한 것으로서, 그 정당성과 정통성을 상실한 민족사의 치욕임을 국민과 더불어 확인했다. 현정권은 소수의 부패한 특권층만을 위해서 절대다수 국민들을 핍박하고 수탈해 오고 있다. 우리는 우리 국민의 긍지와 자존심을 회복시키고, 국가의 존엄을 해치는 군부독재를 청산해서, 국민이 자신의 정부를 선택할 수 있고, 시민의 참여가 보장되는 민주정부의 수립을 위하여, 민주화는 더 이상 지체할 수 없다는 판단 아래, 이를 위한 민주화추진협의회를 발족한다.

8개항 투쟁결의

선언문은 8개항에 이르는 투쟁결의도 담고 있다.

1984년 5월 18일, 광주민주화운동 4주년을 맞아 '민추협' 발족을 선언하고, 6월 14일 민추협 결성대회를 가졌다. 7월 12일 사무실 개소식 모습.

   1. 군인의 정치개입이 민주헌정을 후퇴시키고 민족사의 불행과 안보상의 불안을 초래한다는 역사적 경험을 토대로 군인이 본연의 사명인 신성한 국방의무로 복귀할 것을 주장하고, 시민민주주의를 실현시키기 위해서 투쟁한다.
   2. 국민이 자신의 정부와 정부형태를 선택하고 결정할 수 있을 때만 민주주의가 실현된다고 믿는다. 우리는 민주주의로 가는 길을 봉쇄하고 있는 현행의 모든 제도적 장치와 제약의 개폐를 위해서 투쟁한다.
   3. 현정권의 존속을 위한 선거제도 등 규격화된 정치제도와 반

민주적 법령이 민주적 방향으로 개선되지 않는다면, 선거는 오직 요식행위에 지나지 않을 뿐이다.

4. 학원과 청년층에서 전개하고 있는 민주화운동과 그 과정에서 희생된 분들에 대해서 경의의 뜻을 전하면서, 그들의 애국적 충정에 동참하기 위해서 그 고난의 짐을 떠맡아 지고 투쟁해 나갈 것이다.

5. 노동자·농민·도시소시민들의 기본적 인권과 생존권 보장을 위한 운동을 적극 지지하며, 정치적·경제적으로 소외된 계층의 고통과 추방당한 교수·언론인·근로자들의 아픔을 우리의 것으로 하여 연대하여 투쟁한다.

6. 정치 피규제자 99명의 전원 해금과 복권, 그리고 김대중씨의 조속한 귀국 및 자유로운 정치활동 보장을 위해서 투쟁한다.

7. 역사에 비추어 한 점 부끄러움 없이 우리의 투쟁이 정당한 것임을 믿는다. 우리는 인간의 양심에 기초하여 비폭력 저항의 평화적 방법으로 투쟁할 것이다.

8. 민주화를 위해서라면 그 누구와도 대화할 수 있으며, 또한 그 어느 집단 또는 개인과도 연대할 것이다. 우리는 마침내 쟁취한 민주주의를 역사와 국민에게, 그리고 모든 고난과 희생을 우리의 것으로 하는 헌신을 우리 활동의 기초로 삼고 투쟁한다.

민추협 결성

5월 18일 발족을 선언한 민추협은 인선 등 준비작업을 거쳐 1984년 6월 14일 결성대회를 가졌다. 이 날 민추협은 지도부와 운영위원(1차) 64명을 발표했다. 민추협의 지도부는 내가 공동의장, 김대중은 고문, 김상현은 공동의장대리로 했고, 김대중이 귀국하면 공동의장을 맡기로 했다. 최고의결기구인 10인 운영위 소위(小委)는 김명윤·이민우·윤혁표·김동영·최형우(이상 상도동계), 조연하·김녹영·박종률·박성철·김윤식(이상 동교동계) 등으로 구성됐다.

김상현은 오랜 정치경력을 통해 누구보다도 김대중을 위해 헌신해 온 정치인이다. 그는 1972년 박정희가 유신을 선포했을 때나 1980년 전두환의 쿠데타 이후에도 군부독재정권으로부터 갖은 악형(惡刑)과 고문을 당했다. 김대중을 대신해서 고통을 당한 것이다. 그런 김상현이 민추협을 만드는 데 앞장선 것은 그의 민주화를 위한 신념이 그만큼 굳었기 때문이었다. 그는 파벌 내부의 정서를 의식하지 않을 수 없었지만, 민추협을 통한 민주세력의 결집이 시대의 대세라고 판단, 민추협을 위해 성심성의를 다했다.

1987년 대통령선거를 앞두고 김대중이 자신의 출마를 위해 통일민주당에서 뛰쳐나가 평민당을 만들었을 때도 김상현은 통일민주당에 남아 있었다. 그가 김대중과 나 사이에서 개인적으로 나를 선택했다기보다는 야당의 정통성을 깨지 않으려는 정치인으로서의 충정 때문이었다.

민추협은 각 도별로 지부를 설치, 지방으로 조직을 확대해 나가는 한편, 성명 발표나 기자회견 등을 통해서 민주화운동을 펴 나갔는데, 인권변호사들이 많은 활약을 펼쳤다. 그러나 전두환정권의 언론탄압으로 국내언론에는 이러한 사실이 전혀 보도되지 않아 민추협의 활동에는 애로가 있었다. 외신이나 유인물을 통해 극소수의 사람들에게만 그 활동상이 알려졌던 것이다.

1984년 7월, 민추협 사무실에 돗자리를 펴채 회의를 하고 있다. 전두환정권의 탄압으로 민추협은 출범 이후 몇 달 동안 돗자리를 깔고 회의를 가져야 했다.

돗자리 회의

'민주화추진협의회'는 사무실을 얻어 입주하는 데도 파란이 많았다. 전두환이 민추협의 활동을 원천 봉쇄하기 위해 서울 시내의 건물주들에게 사무실을 주지 말라고 협박을 했기 때문이다.

온갖 우여곡절 끝에 1984년 6월 초 민추협은 비밀리에 서울 관철동 대왕빌딩 13층에 어렵사리 사무실을 냈다. 사무실이라고는 하지만 12층 건물의 옥상에 지어진 가건물이었는데, 내가 비서인 홍인길(洪仁吉)을 시켜 그의 이름으로 사무실을 얻은 것이다. 그런데 한 달쯤 지나자 들통이 났다. 민추협이라는 것을 안 건물주는 임대보증금까지 받았음에도 일방적으로 해약을 통보하고는, 책상·의자·전화기 등 집기를 모두 들어내고 사무실 출입문을 폐쇄시켜 버렸다. 물론 그것은 건물주의 뜻이 아니라 정보부의 뜻이었다. 그래서 민추협 사무실 개소식을 하던 7월 12일에는 출입문 자물쇠를 뜯어내고 들어가야 했다.

그런데 개소식이 끝난 직후 건물주는 또다시 한밤중에 민추협 사무실의 집기를 모두 들어내 숨겨 버렸다. 숨겨진 집기를 수소문해 며칠 만에 다시 제자리에 옮겨 놓았으나, 또 며칠을 못 넘겨 집기가 사라지기를 서너 차례 반복했다. 이 때문에 민추협 출범 초기의 두어 달 동안은 텅 빈 사무실 바닥에 비닐 돗자리를 깔고 앉아 회의를 진행해야 했고, 일명 '돗자리 회의'라는 말까지 나왔다.

6. 신한민주당 돌풍

3차 해금조치 발표

　11월에 접어들면서 정국의 초점은 해금문제로 모아졌다. 1980년 11월 '정치풍토 쇄신을 위한 특별조치법'으로 567명이 정치활동 규제를 받아 온 이래 1, 2차에 걸친 해금이 있었지만, 1984년 11월까지 99명이 여전히 정치활동 피규제 대상으로 남아 있었다. 그러던 중 11월 30일 3차 해금조치가 단행돼 1, 2차해금 때 제외된 99명 중 84명이 정치규제에서 풀려 났다. 미해금자 중 김종필·이후락 등 부정축재로 규제된 6명을 제외하면 모두 민추협 소속 정치인이었다. 나는 마지막까지 남은 미해금자의 명단에 끼어 있었다. 이때가 12대총선을 불과 70여일 앞둔 시점이었다.
　총선에 임박해서 발표된 해금조치는 자연스럽게 신당창당 가능성을 가늠해 보게 만들었다. 야권의 해금 당사자들은 민한당이나 국민당 입당을 매우 꺼려했다. 사실 민한당, 국민당은 구색을 갖추기 위한 '명목야당'에 불과했다. 대세는 역시 신당창당이었다.
　민추협의 신당참여 문제는 선거참여와도 밀접하게 결합되어 있었다. 선거 거부파와 참여파의 양론은 팽팽했다. 거부파는 총선참여 자체가 전두환정권을 인정해 주는 것이며, 당시의 선거제도나 촉박한 일정으로 볼 때 선거에 참여해도 참패가 분명해 결과적으로 전두환정권의 들러리를 서 주는 꼴이 될 것이라고 우려했다.

참여파에서는 "총선에 불참하더라도 현재의 언론구조 아래에서는 효과적인 거부운동이 불가능하다," "총선거부란 선언적 의미밖에 못 갖는 것이며 총선을 통한 민주화투쟁이 훨씬 적극적인 대응방법"이라고 주장했다.

신당창당 결정

민주화의 불씨를 겨우 살려 민추협을 만들었는데, 총선참여를 놓고 의견이 갈리면서 갈등양상까지 빚어졌다.

한참을 고심한 끝에 나는 결정을 내렸다. 비록 나 자신은 정치규제로 출마하지 못하더라도, 명실상부한 야당을 창당해 선거에 참여하는 것이 국민에게 전두환정권을 공개적으로 심판할 수 있는 기회를 주는 것이라고 생각했다. 비록 시일이 촉박했지만 전두환정권에 억눌려 온 우리 국민들은 전두환에 대한 분노를 표출시킬 기회만 마련된다면 엄청난 힘을 보여줄 것이라 확신했다. 나는 마음을 굳히고 신당(新黨)창당을 위한 준비를 시작했다.

12월 7일, 서울 종로 한일관에서 민추협 운영위 전체회의가 열렸다. 대세는 총선참여 쪽이었다. 하지만 최종결정은 의장단에 일임하기로 했다. 다음날인 8일, 비민추협을 대표해서 정치규제에서 해금된 이철승이 상도동으로 나를 찾아왔다. 이 자리에서 나와 이철승은 '국민이 원하는 참신한 야당'을 창당한다는 데 원칙적인 합의를 보았다. 또한 두 사람은 전두환정권이 해금 70일 만인 1985년 2

1984년 12월 11일, 찬반 양론의 진통 속에 민추협의 총선참여를 결정한 후 민추협 운영위 회의내용을 발표하고 있다.

월 초에 선거를 치르겠다는 발상 자체가 원천적으로 부정선거라는 데도 의견을 같이했다.

사흘 뒤인 12월 11일, 나와 김대중 고문, 김상현 공동의장대행의 이름으로 민추협의 신당 및 총선참여가 공식적으로 발표됐다.

> …… 우리는 민주화운동의 기구로서 민추협의 조직을 계속 유지·확대·강화하면서 범국민적 민주화추진의 일환으로 선거투쟁을 전개하기로 하였다. 우리의 선거투쟁은 민정당(民正黨)에 대한 반대투쟁을 그 핵심으로 한다.……

미국에 있던 김대중은 애당초 민추협이 신당을 창당하고 총선에 참여하는 것을 반대했으나, 총선참여는 이미 대세였다.

민추협은 새로이 건설되어야 할 신당의 요건을 세 가지로 압축하였다. 첫째는 민주세력이 중심이 되어야 하고, 둘째는 민주투쟁을 전개하는 정당이어야 하며, 셋째로 노동자·농민·청년학생·종교인·지식인 등 민주통일 운동권과의 연대를 지속·강화시키고 대변하는 정당이어야 한다는 등이 그 내용이다.

신당창당에 모여든 세력은 크게 민추협 세력과 비(非)민추협 세력으로 나누어졌다. 민추협은 나와 김대중계로 나누어졌고, 비민추협은 이철승계·신도환계·김재광계 등으로 나누어졌다. 이렇게 내부는 복잡한 갈래와 계보관계로 얽혀 있었지만, 모두의 마음 속에는 "또다시 분파작용을 재연해서는 안 된다"는 생각이 깊이 자리하고 있었다.

신한민주당 발기인대회 개최

12월 19일 오전 7시, 서울 엠파이어호텔 커피숍에서 김현규(金鉉圭), 서석재(徐錫宰), 박관용(朴寬用), 홍사덕(洪思德) 등 8명이 기자회견을 갖고 민한당 집단탈당을 전격 선언했다. 신당에 참여하라는 나의 끈질긴 설득의 결과였다.

하늘의 축복인 양 하얀 눈이 쏟아졌다. 온 세상이 환호성을 지르는 듯했다. 1984년 12월 20일, 이 날 서울 동숭동(東崇洞) 흥사단(興士團) 대강당에서 신한민주당(新韓民主黨) 창당 발기인대회가 열렸다. 새 야당의 당명을 '신한민주당'으로 정한 것은 유신독재에 맞서 싸워 온 정통야당 '신민당'을 계승한다는 뜻이었다. 전두환정권은 과거 정당의 이름을 다시 사용하는 것을 금지하고 있었다. 신한민주당은 약칭으로 신민당이 되기 때문에, 국민들에게 쉽게 다가갈 수 있는 선명야당의 이름으로는 적격이었다.

신한민주당의 발기인대회가 열린 이 날 나는 연금을 당해 참석하지 못했다. 그러나 최기선 비서가 대신 읽은 메시지에서 민주회복과 12대총선 승리를 다짐했다. 이어 창당준비위원장에 이민우, 부위원장에 김녹영·조연하·이기택·김수한·노승환·박용만을 추대하는 한편, 발기 취지문을 만장일치로 채택했다.

…… 우리는 국가의 백년대계를 위해 정치적 악순환은 어떤 명분, 어떤 형태로든 허용되어서는 안 된다는 것을 분명히 밝힌다.
자유민주주의 사회를 건설하는 것만이 국가적 위기를 극복하고 국민의 창의력과 활력을 소생시키는 길이다.
국민 여망에 부응하여 재야의 모든 민주인사들이 민주정당을 창당, 이 땅에 참된 문민정치를 확립하기 위해 뜻을 모았다.
우리는 이제 국민 모두가 흔연히 참여하여 국민의 손으로 육성하는 자생·자율적 민주정당을 창당하기로 뜻을 모았다.
민주회복과 평화적 정권교체를 우리 힘으로 기필코 실현하기 위해 신한민주당의 깃발 아래 뭉치자.……

발기인들은 또 ① '정치풍토 쇄신을 위한 특별조치법'의 폐지, ②나와 김대중 등에 대한 전면해금 단행, ③조기총선 철회와 선거실시일 연기, ④자생적 민주정당으로 평화적 정권교체를 위해 제도적 개혁과 국민역량 집결에 총력을 경주할 것, ⑤민주회복을 위해 이번 총선을 대승으로 이끌도록 혼신의 노력을 기울일 것 등 5개항의 결의문을 채택했다.

종로·중구에 이민우씨 내세워

신한민주당은 발기인대회를 마치자 곧 조직책 선정작업에 들어갔다. 각 계보의 인물들이 뒤섞여 인선작업에 어려움이 많았지만, 창당대회를 며칠 앞두고는 서울의 종로·중구와 성북구 2개 선거구를 제외한 89개 지구의 조직책 선정을 마쳤다.

나는 2·12총선의 승부처를 종로·중구로 잡았다. 종로·중구는 우리나라의 정치 1번지로 불리는 곳이었다. 유권자의 정치의식도 높을 뿐 아니라 서울의 한복판이라는 위치로 인해 매번 선거에서 관심이 집중되는 곳이었다. 나는 이곳에 신민당을 대표하는 이민우 총재를 출마시켜 돌풍을 일으킨다면, 신민당의 바람은 전국으로 크게 확산될 수 있을 것이라고 생각했다.

물론 1985년 당시 이곳은 민정당 이종찬(李鍾贊)과 민한당 정대철(鄭大哲)의 아성이 구축되어 있어 함부로 넘보기 어려운 곳이었다. 그곳에서 아무 연고도 기반도 없는 이민우씨를 출마시킨다는 것은 커다란 모험이었다. 그러나 나는 승리에 대한 확신이 있었다.

1985년 1월 11일, 나는 마침 지구당 창당대회 순회차 거창(居昌)에 가 있던 이민우에게 김덕룡 비서실장을 보냈다. "종로·중구는 정치 1번지라 상징적인 인물을 내세워 선거투쟁을 해야 한다," "적임자는 인석(仁石: 이민우씨의 아호)밖에 없다"는 나의 뜻을 전해들은 이민우씨는 깜짝 놀랐고, "고희(古稀)를 넘긴 나를 사지(死地)로 보내려 하느냐"면서 거절했다.

나는 이민우씨를 직접 만나는 길밖에 없다고 생각, 부산행 비행기에 올랐다. 나의 부산행은 군사작전같이 이루어졌다. 당국이 공항 자체를 봉쇄할 가능성이 있었기 때문에, 다른 사람 이름으로 표를 사 두었다가 마지막 순간에 감쪽같이 비행기를 탄 것이다. 그 시각 이민우씨는 부산에서 지구당 창당대회에 참석하고 있었다. 밤 8시쯤 나는 이민우씨가 묵고 있는 서라벌호텔로 달려갔다. 나는 비서에게 아무도 들여보내지 말라고 지시한 뒤 담판을 시작했다. 나는 이민우씨에게 본론을 꺼냈다.

"아무래도 인석이 종로·중구에 나가야 하겠어요."
"그렇잖아도 얘기 들었습니다. 하지만 그게 말이나 됩니까. 나는 국회의원에 그렇게 연연해하지 않습니다. 전국구 1번도 않겠으니 제발 나를 나무 위에 올려 놓고 흔들지 마세요."
"절대 그렇지 않아요. 국회의원이 문제가 아닙니다. 민주화를 위한 도전입니다. 비록 그곳에 연고가 없더라도 신당의 총재로서 출마하면 분위기가 달라질 겁니다. 선거에서 기폭제 역할도 할 수 있어요. 인석은 평소 민주화를 위해서 희생하겠다고 말하지 않았습니까. 그런데 패배가 두려워 종로·중구를 피한다면 지금까지 해 온 말은 어떻게 됩니까. 절대 이길 수 있습니다. 확신을 가지세요."

이 날 마주앙 두 병을 마시면서 격론을 벌인 담판은 자정 무렵이 되어서야 끝났다. 긴 대화 끝에 이민우씨가 결단을 내렸다.

"좋습니다. 민주화를 위해 이 한 몸 바치겠습니다."
"고맙습니다. 내가 앞장서서 인석의 선거를 최대한 돕겠습니다. 반드시 승리할 수 있습니다."

신당 돌풍의 진원지인 정치 1번지에 이민우씨의 출마가 결정되는 순간이었다. 내가 무리하게 몰아붙인 것도 사실이지만, 아무 연고도 없는 적지(敵地)에 뛰어드는 용단을 내려 준 인석에 대해 고마움이 컸다.

남은 것은 성북구(城北區)였다. 나는 젊은 유권자층, 특히 대학생들의 선거참여 열기에 불을 지피기 위해 젊고 참신한 인물을 물색했다. 이때 선택된 인물이 왕년의 학생운동가 이철(李哲)이었다. 그는 70년대에 박정희 유신독재에 맞서 싸우다가 사형선고까지 받았던 인물이었다. 나는 마지막까지 남겨 뒀던 성북구 조직책에 이철을 선정했다. 이로써 종로·중구와 성북구에 '비장의 무기'가 투하되었고, 이 무기는 2·12총선에서 핵폭풍의 위력을 발휘하게 된다.

1985년 1월 18일, 앰배서더호텔에서 신한민주당이 창당되었다. 해금조치가 내려진 지 불과 49일 만의 일이었다. 이민우씨가 만장일치로 총재에 추대되었다. 부총재는 민추협에서 2명, 구(舊)신민당 중진연합에서 3명을 내놓았다. 계보정치의 와중에서 참으로 오랜만에 보는 야권의 단합된 모습이었다. 새 신민당은 창당선언문에서 "우리는 민중의 힘이 곧 국가의 힘이요, 민중이 국가의 주인임을 보여 줄 것"이라고 밝히고 대통령중심제의 정부구조와 직선제를 정강정책으로 채택했다.

신민당 돌풍

정부는 제12대 국회의원 선거를 2월 12일에 실시한다고 공고했다. 전두환정권은 날씨가 추울 때 선거를 하게 되면 여당에 유리하다는 계산에 따라 투표일을 혹한기로 잡았던 것이다. 더구나 신당

1985년 2·12총선을 앞두고 종로구 관철동 신라가든에서 1천여명의 당원들 앞에서 즉석연설을 마친 후 귀가하면서 환호하는 시민들에게 손을 들어 화답하고 있다.

은 창당한 지 불과 한 달도 못 되는 기간에 선거를 치러야 했다. 그러나 선거전이 개막되면서 신민당 바람이 거세게 불기 시작했다. '신당 돌풍'이라는 대변혁이 시작된 것이다.

선거를 앞둔 어느 날, 종로구 관철동 신라가든에 천여명의 당원 및 선거 관계자들이 모였을 때의 일이다. 예고 없이 그 자리에 나타난 나는 즉석연설을 했다. "선거혁명을 해야 한다," "이민우 총재를 반드시 당선시켜야 한다"는 등의 내용이었다. '정치활동에 관한 규제위반' 같은 것은 전혀 개의치 않았다.

나는 선거에서 이기기 위해서는 내가 직접 개입해야 한다고 생각했다. 3층에서 내려오면서 수많은 동지들과 일일이 악수를 하고 집으로 돌아왔다. 귀가한 지 얼마 안 돼 기동경찰 수백명이 집 앞으로 몰려들었고, 나는 선거가 끝날 때까지 한 달 가까이 상도동에 연금되어 버렸다. 전두환정권은 내가 전국을 누비는 것을 두려워한 것이다. 연금은 선거가 끝나고도 한 열흘쯤 뒤에나 풀렸다.

비록 연금을 당해 전국을 다니거나 대중집회에 참석하지는 못했으나, 실제로 나는 이민우씨의 당선을 위해 조직관리를 비롯해서 선거의 모든 것을 지휘했다.

종로·중구를 정책지구로 선택한 나의 판단은 정확하게 명중했다. 이는 이곳을 신당 돌풍의 진원지로 삼기 위해 나와 내 동지들이 흘린 피와 땀의 소산이기도 했다. 나는 그 무렵 민주산악회에 총동원령을 내렸다. 산악회의 주요 멤버들은 일제히 종로·중구의 구역별 책임자로 나서 조직·유세·홍보물을 책임졌다. 선거가 중반을 넘어가면서 이민우 열기는 폭발적인 힘을 과시했다.

12대총선이 막바지에 들어선 1985년 2월 6일 구(舊)서울고 자리에서 열린 합동유세에는 10만명의 인파가 운집, 1971년 대통령선거 이후 최대의 유세전을 벌였다.

정치 1번지인 종로·중구의 선거열기를 더 한층 높인 것은 유세장에 몰려든 젊은 직장인들이었다. 사실 그때만 해도 이민우 총재의 지명도는 그리 높은 편이 아니었다. 그러나 전두환정권하에서의 정치적 억압에 짓눌려 있던 넥타이를 맨 젊은 직장인들은 전례 없이 높은 관심을 보였다. 그들은 이총재와 연사들의 강도 높은 군사정권 비판에 박수를 치며 "이민우! 이민우!"를 연호했다.

학생운동의 기수로서 한때 사형판결을 받은 이철은 일반인에게는 무명의 인물이었다. 그런 이철은 "정치사형수, 성북구에 돌아오다"라는 캐치플레이즈를 내걸고 파죽지세로 현직 장관의 아성을 압박해 들어갔다.

5공(共)의 보도지침에 손발이 모두 묶인 언론들이 행간(行間)에 파묻어 두었던 얘기들, 숱한 수식어로 분칠하여 겉돌던 얘기들이 유세장에서 신민당 후보들의 입을 통해 거침없이 쏟아져 나왔다. 청중들은 5년 동안 굶주렸던 집회의 자유를 만끽하는 통쾌함과 전두환정권에 대한 분노를 마음껏 분출했다.

창당 25일 만에 '선거혁명'

마침내 1985년 2월 12일 투표함이 열리자 정부·여당은 경악했다. 서울 등 대도시에서 신민당이 예상을 뒤엎고 압도적으로 승리했다. 1월 18일 창당(創黨)한 지 불과 25일 만에 얻은 눈부신 성과였다. '선거혁명' 바로 그것이었다.

다음날 개표결과 놀랍게도 신민당이 지역구 50석, 전국구 17석으로 도합 67석을 얻어 강력한 야당으로 부상했다. 반면 종전 제1 야당이던 민한당은 지역구 26석, 전국구 9석 등 35석에 그쳤다. 민한당의 의석은 11대국회 때의 81석(지역구 57석, 전국구 24석)에서 무려 46석이나 줄어들었다.

11대총선에서 151석을 차지했던 민정당은 지역구 87석, 전국구 61석 등 모두 148석을 차지했다. 의석수로는 3석이 줄었지만, 서울·부산·대구 등 대도시에서 적지 않은 후보들이 낙선하거나 중선거구제 덕택에 가까스로 2위 당선을 함으로써 사실상 참패를 기록했다. 또 11대에 지역구 18석, 전국구 7석이던 국민당도 12대엔 지역구 15석, 전국구 5석의 초라한 군소정당으로 전락해 버렸다.

12대총선에 폭발한 민심의 위력은 관제야당이던 민한당의 붕괴를 가져왔다. 민한당 당선자 35명 중 29명이 총선 2개월도 채 못 된

4월 3일 민한당을 탈당해서 신민당에 개별 입당했다. 결국 총선이 끝난 지 얼마 되지 않아 신민당은 일약 103석의 거대야당으로 도약했다.

12대총선 결과에 대해 대부분의 정치인과 언론에서는 신민당이 지역구에서 20석 내외를 차지, 민한당에 이어 제3당에 그칠 것이라고 전망했다. 그러나 나는 신민당이 총선에서 50석 이상을 획득할 것이 틀림없다고 공언했다. 일반의 예상과는 너무나 격차가 크다며 주변에서는 나의 전망이 실언이 될까 봐 걱정할 정도였다.

주위에서 뭐라 하든 나는 개의치 않았다. 나는 반드시 승리할 것을 확신했고, 나의 예상은 적중했다. 언론에서는 "2·12총선은 김영삼의 작품"이라고 보도했다.

야권이 정치적 동면(冬眠)에서 깨어난 것은 나의 단식이 주요한 계기가 되었다. 또 내가 심혈을 기울인 민주산악회와 민추협(民推協)은 신민당의 산파(産婆) 노릇을 했다. 그 신민당이 선거투쟁에 참가, 2·12총선에서 선거혁명을 성공시킨 데 대해 나는 커다란 보람을 느꼈다.

4년여 만에 정치해금

총선이 끝난 지 한 달이 채 안 된 3월 6일, 소위 정치풍토 쇄신 관련법에 의해 정치활동이 규제되고 있던 마지막 대상자 14명에 대한 해금조치가 발표됐다. 최종 해금된 야권 인사는 나와 김대중, 김상현, 홍영기, 윤혁표, 김윤식, 김덕룡이었다. 실로 4년 4개월 만에 정치활동의 자유를 획득한 셈이었다.

해금 직후 나는 김대중의 집을 찾아갔다. 김대중은 2·12총선을

1985년, 상도동 나의 집을 방문한 김대중, 이민우 총재와 함께.

앞두고 출국 2년여 만인 2월 8일 귀국했다. 나는 그 전부터 여러 경로를 통해 김대중의 귀국을 수 차례 종용했으나, 그는 선거 종반이 되어서야 귀국했다. 나와 김대중 두 사람의 해후는 80년 5월의 회동 이후 근 5년 만에 이루어진 것이었다. 이 날 공동기자회견에서 나와 김대중은 민주화를 위해 상호 협력할 것을 다짐했다.

우리 둘은 지금도 민주화를 위해 싸우고 있고, 앞으로도 협력해 가면서 투쟁할 것이다. 민주화가 된 후에도 협력할 것이다. 나는 정권에 사심이 없고 민주화가 되더라도 그런 자세를 지킬 것이다.

김대중 역시 동의를 표시했다.

두 사람의 협력관계는 민주회복이 되는 그 날까지 추호도 흔들림이 없을 것이다. 민추협이나 어느 당이건 간에 나를 위한 계보를 만들 생각은 전혀 없다.

신민당과 민추협 강화

전면해금으로 정치활동을 재개한 나는 신민당의 체제정비에 나서는 한편, 민추협과 민주산악회 조직을 정비해 나갔다. 3월 15일 상오 나와 김대중은 김상현(金相賢)의 집에서 만나 시국 전반에 관해 의견을 교환, 민주화를 앞당기기 위해 공동 협력할 것을 재천명했다. 그런 결의의 구체적인 표현으로 김대중이 민추협 공동의장직을 수락하고 민추협 조직을 확대·강화키로 합의했다.

두 사람은 야권통합과 관련, 12대총선에서 나타난 국민들의 민주화 열망에 따라 야권통합은 신민당을 중심으로 이뤄져야 한다는데 의견이 접근, 민한당의 전당대회가 신민당과의 통합을 위한 대회가 되는 것이 바람직하다는 희망 등을 밝혔다.

다음은 김상현이 두 사람을 대신해 발표한 공동발표문 내용이다.

1. 김영삼·김대중씨는 상오 10시 김상현(金相賢) 민추협 공동의장 권한대행 초청으로 김대행 자택에서 회동, 2월 12일 총선에 나타난 국민의 열망에 부응하는 방안에 관해 다각도로 협의했다. 이 자리에서 두 김씨는 5·17 이후 일어난 정치현상에 대해 검토하고, 특히 각계의 민주세력이 미증유의 억압과 절망적인 상황

속에서도 좌절치 않고 꾸준히 민주주의를 신장시켜 온 투쟁과 그 성과를 높이 평가하고, 이를 뒷받침해 준 국민과 세계 여론에 감사의 뜻을 표시했다. 두 김씨는 또 80년대에 있어 민주회복에 대한 일치된 신념과 자신을 표명했다.

2. 당면한 민추협의 운영에 있어서 김영삼 의장은 김대중씨에게 공동의장직을 수락하도록 요청했고, 김대중씨는 이에 수락의사를 표시하면서, 그 동안 김영삼 의장 및 김상현 대행 이하 민추협 간부 및 회원 여러분의 노고에 대해 감사의 뜻을 표시했다. 김대중씨의 의장직 수락은 오는 18일 민추협 상임운영위에서 정식으로 보고될 것이다.

3. 두 김씨는 민추협의 금후 운영에 있어 우선 다음의 사항을 합의했으며, 이를 18일에 있을 상임운영위에 제의 또는 보고키로 했다.

▷ **공동의장** 김영삼 · 김대중씨. 고문을 약간명 두되 신민당 총재인 이민우씨를 추대키로 합의했다.

▷ **부의장** 김상현

▷ **간사장** 최형우

▷ 상임 운영위원을 30명 이내에서 증원 · 보완한다.

▷ 운영위원을 증원한다. 회원자격을 정당을 포함한 단체의 집단적 가입도 허용키로 하되, 임원 선출의 경우 개인자격으로 한다.

▷ 특별시 · 직할시 · 도에 지부를 두기로 한다.

4. 민주화추진에 대한 금후의 방안, 구속된 민주인사 및 학생의 석방, 정치범 사면 및 복권, 기타 국민생활 안정방안 등 국정 전반에 관해서는 김대중 의장 취임 후 두 의장이 공동기자회견을 통해 밝히기로 한다.

민한당, 백기 투항

신민당 창당의 모태가 된 민추협은 언론에서 '장외(場外) 본진(本陣)'이라고 표현할 만큼 중요한 역할을 했다. 그런 민추협이 대대적인 기구개편을 통해 '2기 민추협'을 구성한 것은 이 무렵이었다. 발족 당시 60여명이던 운영위원이 250여명으로 늘어나고, 회원 총수도 1,500여명 규모로 확대되었다.

야권 체제정비의 초점은 민한당이었다. 신민당 창당 이전에 제1야당으로서 명맥을 이어 왔던 민한당은 2·12총선에서 신민당 돌풍으로 좌초에 직면해 있었다. 내부에서 자책(自責)과 비판의 소리가 높아지고 야권통합에 대한 요구가 강력하게 표출되었다.

나는 3월 29일의 민한당 전당대회에 대해 "새로운 지도부를 선출하지 말고 수권(授權)통합위원회만 구성하라"고 민한당에 요구했다. '조기 흡수통합'이라는 원칙을 밀어붙인 것이다. 나는 민한당의 유한렬(柳漢烈)·황낙주(黃珞周)·정재원(鄭在原) 등을 상도동으로 불러, "더 끌면 창피만 당할 테니 무조건 신민당에 들어오라"고 통고했다.

4월 3일 오전, 민한당의 12대총선 당선자 29명은 민한당을 집단 탈당, 신민당에 입당했다. 결국 민한당이 백기를 든 것이다.

역할분담론의 본심

8월 전당대회를 앞두고 신민당은 당내 지도체제를 어떻게 갖출 것인가를 놓고 고심했다. 당의 주축인 나와 김대중이 민추협 공동의장 자격으로 당의 막후에서 역할을 할 것이 아니라 정식으로 신민당에 입당, 신민당 체제를 일원화시켜야 한다는 것이 당면과제로 등장한 것이다.

이민우 총재를 재추대하여 '이민우체제'로 끌고 가되, 김대중이 전당대회 결의사항으로 동반 입당해야 한다는 것이 내 생각이었다. 정부에서는 김대중이 사면·복권되지 않았다는 점을 들어, 그의 신민당 입당이 위법이며 헌정질서를 파괴하는 것으로 재수감할 수도 있다는 강경입장을 천명했다.

이러한 정부의 엄포는 나와 김대중을 이간시키고 갈등을 조장하려는 술책이므로, 법적인 대처보다는 정치력으로 돌파해야 한다고 나는 주장했다. 동교동측에서는 내가 먼저 입당, 이총재로부터 당권을 넘겨받은 후 김대중은 시일을 두고 추후 입당하는 것이 바람직하다고 했다. 법적인 문제를 내세운 논리였다.

두 사람이 함께 입당하느냐, 시차를 두고 입당하느냐 하는 것은 단순한 절차상의 문제 같지만 실은 그렇지 않았다. 2년 뒤로 다가온 대통령선거와 관련, 미묘한 문제가 내포되어 있었다.

7월 8일, 김재광(金在光)이 나를 찾아와 '역할분담론'을 제기했다. 공민권이 있는 내가 총재직을 맡고 김대중은 직선제개헌을 전제로 대통령후보를 맡는다는 선언을 해 두는 것이 바람직하다는 것이었다. 이와 더불어 김재광은 7월 12일까지 회답을 보내 줄 것과 자신의 제안이 거부되면 총재 경선에 출마하겠다고 밝혔다.

1985년 7월 10일, 김대중은 나와 이민우 총재와의 3자회담에서 정식으로 역할분담론을 제기했다. 이 날 회동에서 나는 논의의 폭을 전당대회 문제로 한정, 8월 전당대회에서 이민우를 재추대할 것을 주장했다. 아울러 나는 김대중과 똑같이 움직일 것이며 단독입당 같은 것은 생각조차 않고 있다고 총재직을 고사했다.

김대중은 내가 신민당 총재직을 맡아야 하며, 지금 이 단계에서 국민들에게 신뢰를 주는 길은 김대중과 나 사이의 역할분담을 확실하게 해두는 것이라고 주장했다.

'민족문제연구소' 현판식 장면. 김덕룡, 이원종, 홍인길, 최기선의 모습이 보인다.

그러나 역할분담론은 때 이른 주장이었고 당 안팎의 여론도 좋지 않았기 때문에, 얼마 후 김대중은 스스로 주장을 거두어들였다. 결국 김대중은 이민우 재추대론에 합의했다.

이러한 배경 속에서 8월 1일 열린 전당대회에서 이민우가 총재로 선출되고, 부총재에는 민추협 계열 중 상도동계의 최형우, 동교동계의 이중재·양순직, 그리고 비민추계에서 김수한·노승환·이기택 등을 선출하였다. 일단 형식적으로는 균형체제를 유지했고, 나와 김대중은 상임고문으로 추대되었다.

민족문제연구소 창설

2·12총선 9개월 후인 1985년 11월 15일 서울 무교동 피닉스빌딩 301호실에서는 조촐한 개소식(開所式)이 열렸다. 나의 개인 사무실인 '민족문제연구소'가 정식 발족하는 자리였다. 나로서는 감회가 새로웠다. 유신의 엄동을 견디면서 10년간 존속했던 '한국문제연

구소'가 1980년 5·17로 끝내 문을 닫았던 기억이 떠올랐기 때문이다. 민족문제연구소는 바로 한국문제연구소의 후신이었다.

연구소 소장에는 인권변호사 강신옥(姜信玉)씨를 영입했고, 연구소 이사진은 전·현직 국회의원급 및 외부인사 15명으로 구성했다. 정책개발과 관련해서는 김계수(金桂洙)·이만우(李萬雨)·조영환(曺瑛煥) 교수 등으로 자문팀을 구성했다.

민족문제연구소는 연구소 설립기념 심포지엄을 1986년 1월 21일 동숭동 흥사단 대강당에서 개최했다. 나는 이 날 격려사에서 "한 민족 성원이 자신의 총체적 결단으로 제시한 역사의 방향은 설사 총칼과 같은 폭력에 의해 일시적으로 좌절·역행한다손 치더라도, 이미 제시한 역사의 방향은 돌이킬 수 없다"고 갈파한 네루 인도 수상의 어록(語錄)을 인용한 뒤 이렇게 역설했다.

> 4·19혁명에서 제시된 민주주의, 그리고 작년 2·12총선에서 제시된 민주화의 방향은 총칼이 아니라 그 어떤 것으로도 돌이킬 수 없을 것입니다. 그것을 거부한다는 것은 이미 제시된 역사의 방향을 거스른다는 것이며, 자신의 묘혈을 파는 것 이외에 아무 것도 아니라는 것을 우리는 굳게 확신해야 할 것입니다. 이 심포지엄이 그러한 확신에 도달하는 계기가 되기를 바랍니다.

이 날 심포지엄이 열린 흥사단 대강당은 입추의 여지가 없이 대만원을 이루었다. 1980년대 중반을 통해 민족문제연구소는 민주산악회·민추협과 함께 전두환정권과의 정면승부, 곧 직선제쟁취를 위한 개헌투쟁에서 중요한 역할을 수행하게 된다.

1천만 개헌서명운동 전개

1986년 2월 12일 아침, 서울 인의동 신민당 중앙당사에서는 2·12총선 1주년 기념식이 열렸다. 이민우 총재가 기념사를 낭독했다. 기념사 말미에 이(李)총재가 목청을 높였다.

총선 1주년을 맞아 김영삼·김대중 선생, 그리고 나와 부총재단, 개헌추진본부 시·도지부장을 필두로 개헌서명운동을 시작하겠습니다.

이어서 내가 등단했다. 간단한 축사를 하고 난 뒤 나는 안주머니에서 「1천만 개헌서명운동에 즈음하여」라는 성명서를 꺼내 읽었다.

2·12총선에서 국민은 나라의 민주화가 움직일 수 없는 역사의 방향이요 민의임을 선언하였습니다. 2·12총선 이후 우리는 민주개헌을 비롯한 민주화 일정을 현정권과의 대화와 합의를 통해 평화적으로 마련하기 위해 1년을 기다려 왔습니다. 그

1986년 2월 12일, 신민당 중앙당사에서 열린 2·12총선 1주년 기념식에서 '1천만 개헌서명운동'을 알리는 성명서를 기습적으로 발표하고 가장 먼저 서명하고 있다.

러나 총선 민의에 대한 현정권의 왜곡과 거역으로 점철된 2·12 총선 1주년을 맞이하면서, 우리는 그 민의를 직접 다시 확인하려고 하는 민주국민의 뜻을 1천만인 개헌서명운동에 담고자 합니다.…… 우리는 우리가 이 운동의 서명철에 먼저 서명함으로써 1천만인 개헌서명운동에 대한 우리들의 결의를 밝히면서, 민주국민 여러분의 자발적인 참여와 격려가 있을 것임을 확신하는 바입니다.

1986년 2월 12일
신민당 총재 이민우
신민당 상임고문, 민추협공동의장 김영삼
신민당 상임고문, 민추협공동의장 김대중

성명서를 읽은 뒤 나는 안주머니에서 서명용지를 꺼냈다. 나와 이민우가 이름, 주소를 쓰고 지장을 찍었다. 이어서 김수한, 이중재, 양순직, 노승환에게로 서명용지가 넘어갔다. 1987년 '6·29선언'을 이끌어 낸 신민당 직선제개헌투쟁의 개막 신호탄이었다.

눈발 속에서 5시간 버티기

1천만 개헌추진 서명운동을 준비하면서도 곡절이 많았다. 개헌서명운동의 준비는 철저하게 보안을 유지해야 했다. 만약 정보가 새 나갈 경우 전두환 독재정권의 온갖 방해와 탄압은 불을 보듯 뻔한 것이었다. 나와 김대중, 이민우 등 극소수의 당간부들만 사전에 알고 있었다. 민추협이나 신민당의 고위급 간부들조차 눈치를 채지 못했다. 결국 우리의 철저하고 치밀한 보안유지로 전두환정권은 허를 찔렀다.

 또한 서명운동을 준비한 인사들 대부분이 '1백만 서명운동'을 구상하고 있던 차에 내가 1천만 서명운동을 제안하자 모두 다 깜짝 놀랐다. 그들은 "1백만명만 합시다" 하면서 나를 만류했다. 그러나 나는 보다 적극적인 투쟁을 위해서는 보다 큰 목표를 잡아야 한다고 생각했고, 결과적으로 나의 판단은 적중했다.

 1천만 개헌서명운동을 선언한 다음날 아침 수백명의 전경들이 신

1986년 2월 13일, 민추협 사무실 출입을 봉쇄한 데 항의, 눈발이 휘날리는 추위 속에서 5시간을 서서 버티고 있다. 내 뒤로 김기수, 최기선, 박종웅 등이 함께 서 있다.

민당사 주변을 에워싼 가운데 검찰과 경찰이 신민당사와 민추협 사무실에 대한 강제수색에 나섰다. 이 날 신민당에서는 확대간부회의를 열어 서명운동을 본격적으로 펼칠 방안을 논의할 예정이었다. 그러나 당간부들과 당원들의 당사 출입은 봉쇄되었다. 나 역시 제지를 당했다. 우리는 길 건너편 다방으로 자리를 옮겨 회의를 가졌다. 홍사덕(洪思德) 대변인은 확대간부회의가 열리는 동안 다방 한 구석에서 즉석 성명문을 작성, 이를 발표했다.

신민당 상임고문 및 민추협 공동의장을 맡아 대대적으로 개헌투쟁을 전개하던 1986년 4월 신민당 주요 당직자들과 함께.

오전 11시경 나는 서소문 민추협 사무실 앞에 도착했다. 민추협 앞에도 수백명의 전경들이 진을 치고 출입을 통제했다.

> 현정권에 힘으로 되는 일이 없음을 알려 주고 나의 결연한 개헌투쟁 의지를 보여 주기 위해서, 지금부터 내가 만든 민추협 사무실에 내 발로 들어갈 수 있을 때까지 선 채로 기다리겠다.

진눈깨비가 흩날리면서 더욱 을씨년스런 추위 속에서 나는 전경들과 마주한 채 5시간째 버티고 서 있었다. 온몸이 얼어 들어왔다. 소식이 알려져 시민들이 몰려오기 시작했고, 경찰은 시민들을 막기 위해 전경버스로 서소문의 1개 차선을 완전히 봉쇄했다. 팽팽한 긴장 속에 숨막히는 다섯 시간이 흘러갔다. 나와 신민당원, 시민들과 전경까지도 모두가 추위에 얼어붙은 듯 아무도 그 자리에서 움직이는 사람이 없었다. 그러나 오후 4시경이 되자 퇴근길 시민들의 동참을 우려한 경찰은 작전을 개시했다. 나는 경찰관들에 의해 강제로 경찰차에 태워져 상도동 집으로 실려 왔다.

신민당의 서명운동이 시작된 지 10여일 후인 2월 25일, 필리핀의 독재자 마르코스가 대규모 반정부시위에 밀려 미국으로 망명한 사건이 발생했다. 나는 필리핀사태를 보고 "필리핀 다음은 한국"이라고 단호하게 말했다.

신민당·민추협의 개헌투쟁은 전국적으로 확산되어 갔다. 3월 들어 내가 참석한 가운데 부산, 광주 등지에서 열린 개헌추진대회는 국민들의 폭발적인 지지를 얻었다. 여기에 학생, 재야가 가세했다. 개헌투쟁은 차츰 전국민적으로 확산돼 가고 있었다. 3월 말 고려대 교수들의 시국선언문 발표 이후 각 대학에서는 교수들의 시국선언이 이어졌다.

연초 국정연설에서 개헌논의는 올림픽이 끝난 1989년에나 하는 것이 순리라고 했던 전두환은, 1986년 4월 30일 이민우와의 청와대 회담에서 임기 중 개헌이 가능하다고 시사했다. 7월 30일 헌법개정 특위가 국회 내에 설치되었다. 그러나 개헌 공청회의 실황중계 문제 등을 놓고 여·야가 논쟁을 벌이면서 특위 활동은 별다른 진전을 보지 못했고, 그 동안 민정당은 내각책임제 개헌안을, 신민당은 대통령중심제 개헌안을 각각 마련했다.

빌리 브란트와 공동성명

1986년 10월 31일, 나는 서독 기민당의 초청으로 '세계기독교지도자대회'에 참석하기 위해 출국했다. 기민당 총재인 서독 콜 수상 명의의 초청이라 전두환은 나의 독일행을 막지 못했다. 회의 사흘

대통령 재임 중 청와대를 방문한 헬무트 콜 서독 수상과 함께.

전에야 여권을 내주었다. 귀국길에는 로마 교황을 만날 예정이었다. 서독에서 열린 '세계기독교지도자대회'에서는 세계 각국에서 모여든 인권 및 종교 지도자들이 인권문제를 중심으로 토론을 벌였다. 독일인들의 인권에 대한 관심은 각별해서 대회기간 중 콜 수상이 회의장에 나와 몇 시간씩 앉아 있곤 했다.

독일 방문에서 나는 독일 정당간의 민주적인 관계를 접할 기회가 있었다. 독일을 떠나기 하루 전의 일이다. 기민당의 실력자인 가이슬러 사무총장이 작별인사차 내 숙소로 찾아왔다. 이야기를 나누던 중 내가 무심코 독일에 와서 '빌리 브란트' 전(前)총리를 한번 만나보지 못해 아쉽다는 말을 했다. 독일 통일의 아버지라 불리는 빌리 브란트 전 총리는 당시에는 콜 수상의 기민당과 맞서는 야당인 사민당의 당수였기 때문에, 초청자에게 실례가 될 것 같아 그저 한번 말해 본 것뿐이었다. 그런데 가이슬러 총장은 전혀 거리낌이 없었다. 그는 내 일정을 묻더니, "그러면 내일 아침에 뵈면 되겠네요" 하는 것이었다. 그 날 저녁 가이슬러 총장은 빌리 브란트 당수와 약속이 되었음을 알려 주었다. 나는 대단히 반가웠다.

다음날 아침, 나는 브란트 당수와 예정에 없던 회담을 하게 되었다. 양국의 통일문제와 한국의 인권문제를 주제로 많은 이야기를 나눈 끝에 내가 일어서려는데, 브란트 당수가 내 손을 붙들더니 "우리 둘이 어렵게 만났는데, 이렇게 헤어지지 말고 공동성명을 냅시다" 하는 것이었다. 우리는 나란히 앉아 공을 들여 성명문을 만들었다. 민주주의와 인권을 주제로 한 공동성명에는 "한·독 양국의 통일을 위해 두 사람이 서로 협력할 것"을 밝히는 동시에 한국의 인권문제에 대해서도 신랄하게 비판하는 내용이 담겼다.

그런데 나와 브란트의 공동성명이 외신을 통해 전해지자 국내에서는 어이없는 해프닝이 벌어졌다. 서독 방문을 마친 나는 로마에 도착, 요한 바오로 2세 교황을 만났다. 교황을 만난 직후 나는 브란트 당수와의 공동성명 때문에 국내에서 '소란'이 일어났다는 보고를 들었다. 대수롭지 않게 생각했는데, 막상 귀국해 보니 전두환의 사주를 받은 상이군인들이 수백명 동원되어 김포공항에서 나를 비난하는 시위를 벌이고 있었다. 이들은 상도동 나의 집에까지 몰려와 피켓을 들고 소란을 피웠다. 외국에서 전두환의 인권탄압을 비난했다는 이유였다. 소란은 이틀 이상 계속됐다.

김대중의 '불출마' 선언

나의 서독(西獨) 방문 도중 깜짝 놀란 일이 한 가지 더 있었다. 본에 체류하고 있던 나는 느닷없이 국내에서 전해진 김대중의 '조건부 불출마선언'을 접했다. 1986년 11월 5일 오전, 민추협 사무실에서 김대중은 시국에 관한 기자회견을 자청, 다음과 같이 선언했다.

> 최근 권력이 휘몰아친 한파는 온 국민을 극도의 긴장과 불안 속에 떨게 하고 있습니다. 이제 나는 대통령 직선제개헌을 현정권이 수락한다면, 비록 사면·복권이 되더라도 대통령선거에 출마하지 않겠다는 나의 결심을 천명합니다.

김대중은 성명서 낭독 후 "대통령직선제가 채택되고 신민당과 김영삼씨 자신이 결정한다면 그를 대통령후보로 밀겠다"고 했다.

김대중의 이러한 선언은 당시 정국에 대한 그의 위기감에서 비롯됐다. 1986년 가을, 전두환정권은 서울 아시안게임이 여·야의 정치휴전 속에서 성공적으로 폐막되자마자, 야당 및 학생운동권에 대한 일련의 강경조치를 취하기 시작했다. '국시(國是)파동'을 일으킨 신민당 유성환(兪成煥) 의원의 구속, 북한 금강산댐 건설 발표 등 안보위기상황 조성, 1,200여명의 대학생을 구속한 '건국대사태' 등은 바야흐로 '영하(零下)의 정국'을 예고했다.

시중에는 '비상조치 선포'니 '친위(親衛) 쿠데타', '김대중 재수감' 등 위기설이 팽배했다. 내가 독일 방문을 준비하고 있을 때 김대중이 나에게 출국하지 말아 달라고 직접 부탁하기도 했지만, 이런 선언을 하리라고는 미처 예상치 못했다.

7. 통일민주당 창당

이민우구상 파문

 안팎으로 어려운 때였다. 엎친 데 덮친 격으로 1986년 12월 24일 '이민우(李敏雨)구상'이 정가에 일파만파의 파문을 몰고 왔다. 이민우 총재는 그 날 아침 삼양동 자택에서 정부·여당이 진실로 민주주의를 발전시키겠다는 신념에서 내각제를 주장한다면 협상할 용의가 있다고 밝혔다. 이른바 '선(先) 민주화 7개항 실천, 후(後) 내각제협상 용의'였다. 대다수 언론은 이총재의 이 날 발언을 '내각제 개헌협상 긍정검토' 등의 제목으로 1면 머리기사로 다루었다.
 그러자 민정당의 노태우(盧泰愚)가 기자간담회를 통해 이민우구상에 대해 긍정적으로 검토해 볼 용의가 있다는 식으로 발언했다. 며칠 뒤 나는 이민우 총재와 회동, "이총재의 발언은 당론 변경이 아니며 민주화를 강력히 촉구한 것이라는 데 의견의 일치를 보았다"고 밝혔다.
 그러나 불씨는 완전히 꺼진 것이 아니었다. 1987년을 맞아 신민당은 계속해서 내분(內紛)에 휩쓸려 갔다. 독재권력과 맞서 싸우기 위해 전국민의 민주화 역량을 하나로 모아야 하는 상황에서 개헌투쟁

1987년 1월 12일, 폭설이 내리는 가운데 지리산을 오르고 있다.

의 구심점이 되어야 할 신민당이 심각한 내부의 노선투쟁을 맞은 것이었다.

1987년 1월 11일부터 3박 4일간 나는 지리산 산행에 나섰다. 이우태, 김동영, 김덕룡, 김기수, 이성헌과 함께였다. 남원에서 하룻밤을 보내고 새벽에 산행을 시작했다. 10m 앞이 보이지 않는 폭설 속에서 나는 한 번도 쉬지 않고 7시간에 걸쳐 뱀사골 산장까지 올랐다.

지리산 산행 후 나는 수많은 회담과 담판을 거듭하며 신민당의 개헌투쟁 노선을 바로잡으려고 노력했다. 그러나 당내 분란(紛亂)은 그치지 않았고, 전두환정권은 이를 부채질하고 있었다. 분당은 이제 어쩔 수 없는 선택으로 다가왔다. 3월 12일 90명의 당 소속의원 중 70명이 이민우구상을 배격하고 나의 노선을 지지한다는 서명을 했다. 나는 더 이상 주저할 수 없었다.

이민우씨와의 결별을 결심하기까지 나는 매우 착잡하고 비통한 생각을 금할 수가 없었다. 근 30년에 걸쳐 얽히고설킨 인연 때문이었다. 나는 인석과 4·19 이후 신민당 시절 원내부총무로 함께 일했으며, 1976년과 1979년 전당대회 때는 그의 도움을 받기도 했다. 민주산악회와 민추협 발족 때도 앞장선 사람이 이민우씨였다.

신민당을 창당한 후 정치 1번지인 종로·중구에 못 나가겠다고 버틴 그를 자정까지 설득, 출마시켜 당선의 영광을 안겨 주기도 했다. 세종홀에서 열린 이민우씨의 칠순잔치도 내가 마련했다. 세종로 일대를 경찰이 봉쇄한다고 해서, "그러면 그냥 길에서 잔치를 하겠다"고 했더니 봉쇄를 풀었다. 그때 세종홀에 모인 사람들이 2, 3천명은 되었을 것이다. 잔치비용을 모두 내가 부담했기 때문에 십시일반으로 부조한 축의금은 그대로 남았다. "남은 돈으로 제발 차 한 대 사라"고 했더니, 이민우씨는 그제서야 소형차를 샀다.

그러나 분당은 불가피한 선택이었다. 1987년 4월 8일 오전 9시, 서울 무교동 민추협 사무실에는 현역의원 및 신민당 당료, 민추협 관계자, 내·외신 기자 등 4백여명이 몰려들었다. 분당선언의 자리이자 신당 창당선언의 자리였다. 내가 양김 이름으로 된 회견문을 낭독했다.

> 신민당의 내분은 결코 당내만의 사건이 아니라 기본적으로 현 정권의 공작정치의 소산입니다. 우리 두 사람은 번민과 숙고를 거듭한 끝에 신민당을 폭력 지배의 무법천지로 만들고 농락 대상으로 전락시킨 불순세력과 단호히 결별키로 했습니다.

회견 후 나는 신당창당을 위해 탈당하는 양측의 현역의원 명단을 공개했다. 신민당 소속 현역의원 90명 가운데 상도동계 40명, 동교동계 34명 등 모두 74명이었다.

통일민주당 발기인대회

신당창당 작업은 쾌속으로 진행됐다. 총재는 내가 맡되 당내 지분은 김대중과 50 대 50으로 안배키로 합의한 상황이라 장애물은 없었다. 신당의 이름은 통일민주당(統一民主黨)으로 결정했다.

1987년 4월 13일 오전, 무교동 민추협 사무실에서 신민당 탈당 현역의원 70명을 포함, 5백여명의 발기인이 참가한 가운데 창당발기인대회가 열렸다. 분당을 선언한 지 5일 만에 일사천리로 이루어진 것이다. 나는 창당발기인대회 준비위원장으로 인사말을 했다.

> 지금 이 시간 소위 대통령의 중대결단이란 것이 발표되고 있습니다. 지난 1년간 이 정권은 현행 헌법 가지고는 안 되겠다는 국민의 의사를 모두 들어 봤고, 개헌은 **빠르면 빠를수록 좋다**고도 했습니다. 그런데 이제 와서 현행 헌법을 고수하겠다는 것은 영구집권음모의 본색을 드러낸 것이며, 이는 우리 국민뿐 아니라 집권당의 불행이기도 합니다. 우리는 확실하고 단호한 방법으로 대처해 나가야 할 것입니다.

바로 그 시간 전두환정권은 4·13호헌(護憲)조치를 발표하고 있었다. 강성야당 출범에 따라 임기 중 내각제 합의개헌이 불가능하다고 판단한 전두환은, 이 날 특별담화를 통해 '현행 헌법에 따른 정부이양'이라는 중대결단을 선언했다. 1986년 4월 30일 이민우 신민당 총재와의 회담에서 '임기내 개헌'을 약속해 놓고 돌연 태도를

1987년 4월 13일 열린 통일민주당 창당 발기인대회.

바꾸어 '개헌 불가' 조치를 취한 것이다.

당초 통일민주당 창당 발기인대회는 서울 명동에 있는 YWCA회관에서 갖기로 했다. 그러나 당국의 방해로 갑자기 장소를 변경, 민추협 사무실을 대회장으로 쓰기로 했다. 이러는 통에 참석자들은 명동성당 앞 고갯길을 내려와 민추협으로 발길을 돌렸다. 일부 참석자들은 민추협까지 차량 행진을 하기도 했다. 1백여 석의 협소한 대회장에 5백여명이 몰려왔으니 발 디딜 틈도 없었다. 복도와 비상계단까지 사람들로 북새통을 이루었다.

개헌 열망 봇물 터지듯

이 날 창당발기인대회에서 만장일치로 창당준비위원장으로 추대된 나는 인사말을 통해 전두환정권의 횡포와 오늘의 현실을 규탄했다.

공작정치의 횡포가 그토록 집요하고 간악하지만 않았던들, 그리고 그와 같은 농간에 몇몇 인사들이 야합하여 우리의 갈 길을 막지만 않았던들, 오늘 우리의 통일민주당 창당은 결코 생각할 수도 없었을 것입니다. 당내 이질세력들의 목불인견(目不忍見)의 추악한 도발들은 우리로 하여금 살을 베는 아픔을 감내하면서, 그야말로 중대하고도 단호한 대응조치로서 당의 재창당을 결심하지 않을 수 없게 했습니다. 나는 민주승리의 성스러운 사명을 이루는 그 날까지 투쟁이든 협상이든, 그것이 국민의 편에 서는 길이라면 그 어느 것도 두려워하지 않고 나아갈 것입니다.

이와 함께 나는 통일민주당의 노선에 대한 6개 원칙을 제시했다.

1. 1988년 2월에 평화적 정권교체를 기해 이 땅에 군사독재는 영원히 추방되어야 하며, 정권교체의 방법은 국민의 의사에 따라 대통령중심 직선제로의 합의개헌이어야 한다.
2. 현정권이 독재정권의 피할 수 없는 숙명인 비참한 말로를 맞지 않도록 지금부터라도 민주화 의지를 실증할 것을 강력히 요구한다.
3. 우리 당은 명예로운 전통에 따라 의회민주주의의 수호자로서의 임무와 사명을 지켜야 한다.
4. 우리 당은 언론자유의 쟁취를 위해 배전의 노력을 기울여야 한다.
5. 우리 당은 경제·사회의 변화를 선도하고 발 맞추면서 자기

개혁을 거듭해 온 우리의 자랑스런 전통에 따라, 이번에도 산업사회의 누적된 병리를 치유하기 위한 당 정강·정책의 보완작업을 단행한다.

6. 국민과 역사의 요청이 군사독재 정치의 종식과 더불어 민주화시대의 개막을 주도하는 민주·문민정권의 출현에 있음이 분명한 이상, 우리 당은 명실상부한 수권정당으로서 손색이 없어야 함과 동시에, 민주화와 민주통일을 주도적으로 창도하는 정당이 되어야 한다.

돌이켜 보면 4·13조치는 독재정권에게는 종말의 시작이었고, 야당과 국민에게는 승리의 시작이었다. 서울대학생 박종철(朴鍾哲)군 고문치사사건의 진상이 밝혀지면서, 2~3월은 '고문정국'이라 불릴 만큼 전국 대도시에서 고문·치사와 은폐·조작에 대한 규탄집회가 연이어 열리고 있었다. 4·13호헌조치는 여기에 기름을 부은 격이었다. 개헌에 대한 열망은 봇물 터지듯 쏟아져 나왔다. 문인, 대학생, 교수, 교사, 종교인, 노동자, 농민 등의 반대가 줄을 이었다.

4·13조치 다음날 나는 기자회견을 갖고 나의 소신을 밝혔다. 다음은 기자회견문이다.

전두환에 대한 공개질의

나는 먼저 전두환씨가 어제 특별담화문을 통해 온 국민의 염원이자 합의사항이었던 민주개헌 약속을 일방적으로 파기한 데 대해 진심으로 분노를 금할 길 없습니다.

이것은 독재정권이 그 동안 집요하게 전개해 온 민주세력에

직선제개헌투쟁.

대한 탄압과 분열, 특히 야당진영에 대한 파괴공작이 실패로 끝나고, 새로이 출발하는 통일민주당에 국민의 기대와 여망이 모아지자, 2·12총선의 민의를 일거에 압살하고 그들 본래의 영구집권 음모의 본색을 만천하에 드러낸 반민주적·반국민적 폭거라 하지 않을 수 없습니다.

현정권이 지난 1년간 온갖 미사여구(美辭麗句)를 다 동원하여 국민에게 약속했던 개헌과 민주화가 국민을 우롱하고 영구집권을 하려는 위장술에 불과하였으며, 애당초부터 합의개헌의 의사가 없었다는 의혹을 국민과 세계에 불러일으키는 처사인 것입니다.

그것은 명백히 역사발전과 민주화를 후퇴시키고 문민정치 실현의 희망을 박탈한 것이었으며, 더욱이 납득할 수 없었던 것은 이와 같은 일방적 약속파기가 개헌에 필요한 시간의 부족 및 우리 야당의 개헌의지 결여를 이유로 내세웠다는 점이었습니다.

나는 전두환씨에게 공개적으로 질문하고자 합니다.

첫째, 연말까지 남아 있는 9개월 중 국민투표와 선거에 필요한 기간을 넉넉잡아 두 달로 잡는다 할지라도, 개헌협상에 할애할 수 있는 기간이 7개월이나 된다는 사실을 왜 구태여 외면하는가?

둘째, 우리는 지난 1년간 일관되게 대통령중심 직선제개헌만을 주장해 왔으나, 개헌정국이 난관에 봉착했을 때 이것을 타개하기 위한 시도로서 나는 김대중 공동의장과 더불어 종래의 입장에서 일보 양보하여 선택적 국민투표를 제의했으며, 그 결과에 승복하기로 약속한 바 있습니다. 국회 개헌특위 구성 당시 여·야가 합의했던 "국민의 자유로운 정부 선택권을 보장하는" 개헌에 이의가 없다면, 무엇 때문에 우리가 이미 제기한 바 있는 선택적 국민투표에 대해 논의하는 것 자체를 거부했는가?

이상 두 가지 질문에 대해 국민이 납득할 만한 해명과 답을 하지 않는 한, 전두환씨가 뒤늦게 제기한 호헌론은 결국 장기집권을 위한 예비된 각본이라고 단정하지 않을 수 없는 것입니다. 왜냐하면 진실로 모자라는 것은 시간이 아니라 현정권의 민주화 의지이며, 이 나라에서 부족한 것은 야권의 대응 의지가 아니라 정부·여당의 대화 의지와 자신감인 것입니다.

화해·용서는 현정권이 청해야

우리 당의 창당과정에서 끊임없이 겪고 있는 현정권의 탄압이 이를 증명하고 있으며, 민주세력의 재창당을 불가피하게 만들었던 그 동안의 야비하기 짝이 없었던 공작정치의 실상이 이를 증명하고 있습니다.

친애하는 당원동지 여러분, 그리고 국민 여러분!

우리 모두가 명백히 기억하고 있는 일이지만 현정권이 한 치의 틈도 보이지 않던 호헌론을 꺾고 국회를 통한 민주개헌에 승복했던 가장 큰 이유는 현행 헌법이 내포하고 있는 반민주적·반역사적·반국민적 독소조항을 더 이상 고집할 수 없었기 때문입니다. 이와 같은 독소조항을 존치시키는 한 제5공화국이 출범 초부터 겪어야 했던 정통성 시비가 결코 종식될 수 없었으며, 이들 독소조항을 제거하지 않는 한 현정권이 말하는 '선진조국 창조'나 '통일기반 확충'은 절대로 불가능했던 것입니다.

제5공화국이 스스로의 허물을 씻어 내고 대한민국 역사에 나름대로의 기여를 한 기간으로 기록될 수 있기 위해서는 현 대통령의 임기 중에 이러한 작업, 다시 말해 거듭나는 작업이 완결되어야 했던 것이며, 바로 이와 같은 국민적 인식 때문에 개헌특위의 구성이 온 국민의 환호와 기대 속에서 출범했던 것입니다.

우리 야당과 민주세력은 현정권의 거듭된 과오에도 불구하고 민주개헌의 절차를 통한 상호협력으로 화해의 길을 발견할 수 있다고 믿어 왔으며, 이것은 현정권과 우리 민주세력, 그리고 현정권과 4천만 우리 국민이 화해에 도달할 수 있는 단 하나의 길이었습니다.

따라서 전두환씨가 어제 천명한 호헌(護憲)으로의 회귀는 우리가 천신만고 끝에 찾아냈던 단 한 가닥의 길, 단 한 가닥의 화해의 길을 폐쇄하려는 것이라고 보지 않을 수 없습니다.

친애하는 국민 여러분!

나는 이 자리를 빌어 거듭 지적해 두고자 합니다.

화해를 청해야 할 쪽은 민주세력이 아니라 민주세력을 짓밟았던 현정권이어야 하며, 진실로 국민에게 용서를 빌어야 할 쪽은 정보·공작정치에 저항해서 재창당이라는 형극의 길을 택한 야당이 아니라 이를 강요했던 현정권입니다.

실질대화 요구

그러나 나는 이 모든 사실을 접어 두고 내일의 희망을 찾기 위해 정부·여당에 제의하고자 합니다. 누구도 납득할 수 없는 계산으로 시간부족을 내세우거나 자신의 개헌의지 결여를 남에게 덮어씌우지 말고, 즉각 민주개헌을 위한 상징적 대화에 응할 것을 요구하는 바입니다.

돌이켜 보건대 지난해 우리는 끊임없는 토론을 통해 대통령중심 직선제와 내각책임제의 내용과 허실을 충분히 논의해 나름대로 국민의 뜻을 확인했다고 생각합니다. 현정권에 부족했던 것은 국민의 뜻에 따르겠다는 의지, 민주대의를 위해서는 언제든지 야당을 할 수 있다는 각오이며, 또한 어떤 종류의 정치보복도 하지 않겠다는 우리의 거듭된 약속에 대한 신뢰였습니다.

이 모든 문제를 일거에 해결하기 위해서는 형식에 얽매이지 않는 책임 있는 사람끼리의 허심탄회한 실질적 대화가 있어야만 합니다. 전두환씨가 진실로 개헌과 관련해서 '정치적 사심'이 없다면 실질적 대화를 통한 타결에의 길은 넓게 열려 있다고 확신합니다.

친애하는 국민 여러분!

우리 대한민국은 건국 이래 참으로 험난한 길을 걸어왔습니다. 그러나 그 모든 국난에도 불구하고 국민 여러분의 엄청난 용기와 단호한 행동에 힘입어 거의 모든 난관을 훌륭하게 극복해 내었으며, 이제 우리는 '정치의 후진성'만 탈피한다면 세계 모든 나라로부터 존경과 기대를 받을 수 있게 되어 있습니다.

우리 모두가 잘 알고 있는 일이지만, 이른바 당면한 국가대사라고 일컬어지고 있는 민주개헌과 성공적인 올림픽의 개최는 분리될 수 없는 하나의 과제입니다. 마차를 말 앞에 매어서 끌고 갈 수 없듯이 민주개헌의 성취 없는 올림픽의 개최는 도저히 불가능한 것입니다.

이처럼 엄연한 사실을 외면하고 현정권이 만약 우리의 제의를 거부한다면 우리 당이 아무리 대화와 타협의 정신, 그리고 의회민주주의의 원칙을 지키고자 해도 국민적인 저항과 궐기를 회피할 수 없게 될 것입니다. 나는 진심으로 이와 같은 비극적 사태를 미연에 방지하고자 하며, 필요하다면 이를 위해 나의 모든 것을 바칠 각오임을 천명하는 바입니다.

끝으로 나는 전두환정권에 대해 ① 2천여명에 달하는 정치범의 전면 석방과 민주인사들의 사면·복권을 단행할 것, ② 김대중 공동의장에 대한 불법적인 감금을 즉각 해제하고 정치활동을 보장할 것, ③ 국민과 세계가 지켜본다는 사실을 알고 우리의 창당과정에서 갖가지 방법으로 진행되고 있는 방해·협박과 중상·모략을 즉각 중지할 것을 촉구하는 바입니다.

우리는 어떠한 어려움이 있다 하더라도 모든 민주세력과 굳게 단합하여 국민이 열망하는 대통령중심 직선제개헌과 민주화를 관철하기 위해 최선의 노력을 다할 것입니다.

당원동지 여러분과 민주실현을 갈망하는 국민 여러분의 끊임없는 성원을 다시 한번 당부드리는 바입니다.

지금도 하나님은 살아 계셔서 우리들을 지켜 주실 것입니다.

1987년 4월 14일
통일민주당 창당준비위원장 김영삼(金泳三)

내각제론 난국수습 못한다

민주당 총재로서 나는 창당과정의 모든 부담을 혼자 떠맡아야 했다. 온갖 중상·모략·방해를 무릅쓰고 짧은 기간 내에 민주당을 창당하려니, 이만저만 힘든 일이 아니었다.

4·13성명이 나온 뒤 내 주위에서는 차라리 민정당의 내각제개헌안을 받아들이는 게 낫지 않겠는가 하는 얘기도 많이 들려 왔다. 나는 그들에게 이런 말을 했다.

"내각제로 집권해도 이 난국을 절대로 수습하지 못한다. 여섯 달 안에 군인들이 쿠데타를 일으킬 것이다. 나는 민정당이 언젠가는 대통령중심제를 받아들일 것으로 본다."

4·13호헌조치로 인해 개헌안 자체가 백지화된 마당에, 한 발 더 나아가 여당이 대통령중심제를 결국 받아들이고 말 것이라는 내 말을 믿으려 하는 사람은 소수에 지나지 않았다.

그러나 나는 반드시 국민의 여망인 대통령 직선제를 관철시켜야 한다고 생각했다.

용팔이사건 발생

민주당 지구당 창당기간 중에 우리를 어렵게 만든 것은 전두환의 지시를 받은 깡패들의 테러와 방해공작이었다. 4월 20일부터 서울과 인천 중·남구지구당 창당대회를 시발로 본격적인 창당작업에 들어갔는데, 인천 중·남구지구당 창당대회에서부터 폭력이 난무하기 시작했다. 정체불명의 괴청년 70여명이 대회장인 지구당사에 난입, 기물을 부수고 난동을 부렸다.

나중에 용팔이라는 별명의 김용남(金龍男)이가 지휘한 것으로 밝혀진 이들 폭력배들은, 창당대회가 열리는 장소마다 따라다니면서 4월 말까지 창당대회를 개최한 57개 지구당 중 20여 군데를 습격, 대회장을 수라장으로 만들었다. 폭력배들은 복면으로 위장한 채 난동을 부리기도 했으며, 유혈사태는 물론 방화사건도 속출했다. 나의 오랜 비서인 박종웅(朴鍾雄)을 비롯해 수많은 당원들이 집단폭행을 당해 병원에 실려 가기도 했다.

창당방해 사건은 끝내 정치쟁점으로 비화(飛火)돼 경찰이 수사에 착수했지만, 아무 것도 밝혀지지 않았다. 결국 그 진상은 1993년에야 규명되었다. '용팔이' 김용남을 고용한 실무총책이 미국으로 도피한 신민당 총무부국장 이용구(李容九)라는 사실, 그리고 자금지원

1987년 4월 24일, 통일민주당 서울 관악지구당 창당대회장에 폭력배 1백 여명이 각목으로 무장한 채 난입하여 백주대로에서 난동을 부리고 있다. 전두환정권은 통일민주당 창당을 방해하기 위해 조직폭력배까지 서슴없이 동원하는 정치공작을 저질렀다.

등 배후조종자는 신민당의 이택희(李宅熙)·이택돈(李宅敦) 두 의원과 '주먹세계의 대부(代父)'인 호국청년연합회장 이승완이라는 사실이 드러났다.

이어 당시 안기부장 장세동(張世東)이 이택희·이택돈을 만나 6억원의 자금을 전달하는 등 창당방해 사건에 개입했다는 사실이 밝혀져 장세동이 구속되었다. 이로써 '용팔이사건'은 장세동 - 이택희·이택돈 - 이승완·이용구 - 김용남으로 이어지는 전형적인 정치공작이었음이 만천하에 드러난 것이다.

통일민주당 창당 전당대회

전두환정권의 창당방해 공작은 그뿐만이 아니었다. 중앙당사를 구하는 문제 역시 난관이었다. 건물주들이 모두 임대를 거부했기 때문이다. 이로 인해 통일민주당은 정식 창당 후에도 한동안 당사를 구하지 못해 협소한 민추협 사무실을 임시당사로 써야만 했다. 그후 간신히 서울 중림동에 당사를 마련하기까지 숱한 곡절을 겪어야 했다.

1987년 5월 1일 오전 10시 조금 전에 나는 서울 동숭동(東崇洞)의 흥사단(興士團) 건물 앞에 도착했다. 이곳에서 통일민주당 창당 전당대회가 열릴 예정이었다. 쾌청한 봄날이었다. 그러나 흥사단 주변은 삼엄했다. 전투경찰과 사복경찰들이 건물을 몇 겹이나 둘러싸고 있었다. 가죽장갑을 낀 사복경찰의 모습도 보였다. 잔칫집 분위기를 깨려고 작심한 모양이었다.

통일민주당 지구당 창당대회장마다 나타나 분위기를 난장판으로 만들던 정치깡패들 대신, 이번에는 그들의 난동을 조장했던 경찰들이 전당대회장에 막강한 병력을 투입했다. 깡패들로부터의 보호라는 임무를 띠고 왔다는 경찰이 깡패가 아닌 선량한 시민들의 대회장 출입을 공식적으로 막고 나선 것이다. 기자들과 대의원들만 신분증을 일일이 확인받은 뒤에야 겨우 대회장에 입장할 수 있었다.

대회장 안팎에 모인 당원들과 시민들은 내가 입장하자 환호와 박수를 보내 주었다. 건물 안에 들어가 보니 좁은 건물 안이 온통 사람들로 꽉차 있었다. 그 인파를 헤치고 들어갈 때 느껴진 체온, 나는 그들의 마음 깊은 곳에서 타오르고 있는 민주주의를 향한 열정에 감동했다.

세번째 야당총재

비록 대회장은 규모 면에서 초라하고 옹색했으나, 3층 대회장으로 발길을 옮기면서 나는 더 없이 성대하고 풍요로운 잔치라고 느꼈다. 그렇다. 온 국민과 세계가 주시하고 있는 가운데 우리는 인간답게 살 수 있는 민주사회의 건설, 그 장도에 오른 것이다.

수많은 낯익은 얼굴들이 단상으로 향하는 내 눈에 들어왔다. 모두가 민주화를 위해 고생했던 면면들이었다. 야당 정치인은 물론이고, 시국사건으로 옥고(獄苦)를 치른 양심수들, 재야인사들, 종교인들, 지식인들……. 이들의 얼굴을 통해 고통 속에서 다시 일어서는 강철의 투혼을 읽었다. "장차 우리에게 나타날 영광에 비추어 보면, 지금 우리가 겪고 있는 고통은 아무 것도 아니다"는 『신약성서』 「로마서」의 한 구절을 나는 문득 떠올렸다.

당기(黨旗)가 입장했다. 내가 당기를 받아 좌우로 흔들었다. 박수와 환호가 폭죽처럼 터졌다.

대회사를 통해 나는 "역사를 바꾸어 놓고야 말 통일민주당이 이렇게 비좁은 장소에서 정권 대체세력으로 탄생하게 되었습니다"라고 통일민주당(이하 민주당) 창당의 의미를 부여한 뒤, "이 정권은 지금 우리에게 한 치의 땅도 내주지 않으려고 하지만, 머지 않아 저들은 대한민국 전부를 우리 통일민주당에 내놓지 않을 수 없을 것입니다……"라고 신념에 찬 포부를 밝혔다. 박수와 환호의 물결이 장내를 파도처럼 휩쓸었다.

이 날 대회에서 나는 만장일치로 민주당 총재로 추대되었다. 생애 세번째로 야당 당수에 선출된 것이다. 나는 단상 앞으로 걸어 나갔다. 단하 앞줄에 앉아 계신 아버지의 얼굴이 보였다. 나는 두 손으로 V자(字)를 그리며 당원들의 환호에 답했다. 사진기자들의 플래시 세례와 TV카메라의 조명이 환하게 비치고, 장내에는 열기와 함성·박수가 뒤섞여 그 순간 나는 국민들의 거대한 파도에 실려 있는 느낌이었다. 1979년 5월 30일 마포당사에서 열렸던 신민당 전당대회에서의 격려와 함성, 바로 그때가 재연된 것 같았다. 국민들이 보여 준 이런 격려와 지원이 내 정치인생에 용솟음치는 활력과

1987년 5월 1일에 열린 통일민주당 창당대회에서 총재에 추대된 뒤 대의원들을 향해 승리의 V자를 그려 보이고 있다.

힘의 원천이 아니었던가.

통일민주당 총재 취임사

이어서 나는 미리 준비한 취임사를 읽어 내려갔다. 후에 전두환 정권이 문제 삼는 바람에 취임사는 더 유명해졌고, 덕분에 수십만 부의 취임사를 다시 인쇄해도 모자랄 지경이었다. 다음은 1987년 5월 1일의 역사적인 통일민주당 총재 취임사이다.

친애하는 당원동지 여러분! 그리고 선명하고 강력한 민주정당의 출현을 고대하고 성원해 주신 국민 여러분!

나는 오늘 당원동지 여러분과 함께 10·26사태 이래 온 국민의 염원이었던 '서울의 봄', '민주화된 조국'을 실현할 통일민주당의 창당을 자랑스럽게 내외에 선포하고자 합니다.

2·12총선에서 보여 준 이 나라 국민의 민주화 의지를 정직하게 받들어 투쟁할 선명하고 강력한 야당이 이제 전열을 가다듬어 새롭게 출발함을 만천하에 밝히는 바입니다. 우리는 현정권의 공작과 폭력, 갖은 방해책동을 헤치고 오늘 통일민주당의 창당을 맞이하였습니다. 오늘은 이 나라에서 분명 민주화투쟁의 새로운 기원이 설정되는 날입니다. 우리는 현정권의 독재정치 구도와 공작을 완전하고도 단호하게 물리치고 민주화투쟁의 소중한 하나의 결실로서 '통일민주당'의 창당을 쟁취해 낸 것입니다.

이제 우리는 이렇게 싸워 왔노라고 자신 있게 말할 수 있습니다. 우리 국민은 이제 진정 민의를 관철해 내고 가슴 속에 맺혀 있는 울분을 풀어 줄 국민의 정당, 국민에 의한 정당, 국민을 위한 정당을 갖게 된 것입니다. 나는 이 감격을 당원동지 여러분과 그리고 국민과 함께 나누면서, 영광의 열매는 국민들에게, 고난의 역경은 나 자신이 떠맡아야 한다는 자세로 총재직을 수행해 나갈 것임을 엄숙하게 다짐하는 바입니다.

그러나 오늘 마땅히 여러분의 환호 속에 우리와 자리를 함께 해야 할 이 나라 민주주의의 지도자인 김대중 의장이 자신의 집에 갇혀 있어야 하는 현실임을 우리는 직시하지 않을 수 없습니다. 우리는 오늘의 창당을 자축하기보다는 더 큰 고난을 예감하고, 굳건한 투쟁의 결의를 다져야 할 것입니다.

민주화투쟁의 신기원

친애하는 당원동지 여러분!

우리 당은 긴 역사의 눈으로 볼 때 이 나라 민주주의를 파탄시키고 민주헌정을 위협하는 군사쿠데타와 군사독재를 영원히 이 땅에서 종식시키고, 민주와 사회정의, 그리고 민족의 화해와 통일을 실현해야 할 목표를 가지고 탄생하였습니다. 민족사의 정통성을 계승·확립하는 주체적 민족·민주정당으로서 밝은 정치, 맑은 정부 실현을 지향함으로써 위대한 민족공동체를 실현하는 모체가 될 것입니다.

그러나 우리 국민은 지금 역사상 유례 없는 잔인하고 흉포한 독재정권 아래서 신음하고 있습니다. 공동선보다는 정권의 특수이익과 무한 부정을 획책하는 속에서 절대다수 국민의 생존권은 심각한 위협을 받고 있습니다. 국민의 기본적 인권과 자유를 봉쇄·유린하기 위해서 12만명의 경찰이 새까맣게 동원되면서도, 우리 당의 지구당 창당과정에서 나타난 '백주의 폭력'은 방치·조장하는 경찰국가에서 우리는 살고 있습니다. 민주적 개헌에 대한 국민적 합의를 하루아침에 배반하고 거역하는, 염치도, 양심도, 국민에 대한 최소한의 두려움마저도 갖고 있지 않은 군사독재정권과 우리는 대치하고 있습니다.

이러한 절체절명의 시기에 통일민주당은 어려운 출범을 하고 있는 것입니다. 그렇기 때문에 우리 당은 민주화의 실현과 그것을 담보할 수 있는 대통령중심 직선제 민주개헌의 실현에 그 당면목표를 두고 있습니다.

친애하는 당원동지 여러분!

나는 선명하고 강력한 민주투쟁과 함께 실질대화를 우리 당의 현단계 투쟁노선으로 설정하고자 합니다. 현정권 당국은 2·12총선 민의를 국민과 함께 주체적으로 관철하고자 하는 실질 민주세력을 의도적으로 외면하여 왔음을 우리는 잘 알고 있습니다. 나아가 자신들의 영구집권음모에 협조하거나 야합할 수 있는 세력을 야당 내에 형성시키기 위해 현정권은 공작을 벌여 왔던 것입니다. 그러한 공작에 회유·포섭된 사람들만을 상대로 기만적 대화를 통해 영구집권음모를 관철하려 했던 것입니다. 우리는 그와 같은 음모에 과감히 대처하기 위해 통일민주당의 창당을 결행했던 것입니다. 또한 이미 정보공작정치의 마수에 걸려 자기 몸을 가누지 못하는 사람들과의 단호한 결별을 선언하고, 선명하고 강력한 야당에의 길을 선택하였던 것입니다. 지금까지 현정권이 운위해 왔던 대화는 대화가 아니라 공작이며 기만일 뿐입니다.

　우리가 실질대화를 위하여 통일민주당을 창당하려 하자, 저들은 우리와의 대화를 서둘러 포기·거부하였습니다. 그것은 기만이나 공작이 아닌 참다운 대화를 저들이 두려워하고 있다는 명백한 증거입니다. 이제 범국민적 지지와 성원 위에 선명하고도 실질적인 야당을 창당한 우리는 자신 있게 말하고자 합니다. 거짓 대화가 아닌 실질대화, 공작에 의한 기만적 대화가 아니라 떳떳하고 정당한 대화를 하자는 것이 바로 그것입니다. 그러나 우리는 군사독재와 영구집권음모에 들러리 서는 따위의 대화라면 단연코 거부합니다. 그렇지만 정의와 민주화를 향한 대화라면 우리는 결코 그것을 두려워하지 않을 것입니다. 국민의 기본적 자유와 인권, 그리고 인간의 존엄성과 생존권을 위한 것이라면 어떠한 대화라 할지라도 환영해 마지않을 것입니다.

호헌은 유신체제 복사판

친애하는 당원동지 여러분!

우리가 창당을 결행했을 때 현정권은 이른바 4·13조치라는 것을 발표했습니다. 과연 4·13조치라는 것이 무엇입니까? 그것은 지난 1년 동안 온갖 논리를 구사하며 대통령중심제는 나라를 망치는 제도라고 매도하고 내각제만이 난국을 수습할 수 있는 유일한 길인 양 선전해 대던 현정권이, 엄청난 자가당착 속에서 현행의 반민주적 대통령제로 돌아섬으로써 국민적 합의에 대한 쿠데타를 자행한 것에 지나지 않습니다. 또한 그것은 "고난에 찬 결단이 아니라, 정치는 이제 민주화와는 거리가 먼 전제시대가 시작되는 것이며, 이 땅 위에는 다시금 최루탄이 그칠 줄 모르고 터지며, 국민의 눈과 마음속 깊은 곳에는 눈물이 마를 날이 없게 된 것"입니다.

호헌이란 무엇입니까? 광주사태의 역사적인 비극 속에서 계엄령을 선포해 놓고, 대통령 임기를 어제는 5년, 오늘은 6년, 내일은 7년 하는 식으로 멋대로 제정된 그 헌법, 특정한 사람을 대통령으로 만들기 위해서 유신체제를 거의 그대로 복사한 대통령 간선체제의 그 헌법, 군사독재체제의 출범을 위해서 급조된 그 헌법으로 되돌아가자는 것입니다. 그것은 호헌과 개헌에 대한 단순한 선택이 아니라 군사독재체제를 계승시키겠다는 반국민적 음모일 뿐입니다. 평화적 정권교체를 하는 것이 아니라 군사독재체제를 나누어 먹기 식으로 담합하여 승계시키겠다는 것입니다. 군사독재체제가 자기들끼리 승계되는 마당에 단임이 무슨 의미가 있겠습니까? 이런 음모와 흉계 앞에서는 단임이 중요한 것이 아니라 군사독재체제의 청산과 민주화로의 대전환이 절실하고 중요한 것입니다.

지금 우리 사회에는 난데없이 70년대의 긴급조치가 유령처럼 되살아나고 있습니다. 민주화를 향한 개헌논의를 탄압하겠다는 공권력의 공공연한 공갈과 협박이 행해지고 있습니다. 박종철군의 저 잔혹한 죽음이 온 국민의 공분을 불러일으켰음에도 불구하고, 반성은커녕 인권유린과 탄압은 더욱 확대되고 있습니다. 2천명이 넘는 정치범이 감옥에 갇혀 있고, 수백명의 수배자가 거리를 방황하고 있으며, 학원은 경찰에 포위되어 있고, 언론과 사법부는 권력의 시녀가 되어 있습니다. 국회 역시 경찰에 의한 관리체제가 운위·계획되고 있으며, 진정한 야당 국회의원의 의원 신분은 오직 탄압의 표적이 되고 있을 뿐입니다. 우리가 헤쳐 왔던 유신시대 이래의 길고 긴 암흑의 터널이 이제 80년대의 한가운데서 또다시 재현되고 있습니다. 뿐만 아니라 무한독재의 절망적 상황 속에서 온갖 부정과 부패가 독버섯처럼 그 어두운 곳에서 판을 치고 있습니다.

온 국민을 분노와 좌절 속에 몰아넣고 있는 범양(汎洋)사건은 그 하나의 사건에 국한되어 있는 것이 아닙니다. 국민과 역사와 정의를 우롱하며 사회 전체에 만연되어 있는 부정부패의 빙산의 일각일 뿐입니다. 1조원이 넘는 부채를 짊어진 부실기업에 엄청난 특혜를 주면서도 그 실태를 공개하지 않았던 이유를 우리는 알 수 있습니다. 독재권력은 국민의 돈을, 국가경제를 마음대로 희롱하고 있습니다. 열심히 일해도 하루 몇천원을 벌지 못하는 우리 근로자들의 분노와 슬픔을 어떻게 달랠 수 있으며, 우리 국민들이 이러한 정부를 어떻게 믿을 수 있겠습니까? 이 캄캄한 암흑의 시대에 햇불을 밝혀야 할 사람들이 바로 우리요, 우리 당인 것입니다.

사랑과 화해의 길 찾아야

친애하는 당원동지 여러분!

우리는 정통성을 상실한 유신정권이 어떻게 그 종말을 고했는지를 두 눈으로 똑똑히 보았습니다. 10·26사태로 유신체제가 종말을 고하자, '유신만이 살 길'이라던 목소리는 흔적도 없이 사라져 버렸습니다. 정통성 없는 정치권력이 역사와 국민에 의해 얼마나 허망하게 거부당하고 몰락하는지를 우리는 너무도 생생한 경험을 통해 잘 알고 있습니다. 이른바 4·13조치라는 것은 유신체제가 그랬던 것처럼 정통성 없는 정권에 대한 역사와 국민의 거부와 저항을 스스로 재촉하고, 끝내는 비극적 종말을 예비하는 것에 지나지 않습니다. 나는 그것을 확언합니다.

친애하는 동지 여러분! 그리고 존경하는 국민 여러분!

나는 이른바 4·13조치라는 것을 받아들이지도, 인정하지도 않을 것임을 여러분 앞에 분명히 밝히는 바입니다.

나는 현정권의 반민주적·반국가적·반역사적 배신행위에 분노하는 마음으로 이 자리에 서 있습니다.

그러나 나는 미래에 대한 좌절이나 비관을 말하고자 하지 아니하며, 더욱이 파국을 말하고 싶지 아니하며, 증오와 보복을 말하고 싶지도 않습니다.

나와 동지들은 미래에 대한 희망을 말하고자 하며, 사랑과 화해에 대한 기대를 포기하지 않고 있습니다. 우리가 나라와 민족의 불행을 막고 희망 있는 미래를 설정하기 위해서는 그들까지를 포함한 사랑과 화해의 길을 찾아야 하는 것이 우리들의 사명이라고 생각하고 있기 때문입니다. 그것은 가해자와 피해자의 화해, 권력과 국민의 화해, 가진 자와 못 가진 자의 화해로 연결되어야 하며, 그 화해는 정의와 양심이 전제가 되어야 합니다.

4·13선언 백지화하라

그러나 현정권의 작태는 이러한 모든 화해의 길을 차단하고 갈등과 증오와 불신만을 가속화시키고 있는 것입니다. 따라서 나는 이대로 간다면 반드시 맞게 될 불행한 종말, 묘혈로 가는 길을 막기 위해서 현정권이 이제야말로 독재의 장기화에 대한 집착을 버리고 민주화의 길을 결단할 것을 진심으로 촉구합니다.

첫째, 전두환씨의 4·13 개헌유보선언은 현정권은 물론 국가의 불행을 자초하는 제1의 요건이 될 것이므로, 이를 즉각 철회하고 난국수습을 위한 실질대화에 임할 것을 강력히 촉구합니다. 나는 나라의 민주화를 향한 허심탄회한 실질대화를 통하여 현재의 난국을 풀어 나갈 수 있는 여지가 아직은 있다고 확신하는 바입니다.

그러나 현정권 당국이 이른바 4·13조치를 기초로 일방적인 정치일정을 강행해 나간다면, 우리는 현정권에 대한 전면적인 거부투쟁에 나설 수밖에 없다는 점 또한 명백히 해 두고자 합니다. 전두환씨는 스스로의 말로 평화적 정권교체를 이룩한 최초의 대통령으로 기록되고 싶다고 말했지만, 이대로 간다면 그는 5·17쿠데타와 이른바 4·13조치로 두 차례에 걸쳐 국민의 개헌 열망을 배신한 한국 정치사상 유일한 대통령이란 치욕적인 기록을 남길 것입니다. 있어서는 안 될 정권, 민족사적 과오 속에 출범되고, 단임이라는 이름 밑에 우리 사회의 모든 영광과 기능을 파괴·유

대통령직선제 구호를 외치는 모습.

린한 정권이 역사와 국민 앞에 끝내 스스로 부정될 수밖에 없는 마지막 길을 걷는다면, 우리 당과 국민의 거부투쟁은 정당한 것이며 또 필요한 것입니다.

뿐만 아니라 우리는 선거인단 선거 및 체육관에서 하는 대통령선거에 참여하지 않을 것임을 분명히 합니다. 나아가 우리는 범국민적 비폭력 거부운동을 전개할 것입니다. 명동성당에서, 광주에서, 전주에서, 기독교회관에서, 대학에서 이미 신부·목사·대학교수 등 이 나라의 양심과 지성을 대표하는 책임 있는 민주인사들이 4·13선언의 백지화를 요구하면서 온몸을 던지는 투쟁을 전개하고 있습니다.

주권자인 국민이 선거를 통해서 정부 선택권을 가지고 정치에 참여하기 위해서는, 국민의 의사가 정당하고도 평등하게 반영될 수 있는 선거제도를 전제로 합니다. 그러나 현행 대통령 선거제도는 국민의 선택권을 보장하는 제도가 아니라 박탈하는 제도입니다. 그것은 국민이 정부 선택권을 행사하는 주권 확인의 기회가 아니라 주권자인 국민이 들러리가 되는 요식행위에 불과한 것입니다.

이러한 헌법하에서의 대통령선거는 선거로 인정할 수 없다는 것을 분명히 밝혀 둡니다. 그 이치는 우리가 북한의 선거를 선거로 인정하지 않고 있는 것과 같습니다.

그러한 요식을 합리화하기 위한 구차한 수단과 명분으로서의 어떠한 정치일정이나 행사도 우리는 거부할 것입니다. 이러한 기만적 정치일정에 대하여 전국민이 거부·불참하는 것은 너무도 정당한 국민의 권리임을 나는 이 자리에서 선언하는 바입니다.

양심수 석방, 폭력정치 중단

둘째, 독재의 종식과 민주화를 요구했다는 이유 때문에 부당하게 권리를 박탈당하고 고통받고 있는 인사들에 대하여 전면적인 원상회복 조치를 단행할 것을 강력히 요구합니다. 청년학생·노동자·지식인·종교인·정치인 등 2천여명에 달하는 양심수들은 즉각 석방되어야 하며, 민주인사들에 대한 사면·복권도 즉각 단행되어야만 합니다. 또한 정치적 이유로 수배받고 있는 인사들에 대해서도 즉각 수배령이 해제되어야만 합니다.

셋째, '고문·폭력정치'를 즉각 중단할 것을 강력히 요구합니다. 박종철군 고문치사사건과 여대생 권양 성고문사건으로 대변되는 잔혹한 고문은 우리 사회의 인간성을 근원적으로 파괴하고 있습니다. 경찰과 공권력, 그리고 깡패까지 동원한 무한폭력의 폭력정치는 폭력의 속성이 그러하듯이 우리 사회의 존립기반을 말살하고 있습니다. 고문과 폭력 등 국민에게 어떠한 박해를 가해도 괜찮다는 생각은 스스로 멸망의 길을 재촉하게 된다는 사실을 알아야 합니다.

넷째, 국민을 기만하고 민주정치의 원칙을 파괴하는 '정보공작정치'를 중단할 것을 강력히 요구합니다. 현정권이 하고 있는 것은 정치를 하는 것이 아니라 국민과 야당을 상대로 전투와 작전을 벌이고 있는 것입니다. 국민을 잠시 속일 수는 있어도 영원히 속일 수는 없으며, 국민을 협박하여 잠시 억누를 수는 있어도 영원히 억누를 수는 없습니다.

다섯째, 언론인과 언론기관에 대한 탄압과 협박을 중단하고 언론자유를 보장할 것을 촉구합니다. 무릇 언론의 자유는 모든 자유를 자유케 하는 자유로서, 민주주의 국가와 국민에게 있어서는 결코 빼앗길 수 없는 국민 제1의 기본권입니다. 현정권은 오늘날 파렴치한 공작정치로 언론자유를 말살하고 끊임없는 거짓으로 국민을 기만하고 있습니다. 이로 인해 사회 전체는 불신풍조가 만연되고 건전한 가치관이 파괴되는 위기에 빠져 버렸으며, 이러한 상태의 지속은 국가의 뿌리마저 뒤흔들어 놓고 있는 것입니다.

민주화는 흥정대상 아니다

나는 현정권이 이러한 조치들을 우선적으로 취해 나갈 때 우리에게 화해의 길이 열릴 수 있으며, 우리 모두가 정치보복의 두려움으로부터 해방될 수 있다는 것을 믿습니다. 나는 민주화를 위해서라면, 그리고 국민의 편에 서는 길이라면, 투쟁이든 대화든 어떠한 길이라도 감연히 나아갈 것입니다.

나는 이 시대에 이 나라와 국민이 직면하고 있는 난국을 극복할 수 있다는 희망과 가능성을 결코 포기하지 않습니다.

친애하는 당원동지 여러분! 그리고 민주국민 여러분!

우리는 목이 아프도록 이 정권을 상대로 민주화를 외쳐 왔습니다. 우리가 외쳐 온 민주화의 목소리는 국민의 한이 되고 메아리가 되어 조국 산천을 꽉 메우고도 남을 것입니다. 88올림픽이 국민의, 민족의, 세계인의 축제가 되기 위해서는 먼저 민주화가, 국민 내부의 화해가 이루어져야 합니다. 독재권력의 자기선전을 위한 것이라면, 그리하여 국민이 권력에 의하여 강제로 동원되는 그런 올림픽이라면 1936년 나치 치하의 베를린올림픽을 오늘에 재현하는 것과 다름없을 것입니다.

우리는 분명히 민주화를 갈구합니다. 그러나 독재권력에 의하여 시혜나 선심으로 배급되는 기만적 민주화를 원하지는 않습니다. 우리는 물론 정치범·양심범의 석방과 사면·복권을 바랍니다. 그러나 정치범이 인질이나 전쟁포로처럼 정략적으로 이용되는 것을 바라지 않습니다. 민주화는 선언적인 것이어야 하며, 온 국민의 화해와 축복 속에 이루어지는 새로운 민족사의 출발이 되어야 합니다. 민주화는 조건이 아니며, 고문의 종식과 인간 존엄성의 회복은 흥정의 대상이 아닙니다.

단 하루라도 이 땅에서 사실과 진실의 보도가 이루어질 수 있다면 군사독재는 그 하루를 견딜 수 없을 것입니다. 그러나 자유언론하에서 쓰러지는 정권은 언론자유의 억압 위에 유지되는 정권보다는 훨씬 위대합니다. 나는 현정권 당국과 민정당이 인간성과 최소한의 정치양식으로 되돌아와 민주화와 정통성 있는 문민정부(文民政府) 수립을 협의할 수 있게 되기를 기도하는 심정으로 바라 마지않습니다.

비폭력 평화적 투쟁을!

친애하는 당원동지 여러분!

우리는 마지막까지 대화를 통한 평화적인 민주화와 민주적 개헌을 포기해서는 안 될 것입니다. 그러나 우리에게 민주화를 추진할 수 있는 길이 봉쇄되었을 때, 우리는 국민에게 물어 보고 그 뜻을 따라야 할 것입니다. 선택적 국민투표의 제의는 바로 국민으로부터 해답을 듣자는 우리들의 충정이었던 것입니다.

현정권이 쳐놓은 울타리인 장내에서의 규칙이 정당한 것이 아닐 때, 우리는 장내투쟁에만 매달릴 수는 없습니다. 국민과 호흡을 같이하는 적극적인 투쟁을 전개해야 될지도 모릅니다. 국민을 무시하고 국민을 오직 통치의 대상으로만 아는 정권에게는 국민이 얼마나 두렵고 무서운 존재인지를 깨닫게 해주는 것이 최선의 교훈이 될 것입니다. 그러나 그 어떤 투쟁의 방식을 택하든지 간에 우리가 전개해야 될 투쟁은 비폭력 평화적 투쟁입니다. 때리면 맞고 짓밟히면 눕되, 풀잎처럼 다시 일어나는 이 나라 국민의 끈기와 전통을 이어 나가야 할 것입니다.

친애하는 당원동지 여러분!

나는 오늘 온갖 박해 속에서도 통일민주당의 깃발을 이 땅에 꽂은 우리 모두의 결단과 노고와 눈물겨운 승리에 대해 함께 기뻐하는 바입니다. 이제 우리는 도도한 세계사와 민족사, 민주화의 흐름 속에 우리의 역할과 소명을 신명을 다해 완수하고자 합니다. 우리는 동지끼리 형제처럼 단결하여 독재권력의 마수와 폭압에 떨쳐 일어나 대항하는 이 민족, 이 국민의 전위입니다. 고난의 역정에는 앞장서고, 우리 자신이 민주화와 화해·일치와 통일에의 도구로 쓰이는 빛과 소금이 되는 그런 우리 자신이 되기를 이 자리에서 다짐합니다.

우리는 선명하고 강하면서도 결코 용서와 화해의 마음을 잃지 않으며, 항상 겸손하고 인내하되 원칙에는 견고하고 깨끗한 투사의 길을 걸어가야 할 것입니다. 오늘 우리의 창당대회는 민주국민과 더불어 그런 태도, 그런 자세를 가다듬는 거룩한 서약의 현장인 것입니다. 언제나 떳떳한 자신, 당당한 우리, 명쾌한 우리 정당이 되게 합시다.

의로우신 하나님은 결코 우리를 버리지 않고 보호하실 것입니다. 마침내 우리는 승리할 것입니다.

감사합니다.

1987년 5월 1일 통일민주당 총재 김영삼

노태우 취임 못할 것

창당대회의 열기는 '선구자'를 합창할 때 절정에 달했다. 나는 원래 노래 부르는 데는 소질이 없는 사람이다. '메기의 추억'이나 '선구자'를 좋아했지만, 그나마 듣는 경우가 대부분이다. 굳이 부르라고 해도 딴전을 피우고 피하기 일쑤다. 그런데도 이 날만은 저절로 입술이 열렸다.

……한 줄기 해란강은 천년 두고 흐른다. 지난날 강가에서…….

마침내 기나긴 어둠의 터널에서 빠져 나왔구나 하는 감동의 파장이 내 가슴을 훑고 지나갔다. 정보기관의 악랄한 방해책동과 협박, 백주의 테러에 의한 창당방해, 신문·TV 등을 통한 일방적인 공격과 비판 등을 기어코 돌파해 내 오늘에 이른 것이다. 나는 그 동안 기자들에게 "창당작업 자체가 엄청난 의미를 지닌다. 창당과정에서 우리는 힘을 모아 갈 것이다. 저들의 저지선을 뚫고 제대로 된 야당을 만든다는 것 그 자체가 바로 독재정권과의 힘겨루기이다"고 말해 왔다.

창당에 성공함으로써 우리는 힘겨루기에서 이겼다. 흥사단 밖은 계절의 여왕 5월의 푸른 여신(女神)이 펼쳐 놓은 신록으로 눈부셨다. 대학로 주변을 지나치면서 내 마음은 그 화창한 봄날의 신록을 닮아 있었다.

그 날 오후 민추협(民推協) 사무실에서 가졌던 기자들과의 간담회

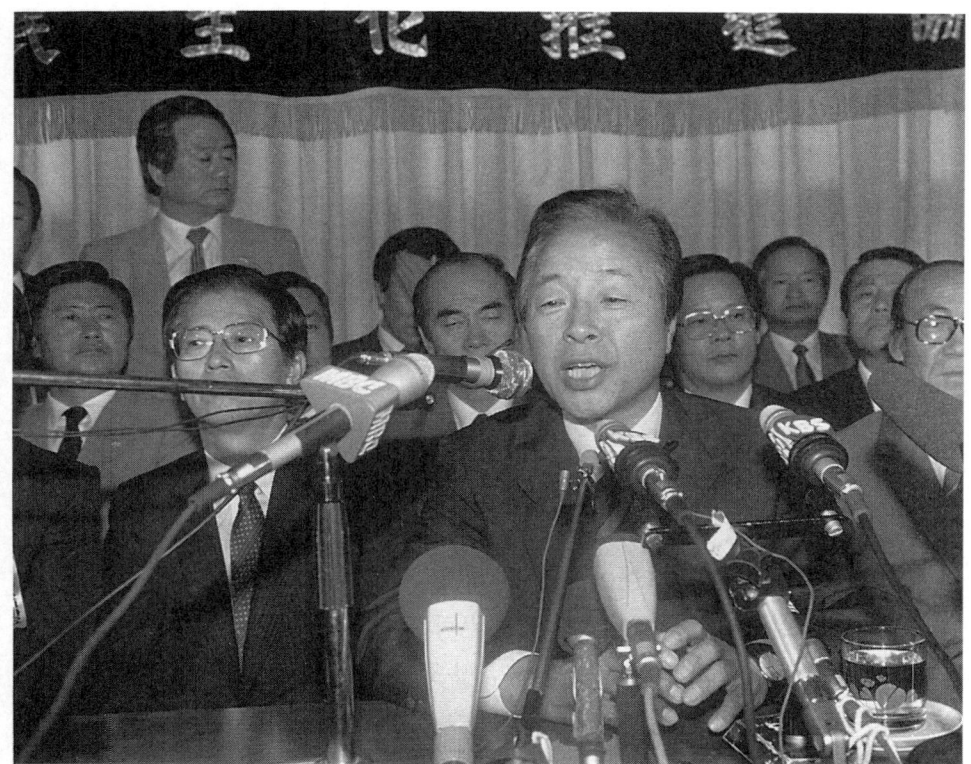

통일민주당 총재 취임 후 기자회견.

에서 어느 기자가 물었다.

"만일 민정당의 노태우 후보가 현행 대통령 선거제도에 따라 대통령으로 선출된다면 어떻게 할 작정입니까?"
"민정당 후보가 대통령선거에서 당선될지는 모르겠지만, 내년 봄에 그가 취임하는 일은 결코 없을 것입니다."

내 대답은 단호하고 분명했다.

취임사 물고늘어지기

어느 곳에서든지 역사 자체가 똑같은 양식을 되풀이한다면 이는 완전히 기회를 낭비하는 것이다. 특히 실패의 역사가 되풀이되는 것은 단순한 낭비가 아니라 죄악의 범주에 속한다. 전두환정권이 그 대표적인 예다. 민주당이 창당대회의 성공으로 다시 일어나 민주화운동을 본격적으로 추진할 채비를 갖추자, 전두환은 직접 나를 향해 압박을 가해 왔다.

1979년 5월 30일에 내가 박정희정권의 폭압을 무릅쓰고 신민당 총재에 당선된 뒤 그들이 내게 가해 왔던 핍박이 8년이 지난 뒤 되풀이된 것이다. 박정권은 그때 정권적 차원의 도전을 선언한 나를 정계에서 축출하기 위해 별의별 함정을 파다가 끝내는 자신들의 묘혈을 파고 말았는데, 전두환정권이 그런 잘못된 역사의 수레바퀴를 따라 밟은 것이다.

먼저 민정당이 나의 취임사를 물고늘어졌다. 5월 2일, 민정당은 성명을 통해 내가 총재 취임사에서 현행 헌법하에서의 대통령선거는 불참하고 현정권에 대한 전면적인 거부투쟁에 나서겠다고 천명한 부분과, 전두환정권하의 선거를 북한의 선거에 비유한 내용, 1988년 서울올림픽을 나치 치하의 베를린올림픽에 비유한 부분을 거론하며, 이는 국가와 올림픽을 모독한 것이며 폭력혁명에 의한 정권탈취 저의까지 있는 것이라며 해명을 촉구했다. 검찰에서도 내 발언을 문제 삼아 국가모독죄 운운하며 나를 소환수사하겠다는 협박이 있었다. 그러나 나는 전혀 개의치 않았다.

"취임사를 문제 삼는 바람에 내가 지금까지 한 연설 가운데에서 이번 것이 가장 유명한 연설이 되어 버렸다. 취임사를 구하려는 사람이 많아 몇십만 부를 더 찍었다."

기자들이 물어 오면, 나는 오히려 이런 반응을 보였다.

감옥은 이 시대의 영광

5월 9일, 창당된 지 9일째인데도 민주당은 당사를 마련하지 못했고, 국회에서도 야당총재인 나에게 방을 마련해 주지 않고 있었다. 나는 할 수 없이 서울시청 뒤편 피닉스빌딩 3층 민족문제연구소 안에서 민주당 총재 일을 보고 있었다. 임시국회 상황도 수시로 그 방에서 보고받고 있었는데, 이 날 오후 5시에는 민주당 총무가 나에게 올 예정이었다. 나는 사무실에서 신문을 펼쳐 들었다. 내가 펼쳐 든 〈동아일보〉 1면 머리에 실린 시커먼 제목은 「검찰, 김총재 소환방침」이었다. 나는 속지를 뒤지다가 9면에 실린 '현대사상의 고향'이란 시리즈 기사에 눈길이 갔다. 「무솔리니의 정치어록과 회한」이란 별난 제목의 기사였다.

선거야말로 반(反)파시스트적이다. 위대한 지도자는 그 스스로 뽑는다. 이데올로기는 식자(識者)들만을 위한 사치품이다.…… 나는 국민들을 깔보았다. 이제 그 업보를 받고 있다. 독재자치고 앞과 뒤를 신중히 재는 자는 없다. 야심에 도취되어 그럴 경황이 생기지 않기 때문이다. 그것을 깨닫게 될 때는 이미 늦고 만다.

무솔리니의 이 말은 내가 항상 독재자들에게 들려주고 싶은 말이 되었다. 그때 한 기자가 들어왔다. 나는 그에게 이 기사를 읽어 줬다. 기자는 걱정스런 얼굴로 나와 얼마 동안 대화를 나눴다.
다음은 그 기자와 나눈 대화록이다.

　　- 소환에 응하실 겁니까?
　　"그럴 수는 없지요. 뭔가 잘되어 가는 것(?) 같아요."
　　- 검찰에서 구인장을 발부할 것 같은데요.
　　"힘으로 끌고 가면 끌려가야지요."
　　- 구속까지 각오하십니까?
　　"구속이요? 그것은 이 시대 최고의 영광입니다. 내가 복받은 거지요."
　　- 심문에는 응하실 겁니까?
　　"거기까지는 생각을 안 해 봤어요. 모든 일에 당당하게 대처해 나갈 것입니다."
　　- 법정에 서신다면 어떻게 하시겠습니까?
　　"거기서도 당당하게 나가야지요. 한마디로 독재의 말기입니다. 무솔리니의 말처럼 독재자가 후회할 때는 이미 너무 늦은 겁니다."

"절대 나를 구속 못한다."
나는 내친 김에 분명히 말해 두었다.

"저들은 절대로 나를 구속하지 못합니다. 협박용인 것 같은데 그게 나한테 통합니까? 내가 누굽니까?…… 단식 뒤에 나는 두려움을 잊었습니다. 적어도 육체적인 고통이나 공포감으로 나를 굽혀 놓으려고 해서는 성공하지 못할 것입니다. 이렇게 하는 것이 절대로 이 정권에 도움이 되지 못해요. 저는 이걸로 망하리라 봅니다."

- 검찰에선 김총재께서 해외에서 하신 발언을 검토하고 있다고 했는데요.

"해외발언? 내가 너무 잘했지요?"

- 김총재께서 해외에서 하신 발언 가운데 국가모독의 부분이 있다는 것이 검찰의 견해인 것 같은데, 일부 국민들도 비록 반정부 인사라도 외국에서는 발언을 자제해야 한다는 생각이 있는 것 같습니다.

"나는 동의할 수 없어요. 정치인들은 서울에서 하든지 동경(東京)·로마·워싱턴에서 하든지 말이 같아야 합니다. 큰 정치인의 진실은 국경을 초월하여 통해야 됩니다. 통신이 이렇게 발달했는데 국내외의 구별이 무슨 의미가 있습니까? 나는 이 나라에서 가장 큰 언론자유를 누리고 있는 사람입니다. 이 점이 다른 국민들에게 미안하기도 하지만, 그만큼 나는 말 못하는 국민들을 대신해서 할 말을 해야 할 책무를 지고 있습니다. 나는 해외에 나가면 아무리 바빠도, 또 시차 때문에 몸이 피곤해도 외국언론의 인터뷰 요청은 거절하지 않습니다. 그 사람들은 나보고 반(反)국가라고 하는데, 내가 정부를 비난했지 언제 공산혁명하고 나라를 뒤엎자고 했나요? 정확하게 말하면 나는 반(反)정권밖에 하지 않았습니다."

전두환, 박정희보다 더 치졸

- 1979년과 비교할 때 어떻습니까?

"나는 이 정권이 그때보다 더 나쁜 상황에 빠져 들고 있다고 봅니다. 그때보다 사회는 더 다양해지고 국민 수준은 향상했는데, 정권의 방법은 더 치졸해졌어요. 그래도 그때는 박정희 주변에 정치를 아는 사람이 있었지 않아요? 현정권은 전적으로 힘에만 의존하려고 하는데, 이 세상엔 아무리 강력한 힘이라도 무한적인 힘은 없는 것입니다. 저들은 불리하면 우리를 반국가적 운운하고 몰아치는데, 우리한테 무슨 무력이 있습니까? 탱크, 총, 칼, 군대를 가지고 있습니까? 민주당의 힘은 국민의 지지뿐입니다. 국민의 지지가 없었다면 나는 감옥에 가도 몇십 번을 갔을 것입니다."

- 김대중씨에 대한 연금과 김총재에 대한 법적 조치는 정계개편의 신호탄이라는 해석도 있습니다. 어떻게 대처하실 작정입니까?

"정치인에 대한 취사선택은 국민만이 할 수 있습니다. 정부가 묶었던 정치인들이 국민들의 절대적인 지지를 받고 대개 국회로 돌아온 것은 무엇을 뜻합니까?"

- 김총재께서 구속된다면 현실적으로 양김(兩金)씨가 모두 물리적으로 고립되어 야권의 구심점이 약해지는데요.

"나를 구속하면 10·26이 올 겁니다. 이 정권의 종말이 온단 말입니다."

- 그러면 1979년에는 언제 박정권이 끝났다는 생각을 했습니까?

"내가 총재 직무집행정지 가처분을 당했을 때에 이젠 끝났다고 생각했습니다. 또 끝나도록 만들겠다고 생각했습니다. 그래서 그때부터 박정권 타도를 부르짖게 되었습니다."

- 국회에 대해서 어떻게 생각하십니까?

"여당은 스스로 권력의 시녀임을 자청하고 있더군요. 권력자가 시키는 대로 국회 문을 닫아걸고, 자기들끼리 예산안을 날치기로 통과시키고, 대통령이 화를 내면 말도 되지 않는 이유를 내걸어 국회의원 구속동의안을 통과시키고, 그래 놓고는 미안하다는 말 한마디 없고……. 특히 의장단의 양심이 의심스럽습니다. 지금 야당의원들 여럿이 구속되고 입건되어 있는데, 그들에게 투표한 유권자가 몇백만입니까? 국회의원을 입건하는 것은 그들이 대표하는 몇백만의 국민들을 입건하는 것이 됩니다."

 - 미국 민주당의 대통령후보 경쟁자인 게리 하트가 여자문제로 사퇴선언을 했는데, 혹시 그를 만난 적이 있습니까?

"그가 한국에 왔을 때 바로 이 사무실에서 한 시간 동안 이야기를 나눈 적이 있습니다. 내가 미국에 갔을 때에 그의 사무실을 방문하여 대화한 적이 있으니까, 두 번 만난 셈이군요. 얼마 전에도 그가 보낸 편지를 받았는데……. 너무 쉽게 포기한 것 같아요. 미국에서는 정치인에 대한 요구사항이 너무 가혹하다는 생각이 들어요. 오늘도 미국 사람을 만나 하트의 사퇴 이야기를 했는데, 그의 말로는 하트 자신에게도 문제가 있다는 거였어요. 하트는 자신의 생년월일과 본명에 대해서 전에도 엇갈리는 발언을 하여, 많은 미국인들이 뭔가 믿을 수 없는 사람이라는 생각을 갖도록 했다는 겁니다. 정치가에게 정직보다도 더 중요한 재산은 없다는 것을 새삼스럽게 실감했습니다."

한국 '피플즈 파워' 강력

 - 김총재께서는 1986년 2월의 필리핀혁명을 보시고 '다음 차례는 한국'이라고 말씀하셨다는데, 한국과 필리핀은 근본적으로 다른 점이 두 가지 있다고 봅니다. 한국의 군부는 필리핀과는 비

박종철군 고문치사사건은 6월항쟁의 도화선이 되었다.

교할 수 없을 만큼 규율이 서 있고 정예화되어 있으며, 한국의 피플즈 파워는 필리핀보다 허약한 것 같습니다.

"저는 한국 국민의 힘이 필리핀보다 우세하다고 봅니다. 4·19와 부마(釜馬)혁명, 광주민주화운동을 보십시오. 결정적인 계기가 오면 물불 안 가리고 일어서는 게 우리 민중입니다. 그러나 군사쿠데타와 민중혁명은 모두 바람직하지 않다고 봅니다. 다만 정부가 뉘우치지 않으면 아무리 내가 말려도 국민이 용납 안 할 때가 올 것입니다."

- 김총재는 선거혁명론자로 알려져 있는데 그토록 자신이 있습니까?

"있고 말고요. 나는 국회의원 선거에 여덟 번 나서서 일곱 번을 이겼고, 2·12총선을 지휘해서 이겼으며, 야당 원내총무 선거에는 다섯 번 나서서 다 이겼습니다. 나는 선거 전문가예요. 공정한 선거가 이루어진다면 정권교체는 자신 있습니다. 선거를 많이 치러 보면 저절로 우리 국민들의 실체를 느끼게 됩니다. 이런 국민들을 두고 민주주의를 못한다는 것은 말이 안 됩니다."

정강정책에 대한 시비

전두환의 4·13조치는 애당초 무리였다. 전두환정권은 4·13조치 이후 국내 여론과 해외 여론에 의해 포위·고립되고 말았다. 내가 4·13조치 발표 직후 실질대화를 제의한 것은 언젠가는 전두환이 대화를 요청해 올 수밖에 없을 것이라고 예상했기 때문이었다.

그러나 전두환은 내가 유신정권을 붕괴시킨 장본인이라는 점, 외국에 나가라는 회유와 유혹을 단호히 거부한 점, 정치규제를 무시하고 줄기차게 민주화투쟁을 해 온 점 등 때문에 사사건건 나를 공격하려고만 들었다.

이 때문에 민정당(民正黨)은 5월 2일 대변인 성명을 통해 나의 통일민주당 총재 취임사를 물고늘어진 바 있었고, 검찰도 소환수사 방침 운운으로 나를 협박하려 했다. 그러나 나는 5월 9일 "현정권이 나를 감옥으로 보낸다면 즐거운 마음으로 들어갈 것이며, 내 문제로는 정부·여당측과 일체 대화하지 않을 생각"이라고 강경하게 맞섰다.

나에 대한 협박이 좌절되자 전두환은 이번에는 통일민주당의 정강정책을 물고늘어졌다. 나의 취임사 및 민주당의 정강정책을 작성하는 데 관여한 사람들을 수사하겠다고 나선 것이다. 민주당의 정강정책에는 "민족통일이 정치적 이념과 체제를 초월하는 민족사적 제1과제임을 인식하고 이를 국정의 지표로 삼는다"는 대목과, "통일논의를 국민적 차원으로 확대, 국민적 합의를 도출한다"는 대목이 들어 있었다. 민주당은 강령의 전문에서도 "이 시대의 지상명제인 민족통일 성취와 조국의 민주화투쟁에 앞장서는 국민정당"임을 선언하고 있었다.

전두환은 "통일이 이념과 체제를 초월하는 민족사적 과제"란 부분을 문제 삼으면서 정강정책의 수정을 요구했다. 나는 수정요구를 묵살하면서 공박했다.

> 정부·여당이 계속 시비를 거는 것은 4·13조치 철회와 민주화 개헌에 대한 열기를 꺾어 우리의 주장을 약화시키려는 저의 때문이다. 또 비슷한 내용이 7·4공동성명, 전두환의 기자회견, 민정당 의원의 책에도 나온다. 같은 내용을 야당이 주장했다고 문제 삼는 것은 법정신에도 어긋난다.

검찰의 공세가 이어졌다. 정강정책 작성자를 소환키로 하는 등 본격수사에 착수했다. 그러나 검찰의 수사는 그후 몰아 닥친 정국 상황의 급변으로 백지화되고 말았다.

역사에는 예외가 없다

앞서 5월 9일 모(某) 기자와의 대화록을 소개했는데, 그와의 인터뷰는 11일에 다시 이어졌다. 중요 부분을 여기 다시 옮긴다.

- 비서나 보좌관들에게 소환장이 날아오면 어떻게 하실 겁니까?

"소환에 응하지 말라고 이미 지시해 두었어요. 내가 한 것인데, 날 상대로 해야지."

- 요즈음 분위기 때문에 그런지, 이번 임시국회에서는 민주당이 얌전했다는 평입니다만……?

"내가 국회에 있어야 현장감각을 가지고 지휘를 하는 건데, 국회에서 내 방을 내주지 않으니까 지장이 있어요. 이것도 계획적으로 그런 것 같고……. 내일 국회부의장 선거는 보이콧하라고 지시해 두었습니다."

- 김총재께서는 화가 나셔야 큰일을 하신다던데, 1979년 때도 그랬습니까?

"그때 화가 많이 났지요."

- 지금도 그때만큼 화가 나십니까?

"아직 그 정도는 아닙니다. 그러나 나의 인내에도, 국민의 인내에도 한계가 있습니다. 물론 독재의 힘에도 한계가 있고요."

- 당사는 구하셨습니까?

"아직요. 거 어렵네요."

- 여권에선 김총재께서 1979년 투쟁경험을 과신하고 있다고 하더군요.

"우리는 아무리 무리한 짓을 해도 이승만이나 박정희정권과는 다르다, 우리는 예외다, 이렇게 생각하는 전두환정권이 오히려 과신하는 것이지요. 역사에는 예외가 없습니다."

- 이렇게 당사를 구하기가 어렵다는 것, 그것이 우리 국민의 수준을 상징하는 것 아닙니까? 정말 민주당을 지지한다면 그 많은 건물주 가운데에 한 사람이라도 사무실을 빌려 주어야 하지 않습니까? 총재께서는 우리 국민의 힘을 믿는다고 여러 번 말씀

하셨는데, 정치게임에서는 추상적인 국민의 힘보다는 구체적인 힘이 더 센 게 아닙니까?

"우리 국민들이 지적 수준은 높은데, 양심에 따라 행동하는 힘은 좀 약한 면도 있지요. 그러나 선거를 해 보면 국민을 무서워하게 됩니다. 이 사람들이 지금 국민을 깔보는 것도 선거로 뽑혀 보지 않아서 그래요."

시간에 쫓기는 건 전두환

- 막연하게 느껴지는 국민의 힘을 조직화하여 민주당의 힘으로 수렴할 방안이 있습니까?

"곧 조직강화를 할 겁니다. 참신한 사람들에게 문호를 열어 두기 위해 한 20개 지역구 정도는 조직책을 비워 둘 생각입니다. 하부조직도 강화하고 전문인력도 뽑을 생각인데, 아직 당사가 마련되어 있지 않아서……."

- 아직 실질대화의 가능성이 있는 겁니까?

"현재로선 암담한데, 워낙 급하게 소용돌이치는 정국이니까 내일은 또 가능성이 생길지 모르지요. 시간에 쫓기고 초조한 것은 저쪽입니다."

- 시간이 가면 4·13조치는 기정사실화되는 것 아닙니까?

"여당이 대통령후보를 낼 수는 있겠지요. 그러나 우리가 불참할 텐데……. 그러면 다른 당에서도 후보를 못 낼 겁니다. 내면 모양은 더 우스워질 것이고……."

- 찬스 포착을 잘하시는 김총재께서 뭔가 극적인 것을 보여 줄 것이라고 내다보는 사람들이 많은데요.

"상황을 더 두고 보아야지요. 정치를 해 보니까 시기 선택이 정치의 전부라는 느낌을 받았습니다. 이런 말을 들은 적이 있어요. 기회란 것은 꼬리가 이마에 붙어 있어서 올 때 잡아야지, 지나간 뒤에 꼬리를 잡으려면 안 된다는 거예요."

민주화는 세계사적 사건

선거는 민주정치의 요체이다. 나는 선거다운 선거만 이루어질 수 있다면 정권교체가 가능하다고 확신했다. 심지어 "현행(국회의원) 제도로도 자신이 있다"고까지 했다. 그런 나인지라 선거다운 선거가 연내에 이루어질 수 있을까 회의가 들 때면 마음이 매우 어둡고 우울해졌다. 비교적 공정한 선거가 보장된다면 상당한 양보까지도 할 수 있다고 나는 생각했다.

선거가 국론을 분열시킬 우려가 있다고 말하는 사람도 있는 모양이지만, 선거란 국민을 안심시키는 장치가 될 수 있다. 선거란 실상 신바람 나는 한바탕 대축제나 다름이 없다. 몇 년 동안 쌓였던 국민의 스트레스를 해소하면, 나라는 산소호흡을 하게 되어 건강하게 출발할 수 있다. 그러나 정당한 선거를 통해 뽑히지 않은 지도자는 국민에게 한없는 고통을 안겨 준다. 체육관선거를 통해 집권한 전두환이 바로 그 대표적인 예이다.

'한국의 민주화'는 우리 시대 최대의 명제이며 세계사적인 의미가 있는 것이었다. 한국의 민주화가 세계사적 사건이 될 수 있다는 말이다. 민주주의의 전통이 없는 유교문화권의 나라, 제국주의적 식민통치를 받은 나라, 가난과 분단의 나라, 군사쿠데타의 나라, 동족의 가슴에 서로 총질을 한 나라, 그래서 지구상에서 민주화가 안 될 조건들을 가장 많이 가지고 있는 나라, 이런 나라에서 민주화가 이루어진다면, 오늘의 한국인은 세계사적 기여를 하는 것이 되고, 그렇게 된다면 나도 자랑스런 우리 국민들과 함께 세계사의 발전에 작은 발자국 하나라도 남길 수 있다고 생각했다.

김영삼회고록 2
민주주의를 위한 나의 투쟁

초판 제1쇄 발행일 : 2000. 1. 10
초판 제3쇄 발행일 : 2015. 11. 22

지은이 : 김 영 삼
펴낸이 : 김 철 미
펴낸곳 : 백산서당

등록 : 제10-42(1979. 12. 29)
주소 : 서울시 은평구 통일로 885(준빌딩 3층)
전화 : 02)2268-0012(代)
팩스 : 02)2268-0048
이메일 : bshj@chol.com

값 15,000원

ISBN 978-89-7327-507-6 03340